Klaus Berger
Wie kommt das Ende der Welt?

Der Autor
Dr. Klaus Berger, geboren 1940 in Hildesheim,
ist Professor für Neues Testament
an der Universität Heidelberg.

Klaus Berger

Wie kommt
das Ende der Welt?

Quell

ISBN 3-7918-1957-7

Lektorat: Hans-Joachim Pagel
Umschlaggestaltung: R. O. S. Werbeagentur, Filderstadt
Umschlagfoto: Manfred E. Neumann
Schrift: Times New Roman
Gesamtherstellung: Maisch & Queck, Gerlingen

Inhalt

IV. Der politische Rahmen

V. Zum Verständnis der Apokalyptik

VI. Wider die Verachtung der Bilder

VII. Wo die Zeit ganz anders läuft

VIII. Dinge, die es gar nicht geben kann

IX. Endzeithoffnung und Mystik

X. Hoffnung auf Verwandlung

XI. Jesus kommt wieder

XII. ... zu richten die Welt

XIII. Wichtige Einzelfragen

XIV. Was dürfen wir erwarten?

XV. Apokalyptik und Ästhetik

VORWORT

»Am Morgen, an dem der Glanz des Königssohnes aufleuchtet, werden die Berge sich senken und die Täler werden aufgefüllt. Geburtswehen lassen die Erde hart erbeben,
und die Kinder Adams werden sich erheben und ein Lob-
lied darbringen« (ostsyrisch-chaldäische Liturgie, ed.
Becker-Ühlein, Liturgie II, 1997, 1098). – Texte wie dieser
lassen noch nach fünfzehn Jahrhunderten etwas von der
Glut des Glaubens und der Liebe erkennen, die in reicher
Hoffnung Gestalt gewonnen haben. Darum soll es in diesem Buch gehen.

Die hier vorgelegten Überlegungen haben nicht den Zweck,
über Apokalyptik zu informieren, also über die unüberseh-
bare Fülle der alten und jüngeren Texte über das Ende der
Zeiten, über ihre Entstehungsbedingungen und ihr Arsenal
an Figuren und Vorstellungen. Alles das – und es ist ein er-
drückendes Maß an Wissen – findet man angedeutet in den
Überblicken und Zusammenfassungen der bekannten Le-
xika. »Einleitungsfragen« im klassischen Sinne der Bibel-
wissenschaften also werden hier nicht behandelt. Und von
Massen apokalyptischen »Materials« bleibt der Leser verschont.

Hier geht es um etwas anderes: um die Frage, *was der heutige Ausleger mit diesen Texten anfangen soll.* Gerade auch
das Neue Testament bietet eine große Fülle apokalyptischer
Texte, ja ganze Schriften, die dem Thema Weltende gewidmet sind (zum Beispiel 2. Thessalonicherbrief, Offenbarung
des Johannes). *Völlig offen ist aber, wenn ich recht sehe, die
Frage, wie diese Texte auszulegen sind.* Traditionell ist nur
ein hohes Maß von Aversion gegen sie. Genau umgekehrt
ist das Interesse der Kunstgeschichte etwa an der Offenbarung des Johannes immer sehr groß gewesen.

Was bedeuten diese Texte heute? Sind sie grausam oder wohltuend realistisch? Ist ihr Sinn die Vermittlung von Angst – oder von Ordnung? Sind die apokalyptischen Texte die »Leiche im Keller« des biblischen Schriftgelehrten? *Oder droht nicht mit dem teilweise rigorosen Ignorieren dieser Texte, ja dieser ganzen Welt der Apokalyptik ein neuerlicher Verlust einer ganz einzigartigen Weisheit, die man nicht ungestraft aufgibt?*

So fand ich in den apokalyptischen Zeugnissen der Romanik und Gotik, die mich seit meiner Jugend prägten, schon zu Schulzeiten denselben Geist wieder, der die eindrucksvolle Sequenz *Dies irae, dies illa* (»Jener Tag, der Tag des Zornes [Gottes] …« – eine Schilderung des Weltgerichts) kennzeichnet. Obwohl man diesen Text aus der Liturgie des Requiems meinte entfernen zu müssen, weil er zu »düster« sei, steht doch in diesen großartigen Versen die Bitte um Erbarmen überall an entscheidender Stelle.

Ich habe dann über Jahrzehnte hin eine Sammlung von rund 600 apokalyptischen Texten aus den ersten 1600 Jahren der Kirchengeschichte angelegt und war in den letzten 25 Jahren an der Heidelberger Theologischen Fakultät wohl immer der einzige, der die Offenbarung des Johannes zum Thema einer Lehrveranstaltung machte. In der Zwischenzeit konnte ich 1976 eine bisher kaum bekannte Daniel-Apokalypse der Alten Kirche herausgeben.

Die Neugier wich erst, wie ich meine, sehr langsam einem gewissen Verständnis.

Gewidmet ist das Buch dem Herrn P. Prior und den Mitbrüdern im Zisterzienserkloster Bochum-Stiepel. *Cistercium mater nostra.*

Heidelberg, im Februar 1999   *Klaus Berger*

I

Wichtige Anfragen

Weltuntergang?

»Am 30. Mai ist der Weltuntergang. Wir leben nicht mehr lang« – ein seit den fünfziger Jahren dieses Jahrhunderts geläufiger Karnevalsschlager. Er fordert angesichts des mutmaßlich bevorstehenden Weltendes zu intensivem Lebensgenuß auf. Wenn wir schon nicht mehr lange leben, dann lustig drauf los! – Tatsächlich denken die meisten bei »Weltende« eben an Weltuntergang, so wie ein Schiff auf dem Meer untergeht und dann nicht mehr da ist. Wenn ein großes Unwetter heraufzieht oder sich austobt, pflegt man auch zu sagen, es sei wie Weltuntergang. Und dann ist Weltuntergang die durch kosmische Erschütterungen begleitete Summe aller Schrecken.

Diese Redeweise hat einen Rest sehr alter biblischer Vorstellungen bewahrt. Blitz und Donner, Sturm und Erschütterungen, Erdbeben, ja daß sich Gräber öffnen, diese Ereignisse sind mächtige Vorzeichen des Kommens Gottes. Psalm 97 schildert solche Erschütterungen. Sie führen bis zum »Vergehen« der Erde vor Gott:

(1) Jahwe ist König, es juble die Erde... (2) Dunkel und Gewölk sind rings um ihn, Gerechtigkeit und Recht seines Thrones Stützen. (3) Feuer geht vor ihm her und verzehrt seine Feinde ringsum. (4) Es erhellen seine Blitze die Welt, die Erde sieht es und bebt. (5) Berge zerschmelzen wie Wachs vor dem Herrn der ganzen Erde...

Wenn das Kommen Gottes mit Zorn verbunden ist – und der Tag des Herrn ist der Tag seines Zornes –, dann führen die Erschütterungen auch zum Entblößen dessen, was in der Schöpfung sonst verborgen ist:

Psalm 18: *(8) Die Erde wankte und schwankte, der Berge*

Grundfesten bebten; sie wankten, weil er erzürnt war. (9)
Aus seiner Nase stieg Rauch empor, verzehrendes Feuer ent-
quoll seinem Mund, Kohlenglut sprühte von ihm aus. (10) Er
neigte den Himmel und fuhr herab, Wolkendunkel zu seinen
Füßen. (11) Er ritt auf dem Cherub und flog daher und
schwebte auf des Sturmes Flügeln... (16) Da wurden die
Tiefen des Meeres sichtbar, der Erde Grund ward aufge-
deckt...

Feuer und Engel des Blitzes gehen Gott voran. Weil sie
Teile der Erscheinung Gottes sind, nennt man sie Theopha-
niezeichen. Zentral ist daher: Am Ende kommt Gott. Die
Begleitumstände seines Kommens sind die apokalyptischen
Schrecknisse. Der Fehler besteht oft darin, daß man die
Schrecknisse verselbständigt – eben zur »Apokalypse« –
und von Gottes Kommen nichts mehr weiß.

Denn kaum jemand weiß noch, daß diese Elemente des
Schreckens nur ein Teil des Ereignisses sind. Sie sind nur
Vorzeichen. Gott wird so nur angekündigt; wo er selbst ist,
da ist Ruhe und Frieden. Gott ist wie das Auge des Sturms
oder anders gesagt: Er kommt nach dem Sturm. Auf die
»apokalyptischen« Schrecknisse übertragen bedeutet das:
Der Weltuntergang ist nicht Selbstzweck, sondern bereitet
nur Raum für das Neue, das kommt.

Auch bei dem üblichen Gebrauch des Wortes »Apokalypse« oder »apokalyptisch« wird stets nur der Schrecken
betont und übersehen, daß das Eigentliche und Wichtige
die Neue Welt und der Frieden nach den ängstigenden Ereignissen ist. »Apokalypse« heißt Enthüllung, und zwar
Enthüllung alles Verborgenen. Dieses Verborgene aber ist
zweigeteilt: Auf das Ende des Bestehenden folgt das »Kommen Gottes«.

Wenn aber der Weltuntergang nicht das Letzte ist, sondern
nur das Vorletzte, dann entfallen auch die – im Grunde viel
zu anstrengenden – Maximalforderungen, jetzt oder nie das
Leben zu genießen. Denn wenn das, was kommt, zweigeteilt
ist, dann ist die Zeit bis zum Weltuntergang nur das Vor-

zimmer und nicht das Eigentliche. So haben es die alten Rabbinen gesehen: In der Jetztzeit sind wir im Vorzimmer, in der Neuen Zeit werden wir im Speisesaal selbst sein. Im Vorzimmer gibt es nur die Vorkost, noch nicht das Mahl selbst.

Der christliche Glaube richtet sich daher nicht isoliert auf den Weltuntergang, sondern darauf, daß die Zukunft Gottes ist.

Was ist Apokalyptik?

Diese Frage versuchen wir anhand eines klassischen jüdischen Textes aus dem Anfang des 1. Jahrhunderts n. Chr. zu beantworten (Himmelfahrt des Mose 10,1–7):

»(1) Und dann wird Gottes Regiment über all seine Kreatur erscheinen, dann wird der Teufel ein Ende haben, und die Traurigkeit wird mit ihm hinweggenommen werden.

(2) Dann werden die Hände des Engels gefüllt werden, der an höchster Stelle steht, und sofort wird er sie (die Israeliten) rächen an ihren Feinden.

(3) Denn der Gott des Himmels wird von seinem Thronsitz aufstehen und heraustreten aus seiner heiligen Wohnung in Empörung und Zorn gegen seine Kinder.

(4) Dann wird die Erde erbeben, bis zu ihren Enden erschüttert werden, und hohe Berge werden erniedrigt und erschüttert werden, und Täler werden einsinken.

(5) Die Sonne wird kein Licht mehr geben und sich in Finsternis verwandeln, die Hörner des Mondes werden zerbrechen, und er verwandelt sich ganz in Blut, und der Kreis der Sterne wird in Verwirrung geraten.

(6) Das Meer wird bis zum Abgrund zurückweichen, und die Wasserquellen werden ausbleiben und Flüsse erstarren.

(7) Denn der höchste Gott wird sich erheben, der allein ewig ist, und wird offen hervortreten, um die Heiden zu strafen, und alle ihre Götzenbilder vernichten...«

Dieser Text schildert den Vorgang, der auch im Neuen Testament öfter zum Thema gemacht wird, daß nämlich Gott seine Herrschaft in der Geschichte wirklich durchsetzt. Der Ausdruck »wird erscheinen« ist typisch, denn das, was erscheint, wird nicht länger verborgen sein. Die in V. 4–6 genannten kosmischen Erschütterungen können wir schon einordnen. Wichtig ist auch, daß mit der Durchsetzung der Herrschaft Gottes die Herrschaft des Widersachers zu Ende geht. Auch im Neuen Testament ist dieser Vorgang oft zum Thema gemacht: Wenn Jesus Dämonen austreibt, dann ist Gottes Reich angekommen, das Reich (des Teufels und) der Dämonen ist zu Ende (Lukas 11,20). Nach Apostelgeschichte 26,18 befreit die paulinische Mission die Menschen aus der Herrschaft Satans und unterwirft sie der Herrschaft Gottes.

Es geht daher – wie in der politischen Apokalyptik – um einen Machtwechsel in der Geschichte, um den entscheidenden *Machtwechsel*. – Unter »politischer« Apokalyptik versteht man eine recht verbreitete Tradition, nach der eine Folge von mehr oder weniger gewalttätigen menschlichen Weltreichen (zumeist vier) abgelöst wird durch ein fünftes Reich, welches dann das Reich Gottes ist. Viele Völker des Nahen Ostens haben in der Zeit um Christi Geburt ein solches neues Reich aus dem Osten erwartet. Aus dem Osten deshalb, weil im Osten die Sonne aufgeht. Dieses neue Reich sollte ein Reich der Gerechtigkeit sein. Daher kommt übrigens die Bezeichnung »Sonne der Gerechtigkeit«. Für Juden war es klar, daß der neue Herrscher vom Himmel her Gott oder der Messias sein mußte.

Daneben stellen wir einen klassischen christlichen Text: »Wie groß sind deine Werke, Herr. O wie furchtbar ist die Stunde, in der Christus herabsteigt, um die Erhebung und die Auferstehung der Nachkommen des irdischen Adam zu bewirken. Finsternis umhüllt die Schöpfung, die Sonne verschleiert ihre Strahlen, der Mond gelangt ans Ende seiner Bahn, und die Sterne fallen vom Himmel wie Laub. Sein

Zeichen erscheint wie ein Blitz von einem Ende der Erde zum anderen, seine Stimme klingt wie Donner, die Regen spricht, und die Kinder Adams sprießen und entspringen der Erde wie Pflanzen. Das Kreuz wird in die Erde gepflanzt, und der Weizen wird gesammelt am Dreschplatz des Königs für die Lagerhallen des Königreiches, die Spreu aber wird vom Feuer verbrannt« (ostsyrisch-chaldäischer Ritus, zit. nach Becker-Ühlein, Liturgie II, 1997, 1107).

Auch hier die kosmische Katastrophe, aber an der Stelle der Regentschaft Gottes und des Triumphes über die Feinde stehen hier Bilder aus dem Pflanzenreich, von Frühling und Ernte.

Was unterscheidet Apokalyptik von Eschatologie?

Unter Eschatologie versteht man alle Auffassungen über das Ende der Welt oder der Zeit, auch wenn dieses in »Vollendung« besteht. Eschatologie ist daher der weiteste Begriff von Zukunftserwartungen. Die Eschatologie des Epheserbriefes besteht hauptsächlich darin, daß die Kirche heranwachsen soll zum Vollmaß Jesu Christi, das heißt zu seiner Vollkommenheit und Lebensfülle. Diese Vorstellung ist eschatologisch, aber gewiß nicht apokalyptisch.

Apokalyptisch sind demgegenüber alle eschatologischen Erwartungen, in denen das sichtbare Weltende eine Krise, Katastrophe, Umwandlung oder gar das Ende von Krieg oder auch ein Gericht bedeutet. Im Neuen Testament ist die Eschatologie fast durchgehend apokalyptisch.

Eine ältere, systematisch bedingte Unterscheidung zwischen beiden Begriffen wird hier abgelehnt. Demnach war »eschatologisch« ein bestimmtes Existenzverständnis (Jesu, des Apostels Paulus), apokalyptisch aber das dinglich-materiellen Vorstellungen und der Berechnung von Gottes Plan verhaftete jüdische Denken. Diese dogmatischen Voraussetzungen haben sich nicht bewährt, und die angeblich berechnend-materialistische jüdische apokalyptische Spekulation war ein unhistorisches Zerrbild.

In diesem Buch werden daher »Apokalyptik« und Eschatologie gleichbedeutend gebraucht.

Wann ist es soweit?

Schon Jesu Jünger stellten die Frage »Wann wird es soweit sein?« und bekamen keine Antwort. Niemand weiß den Termin, auch Jesus selbst nicht. Weder in der gesamten Bibel noch im Judentum gibt es irgendwelche Mutmaßungen, die über ein »bald« oder »plötzlich« hinausgingen.

Trotzdem haben Menschen es immer wieder unternommen, sich Gedanken über das Wann zu machen. Die nicht-kanonische frühchristliche Schrift »Brief der Apostel« legt den Termin auf 150 n. Chr. fest.

Etwas klüger war man im Mittelalter. Man legte eine Liste von 15 Vorzeichen fest (zum Beispiel Erdbeben). Nur wenn sie alle eingetroffen waren, konnte das Weltende kommen. Aber daß alle 15 Zeichen auf einmal eintrafen, das hat es nie gegeben.

Eigentlich in jedem Jahrhundert der Kirchengeschichte, besonders aber um das Jahr 1000 erwartete man (genauer gesagt: bestimmte Teile des Christentums) das Weltende erneut (s. unten). Besonders in der Reformationszeit, aber weit darüber hinaus sah man den Papst als den Antichristen an und damit als den negativen Garanten für ein baldiges Weltende, bei dem dann eben das Papsttum beseitigt werde, so wie der Antichrist vom wiederkommenden Christus beseitigt wird. Der Grund für diese Annahme lag darin, daß der Papst in Rom regiert, Rom aber nach der Offenbarung des Johannes zweifellos zum Untergang bestimmt ist. Der Mitstreiter Luthers, Andreas Osiander, gab 1542 eine Schrift über den Antichrist heraus (»Über die letzten Zeiten und das Ende der Welt«), in der er das Datum genau berechnete. Sein erkennbar schlechtes Gewissen konnte Osiander damit beruhigen, daß er die Schrift mit dem Satz begann: »Obwohl unser Herr Jesus Christus sehr deutlich verkündigt hat, daß kein Mensch Tag und Stunde wissen könne...«

Auch in den modernen fundamentalistischen Sekten ist das Weltende häufig berechnet worden. Die jeweilige Enttäuschung bedeutete dann für die Gruppe und ihren Bestand zwar eine gewisse Krise, jedoch erstaunlicherweise nicht das Ende. Das heißt: Die Gründe, in einer Sekte zu verbleiben, waren stets gewichtiger als offenkundiger Irrtum in entscheidenden dogmatischen Aussagen.

Es war gewiß verlockend, der immer unter der Oberfläche schwelenden und auch durch biblische Texte stets angeregten Naherwartung aufzuhelfen und Öl in das Feuer religiöser Begeisterung zu gießen, weil schon biblische Texte mit Zahlensymbolik nicht gerade zurückhaltend umgehen. Lag es nicht nahe, diese Zahlen »fundamentalistisch« mißzuverstehen? Oder läßt sich umgekehrt sagen, warum es ein Irrtum ist, apokalyptische Texte so wörtlich zu nehmen? Offenbar bedroht dieser Irrtum immer wieder ein angemessenes Verstehen apokalyptischer Texte. Damit ist die Frage nach der Art gestellt, wie man diese Texte grundsätzlich auslegen soll. Diese Frage zu beantworten, nicht die Anhäufung von Material aus apokalyptischen Texten oder aus der Geschichte der Apokalyptik, ist das Anliegen dieses Buches.

Wie wird es am Ende sein?

Das Wann ist sehr eng mit der Frage nach dem Wie verknüpft. Im Grunde umfaßt die Frage nach dem Wie auch die Frage nach dem Wann. Sowie man aber über die Auskunft hinausgeht, daß eben alles in Scherben fällt und dann etwas Neues kommt, wird an der Frage nach dem Wie die ganze Schwierigkeit unseres Unterfangens deutlich.

Denn schon das Neue Testament enthält hier sehr unterschiedliche Ansätze. Es ist gewiß nicht legitim, diese unterschiedlichen Aussagen künstlich zu harmonisieren. Oft wählt man dann die Ausflucht in der unbeweisbaren Auskunft, der betreffende Einzelautor habe alles andere auch gekannt und gewußt, und zwar im Sinne einer kompakten und voll ausgebildeten Dogmatik, die selbstverständlich allen geläufig gewesen sei. Wenn also weder Paulus in den anerkannt echten Paulusbriefen noch der Epheser- oder der Kolosserbrief den Antichrist erwähnen, dann bedeute das keineswegs, daß sie diese Figur nicht gekannt hätten. Nein, im Gegenteil, es sei sicher vorauszusetzen, daß ihnen alle Punkte des apokalyptischen Wissens geläufig waren. Diese Art von Exegese begnügt sich nicht mit dem, was dasteht, sondern setzt voraus, was zu beweisen wäre. Nirgends wird Bibelauslegung dieser Art so offenkundig unglaubwürdig wie bei den Aussagen über das Ende. – Und allgemein gilt: Wer die Vielfalt am Anfang des Christentums nicht sieht (die ja keineswegs Kampf der Konfessionen gegeneinander bedeuten muß), der wird sie auch in der späteren Kirche nie sehen oder zugeben oder gar dulden können.

Nach dieser Vorbemerkung werfen wir kurz einen Blick auf die Vielfalt der Aussagen im Neuen Testament:

– Ein Weltgericht wird geschildert in Matthäus 25,31–46 (und in Offenbarung 19f; 1. Thessalonicher 2 usw.), es fehlt aber jede Spur davon in der Parallele dazu in Markus 13,1–31 und Lukas 21. Auch in 1. Korinther 15 ist von einem Weltgericht nicht die Rede, so auch nicht in 1. Thessalonicher 4 und in den Briefen an die Epheser und Kolosser. Das heißt: Entgegen verbreiteter Meinung gehört die Gerichtsvorstellung nicht überall zu den Darstellungen des Endes.

– In den Briefen an die Epheser und an die Kolosser sowie auch im Johannes-Evangelium und in den echten Paulusbriefen fehlt bei der Darstellung des Endes jeder Hinweis auf eine kosmische Katastrophe. Und andererseits: In denselben Schriften wird angenommen, die Welt sei durch Jesus geschaffen. Da besteht offenbar ein Zusammenhang: Wenn die Welt durch den Sohn »gehalten« wird und besteht, dann

wird sie nicht im Rahmen des Heilswerkes des Sohnes vernichtet. Eine kosmische Katastrophe kennen dagegen Markus 13 und 2. Petrus 3 (Schmelzen der Elemente).
– Die Gestalt des Antichrist (im Singular) gibt es im Neuen Testament überhaupt nur im 1. und 2. Johannesbrief, und da wird sofort korrigiert: Viele Antichristen (Plural) gibt es. Das »Tier« nach Offenbarung 13 wird erst viel später so genannt werden. Aber in den meisten apokalyptischen Entwürfen gibt es noch nicht einmal sachlich Vergleichbares. Erst ab dem 3. Jahrhundert n. Chr. ist in der Kirchengeschichte diese Figur weiter bedacht worden.
Diese wenigen Beispiele mögen schlaglichtartig zeigen: Alle neutestamentlichen Texte haben die Ausrichtung auf die »Zukunft« im Sinne von Gottes entscheidendem Eingreifen in die Welt gemeinsam. Doch wie dieses geschieht, darüber denken die Schriften unterschiedlich, wobei ihre Positionen nicht immer unvereinbar sind.

Was verstehen wir nicht?

Geht es bei dem Weltende nach der Bibel um den Endknall, der nach Aussagen der Physiker noch ein paar Milliarden Jahre Zeit hat? Muß man sich als Christ an den vagen Thesen über Kältetod und Wärmetod festhalten? Die Frage ist: Gibt es irgendeinen Punkt, an dem die Sache der religiösen Rede und die der physikalischen Rede zusammenkommen werden? Wird das, was die Texte sagen, irgendwann welthaft wirklich – oder nicht? Oder gibt es den Knall und dann die Welt der Engelein?
Es ist wichtig, den eigentlich unlösbaren Punkt klar wahrzunehmen. Denn hier liegt sicher der interessante Kern des Problems: Wie sich apokalyptische Aussagen zum »modernen« Verständnis von Wirklichkeit verhalten. Ist zum Beispiel mit der zeitlichen Aussage über das Ende der Geschichte notwendig die physikalische Zeit gemeint?

Oder geht es gar so: Erfährt Gottes Wort eine Kehre hin zum Sichtbaren, »kippt« die Wirklichkeit gewissermaßen? Gewinnt die Wirklichkeit Gottes, die bislang unsichtbar ist und je und je »im Rücken« steht, die »Lufthoheit« über die Geschichte? Tritt Gott einfach hervor hinter den Kulissen, die ihn sonst verbergen? Nach dieser Auffassung wäre das Weltende der umfassende Fall der Unterbrechung des Gewohnten.

Ganz klar ist jedenfalls: Die apokalyptischen Texte stellen den Ausleger vor eine große Herausforderung. Vor lauter Auslegungsschwierigkeiten ist der Theologie daraufhin im ganzen die Dimension der Zukunft verloren gegangen.

Noch einmal: Was ist (in unserem Sinne) real an einer solchen Schilderung: »Heftige Geburtswehen erschüttern wie eine gebärende Frau die Erde, die Zeit erwartend, in der sie die Leiber der Menschheit aus ihrem Schoß hervorbringen kann…« (ostsyrisch-chaldäische Liturgie, zit. nach Becker-Ühlein, Liturgie II, 1997, 1145)?

II

Klärung der Voraussetzungen

Was ist das »Ende der Welt«?

Der Ausdruck »das Ende, das Ziel, der Abschluß« wird im Zusammenhang mit dem Ende der Geschichte gebraucht in Markus 13,7.13 *(Wer ausharrt bis ans Ende...)*, sonst dagegen kaum. Der Ausdruck ist eine neutrale Sammelbezeichnung für verschiedene »Ereignisse«, und zwar für
– den letzten, entscheidenden Krieg, den nicht nur irdische Mächte führen,
– die endgültige Besiegung der menschenfeindlichen Mächte, zum Beispiel des Todes,
– das Ende des Teufels,
– das Auftreten des Antichrist (oder mehrerer Figuren dieser Art),
– den Zusammenbruch der kosmischen Ordnung bis hin zum »Vergehen der Welt«,
– die Wiederkunft Christi,
– das Herabkommen Gottes mit seinen heiligen Engeln auf die Erde,
– die Auferstehung der Gerechten (oder der Toten allgemein),
– das allgemeine Gericht,
– das Offenbarwerden aller Geretteten,
– das Einsammeln der Gerechten (»Rettung«) durch Engel,
– das Ende des Auftrags Jesu Christi in der Welt. Er wird Gott seine Herrschaft übergeben,
– den Beginn der Neuen Schöpfung oder des Neuen Äons,
– die Herabkunft des himmlischen Jerusalem,
– die »Zeit«, in der Gott alles in allem ist.
Diese »Ereignisse« sind gewiß nicht inhaltlich deckungsgleich. Sie werden auch nicht in allen Schriften des Neuen

Testaments erwähnt, schon gar nicht in dieser Zusammenstellung. Die obige Liste umfaßt nur die größtmögliche Summe aller Ereignisse am Ende, wie sie sich aus allen Schriften zusammen ergibt. Manches schließt sich gegenseitig aus, wie zum Beispiel das allgemeine Gericht und das Einsammeln der Gerechten (»Rettung«) durch Engel. So berichtet Markus 13 allein vom Letzteren, nicht dagegen von einem allgemeinen Gericht. Auch das Offenbarwerden aller Geretteten ist eine Alternative zum Gericht. Oft »fehlt« die Besiegung der Mächte, und nur Paulus kennt die »Zeit«, in der Gott alles in allem ist.

Gemeinsam ist allen Aussagen aber jedenfalls eine besondere Zuwendung Gottes zu den Geretteten und die Ausschaltung alles dessen, was stört. Man könnte letzteres – pharisäisch formuliert – nennen: die Reinigung der Welt.

Die Vielfalt der Äußerungen und Elemente ist erklärbar aufgrund der verschiedenen Herkunft der Verfasser, der unterschiedlichen theologischen Akzentverteilung und der differierenden Adressaten. So ist zum Beispiel klar, daß Heidenchristen die Rede vom neuen Jerusalem kaum verstanden haben werden; deshalb findet sich diese Erwartung nur in der judenchristlichen Offenbarung des Johannes.

Überraschend für moderne, christlich geprägte Leser ist, daß auch die Gerichtsvorstellung nicht überall vertreten und ebenfalls unterschiedlich ausgeprägt ist. Denn es ist gewiß ein Unterschied, ob man erwartet, daß alle Menschen vor dem Gericht stehen werden, oder ob den betreffenden Autor nur Christen interessieren, wie es bei Paulus in 2. Korinther 5,11 zu sein scheint *(wir alle).*

Nur Schrecken und Untergang?

Irgendwelche Formen von Untergangsphilosophie haben den Namen Apokalyptik nicht verdient. Alle apokalyptischen Texte leben aus der Kraft der Hoffnung. Das entscheidende Stichwort zur »Apokalyptik« lautet: »neu«. Denn der Rest, den die Gerechten oder Erlösten darstellen, die jetzt schon leben, ist der Same für den Beginn der *neuen Ordnung*, die von Gott kommen wird.

Andererseits bedeutet das auch: Politisches Handeln selbst kann und darf nicht Heilscharakter erhalten. Es ist in seinen Zielvorstellungen mit skeptischem Realismus zu bewerten. Denn die Menschen müssen die ersehnte Vollkommenheit des Schalom ja nicht selbst produzieren. Da apokalyptische Christen und Juden jeweils auf den »fremden Text« hören, besitzen sie in diesem biblischen Text ein kritisches Potential gegenüber sich selbst und gegenüber jeder verwalteten Macht.

Apokalyptik bedeutet nicht Weissagen, Schielen oder Spekulieren, sondern ist der ganz rationale Entwurf eines gerechten Miteinanders.

Es ist die Funktion apokalyptischen Denkens, die bestehende irdische Wirklichkeit immer wieder zu öffnen und jede Neigung zu zerstören, die sie immer wieder für absolut erklären möchte. Apokalyptisches Denken zerstört daher den Absolutheitsanspruch menschlicher Systeme, die regelmäßig auf einer bestimmten Machtkonzentration beruhen. Die Rolle der Kirche ist im Sinne der Apokalyptik auf der Seite der Opposition gegen jede (staatliche) Macht.

Der Apokalyptik geht es ferner um die Rehabilitierung der Opfer irdischer Macht und gleichzeitig um Gewaltverzicht für die Gegenwart. Apokalyptik hat daher auch mit Theodizee zu tun.

Was ist das »Ende der Zeiten«?

Nach biblischem Denken läuft die Welt-Zeit nicht einfach aus, wenn die Welt an Altersschwäche stirbt. Vielmehr steht am »Ende aller Dinge« ein großes Konvolut von Ereignissen, das das meiste noch einmal auf den Kopf stellt. Das »Ende der Welt« ist kein sanftes Verlöschen, sondern ein Drama.

Geht es wirklich um Spekulationen über das Ende der (mit dieser Welt koexistenten) physikalischen Zeit? Oder meinen die biblischen Texte mit der Rede vom Ende der Zeit etwas, das der Zeit dieser Welt gegenüber ohnehin transzendent ist? Dann wäre das »Ende aller Dinge« oder das »Ende der Zeiten« zwar sehr wohl der Ausgang und die endgültige Richtigstellung, aber diese wäre mit physikalischer Zeit nicht kommensurabel, weder an deren Ende noch danach anzusetzen. – Diese letztere Ansicht scheint mir die vorsichtigere. Sie schließt behutsam eine positivistische oder fundamentalistische Wörtlichkeit aus. Das Ende der Zeit wäre dann nicht auf das Jahr X nach Christi Geburt zu beziehen, sondern »Ende« meint etwas über den Ausgang aller Dinge, über die Rechtfertigung der Opfer, über die Versöhnung der Friedlosen, über den endgültigen Sinn dieser fragmentarischen, zerrissenen Wirklichkeit. Doch irgend etwas muß das alles durchaus mit Geschichte zu tun haben. Denn es kann ja nicht nur einfach um einen »höheren« Sinn des Ganzen gehen, der lediglich ein Bewußtsein oder ein Gedanke wäre.

Bei diesen grundsätzlichen Überlegungen kommt uns die Eigenart biblischen Zeitverständnisses entgegen.

Warum gibt es überhaupt »Endereignisse«?

Man sollte sich darüber wundern, daß es überhaupt Ereignisse »am Ende« geben soll. Warum muß da noch etwas Dramatisches kommen? Ist das ein Postulat, weil dem Gottesglauben und den jüdisch-christlichen Aussagen über den Sinn des Lebens die Evidenz fehlt?

Für biblisches Denken gibt es etwas, das noch aussteht. Dieses Etwas ist die große Richtigstellung. Denn es wäre gerecht, daß Gott endlich anerkannt würde. Es wäre gerecht, wenn die Opfer der Geschichte rehabilitiert und die Mächtigen vom Thron gestürzt würden. So ist das, was noch aussteht, Gerechtigkeit, ganz umfassend verstanden.

Es besteht auch sonst regelmäßig eine Differenz zwischen Recht haben und Recht bekommen. Für die Bibel ist diese Differenz genau der Abstand von jetzt ab bis zum Ende. Die Zeit am Ende ist nicht neutral und leer, sondern in ihr wird das Recht realisiert für alle, die danach hungern und dürsten, daß endlich das Soll mit dem Ist übereinkommt. Wenn es Gott gibt, dann kann er unmöglich damit zufrieden sein, daß alles so läuft, wie es ist. Es ist Gottes eigene Unruhe, weil er der gerechte Gott ist – und nicht nur irgendeine mächtige Gottheit. Der Prozeß, der zwischen Rechthaben und Rechtbekommen vermittelt, läuft schon.

Das klingt reichlich idealistisch, als könnten alle erwarten, daß volles Recht für sie hergestellt wird. Gibt es für diese kühne Vermutung irgendeinen Anlaß? – Den Anlaß geben bisherige Erfahrungen mit dem Gott der Bibel. Denn fast nur hier sind – vergleicht man mit anderen Religionen – Macht und Recht verknüpft, und damit hat das biblische Gottesbild zu allen Zeiten unmittelbar politische Konsequenzen. In den apokalyptischen Erwartungen richten sich die Menschen daher nicht auf irgendwelche Güter oder gar auf ein Schlaraffenland. Vielmehr geht es in erster Linie um die Beziehungen der Menschen zu Gott und untereinander. Denn die werden vom biblischen Begriff »Gerechtigkeit« erfaßt.

Ist die Frage nach Zukunft eine religiöse Frage?

Was hat das Ende der Welt mit Gott zu tun? So kann man in einer ganz und gar säkularisierten Welt fragen. Denn die meisten Menschen bringen ihre Zukunftserwartung mit Glück oder Unglück, mit Tod oder Überleben, Krisen und

Zufällen in Beziehung. Aber mit Gott? – Vielleicht hat zu dieser Profanisierung auch beigetragen, daß man seit Jahrhunderten die Zukunft als theologisches Thema verloren hat. Ausgeprägt dagegen ist der Blick nach rückwärts. Die heilige Vergangenheit liegt weit hinter uns: die Propheten, Jesus, Pfingsten. Selbst die Reformation liegt schon fast ein halbes Jahrtausend hinter uns. Immer erscheint nur Geschichtsunterricht als der geeignete Zugang zum Christentum.

Daß die Zukunft kein theologisches Thema ist, hängt mit der Unzugänglichkeit der apokalyptischen Bilderwelt zusammen. Nur Fundamentalisten scheinen diesen Texten etwas abgewinnen zu können – höchst Fragwürdiges allerdings.

Die jüdisch-christliche Religion hat etwas mit Zukunft zu tun, weil ihr Thema vor allem die leibhaftige Geschichte der Menschen ist. In dieser Geschichte geht es um Ansprüche und um Macht. Das Erste Gebot des Dekalogs nennt ohne Umschweife den, der alle Anbetung und alle Macht für sich beansprucht, den Gott Abrahams, Moses und Jesu Christi. Wer die Macht hat, kann Zukunft gestalten. In der Offenbarung des Johannes heißt Gott immer wieder *der, der kommt*. Denn die Herrscher der Welt gehen, der Gott der Bibel jedoch kommt.

Damit ist dem Anspruch nach der Gott der Bibel nicht nur für das Religiöse zuständig, sondern für das Ganze.

III
Was heißt das: Gott kommt?

Eine ungewöhnliche Hoffnung

Die christlich-religiöse Antwort auf die Frage nach dem Ende der Welt unterscheidet sich charakteristisch von jeder anderen. Denn es geht eben nicht um irgendeine Zukunft, sondern um die Auskunft, daß die Welt schon immer (unsichtbar), aber besonders in bezug auf ihr Ende dem Geheimnis Gottes gegenübersteht.

Dies bedeutet, daß das, was jetzt durch den Glanz des Bestehenden verdeckt wird, angesichts des zwangsläufigen Endes alles Vergänglichen in seiner Unvergänglichkeit um so deutlicher leuchten wird. Weil alles Vergängliche vergeht, wird das Unvergängliche bei sich summierender Erfahrung und sich vertiefender Weisheit immer stärker als solches hervortreten.

Auch in apokalyptischer Sichtweise wird Gott nicht fixierbar, greifbar oder datierbar, wird man ihn nicht festhalten können. Was erwartet wird, werden daher nicht Fakten in unserem alltäglichen Sinn sein, sondern eine neue Art von Gemeinschaft. Die Geschichte verläuft nicht mehr endlos, geradlinig wie ein Highway, ins Nichts, und »das Ende« ist auch kein Punkt. Sondern Geschichte ereignet sich ab jetzt im Gegenüber zum kommenden Gott. Dabei gilt: Gott ist keine Person, aber er begegnet höchst persönlich.

Entgötterung der Zukunft

»Wer weiß, was die Zukunft bringen wird«: Sätze wie dieser weisen auf unsere Abhängigkeit von der Zukunft hin. Das Böllern zu Silvester vertreibt die Angst vor ihr. Vor der Zukunft haben wir wirklich noch Angst. Nur dieser Götze ist geblieben. Durch Glückwünsche versuchen wir, der Angst zu begegnen. Auch ihre Undurchschaubarkeit ist wie die traditionelle Rätselhaftigkeit von Gottes Willen.

In Anlehnung an G. Ebeling gilt: Wenn der Mensch Gott als den Herrn anerkennen kann, dann auch als Herrn der Zukunft. Dann muß der Mensch nicht unter anderen Dingen auch die Zukunft fürchten, als wäre sie ein Gott, von dem er in Ungewißheit abhängig wäre. Er ist dann aus dieser scheinbaren Abhängigkeit befreit. Denn es gibt nur einen Gott, und auch Fortuna kann nicht mit ihm konkurrieren. Wenn auch in bezug auf Zukunft Gottes Herrsein gilt, dann müssen wir nur ihm gefallen, um alles für unsere Zukunft getan zu haben.

»O Tod, überhebe dich nicht, denn dein ist nicht der Sieg. Du bist als Wächter in der Sheol eingesetzt und mußt Rechenschaft ablegen. Die lebendige Stimme Gottes wird deine Macht auflösen und sie dir wegnehmen. Die Verstorbenen treten dich mit Füßen, verspotten und verachten dich. Sie halten deine Tollheit wie die des Riesen von Samaria, der mit Kraft umgestürzt wurde und verschwand. Lob sei dem, der das Menschengeschlecht aus deinen Händen befreit hat.«

Der Text dieses auf Ephraem den Syrer zurückgehenden syrischen liturgischen Hymnus (zitiert nach Becker-Ühlein, Liturgie I, 731) richtet seinen Spott gegen den anerkannt größten Weltherrscher, den Tod. Er zeigt etwas von der Kraft der christlichen Gestalt apokalyptischen Denkens.

Der Tag des Herrn – ein besonderer Tag

Vom Alten Testament her ist der »Tag des Herrn« zu verstehen als die Zeit, in der Gott eine erkennbare Wende im Weltgeschehen herbeiführt. Daher geht es um das Ende aller Macht und aller sogenannten Allmacht, das Ende aller Opfer der Gewalt und Anerkennung ihrer Würde.

Für die jeweilige Gegenwart bedeutet diese Aussicht: Konfrontation mit dem kommenden Gott und Aufklärung als Prozeß der Befreiung aus den Zwängen, die sich aus der angeblichen Einlinigkeit des Bestehenden ergeben. An Lukas 12,45–48 wird erkennbar: Nicht das zeitliche Ausbleiben des Herrn ist das theologische Problem; daß der Herr nicht kommt, wird nur als Vorwand gebraucht. Das eigentliche Problem der Gemeinde ist, daß Macht gebraucht wird und Vorteile genossen werden, als wäre der Herr nicht da, als käme er nie wieder und als könnte man herrenlos handeln. Daher hier der Appell, daß alle füreinander Mitknechte sind.

Das Geschehen der Welt erscheint nicht länger als linear, gesetzlich oder gleichförmig, es herrscht nicht allein das Gesetz der Schwere und des Mangels, sondern es gilt: Was real und was wichtig und bleibend ist, bestimmt sich durch die Nähe zu Gottes Gebot und Willen. Zugang zu dieser Art Wirklichkeit schafft das menschliche Herz.

Da die Linie der Geschichte nicht mehr endlos ist, bedeutet die Aussicht auf den Tag des Herrn die Möglichkeit einer Unterbrechung auch schon jetzt. Weil das Eigentliche noch kommt, gilt es, faktische Zustände nicht zu mythologisieren, sondern realistisch zu bewerten.

Wozu Gott überhaupt kommt

Die frühen Christen freuen sich über Gottes Kommen und beten darum. Bei uns ist weder das eine noch das andere ausgeprägt. Auch die Heiden bitten vielfältig um das Kommen des jeweils angesprochenen Gottes, auch sie freuen sich auf dessen Kommen.

Aus zwei Gründen ist bei uns die Lage anders: Im Unterschied zu den Heiden ist der Gott der Bibel nicht nur

Schutzmacht, sondern auch Richter, denn er hat nicht nur Kraft, sondern er achtet auch auf das Zusammenleben und die Moral. Das ist einzigartig. Daher ist sein Kommen nicht unbedingt nur hilfreich, sondern es hängt mit Gericht zusammen. Durch das Kommen der heidnischen Götter gerät die Welt nicht in die Krise, weil sie nicht Schöpfer sind. Schöpfer- und Richtersein gehören zusammen. – Und zum anderen haben sich die frühen Christen auf das Kommen Gottes und die Wiederkunft Christi gefreut, weil sie Opfer (Märtyrer, Ausgestoßene, Heimatlose) waren und Rehabilitation erwarteten. Wir dagegen sind Täter und versprechen uns von Jesu Kommen keinen großen Nutzen. Denn wir haben ein schlechtes Gewissen und versuchen, den wiederkommenden Jesus zu verdrängen.

Das Wort »kommen« (wie im Gebet »Unser Herr, komm!«) ist ein Bild dafür, daß Gottes Wirklichkeit unübersehbar, unentrinnbar und unausweichlich wird. – Statt vom Kommen kann die Bibel auch davon sprechen, daß Gott sich der Welt zuwendet. Daß Gott sich den Menschen zuwendet – vor allem hilfreich, versteht sich –, geschieht nicht ohne Anlaß. Der Anlaß ist, daß Menschen sich Gott zuwenden. Das ist der Sinn der Rede davon, daß Elia zuvor kommen muß, um das Volk auf Gottes Kommen vorzubereiten, der Sinn der Bußpredigt des Täufers und der Umkehrpredigt Jesu. Das meinten die Rabbinen damit, daß sie sagten, es müsse mindestens 38 Gerechte geben. Für die Christen gibt es mindestens den einen Gerechten, den Menschensohn. Nach Apostelgeschichte 3,19f kann es dann sogar heißen: *Darum denkt um und bekehrt euch, damit euch die Sünden vergeben werden und Gott die Zeit des Aufatmens kommen lassen kann. Dann kann er euch auch Jesus senden, den für euch vorher bestimmten Messias...* Hier wird das Kommen der Heilszeit abhängig gemacht von der Hinwendung zu Gott. Sollte der Satz tatsächlich stimmen: »Der Anlaß ist, daß Menschen sich Gott zuwenden«? Widerspricht das nicht aller Rechtfertigungsdoktrin? Gott hat doch selbst die

Möglichkeit zur Umkehr geschenkt, indem er Elia senden wird, Johannes und Jesus sandte und jeweils Sündenvergebung durch sie angeboten hat. Wichtig ist jedoch die Abfolge, deren ganz eigene Logik wir uns selten klarmachen: Sendung – Umkehr – Vergebung – Kommen Gottes. Daher bleibt es dabei: Der *conversio* Gottes zur Welt hin entspricht die vorausgehende *conversio* zu Gott hin auf seiten der Welt.

In diesen Rahmen ist das Kommen Jesu eingebettet, und dazu gehören auch seine unterschiedlichen Angebote zur Sündenvergebung. In deren Licht wird auch Jesu Blut und Tod verstanden.

Das Reich Gottes ist nicht das Ende der Welt

Im 19. Jahrhundert hatte man tendenziell das Reich Gottes mit dem preußischen Staat (protestantisch) oder mit der Kirche (katholisch) gleichgesetzt. Um die Wende zum 20. Jahrhundert entdeckte man dagegen die apokalyptischen, nicht-irdischen Elemente des biblischen Begriffs wieder (Johannes Weiß; Albert Schweitzer). Und seit dieser Wiederentdeckung des eher transzendenten Gehalts des Begriffs »Reich Gottes« haben wir uns daran gewöhnt, das Kommen des Reiches Gottes mit dem Ende der Welt gleichzusetzen.

Doch diese Rechnung ist ohne das Judentum gemacht. Es ist aus heutiger Sicht ganz unverständlich, wie man über einen zentralen Begriff der Verkündigung Jesu Thesen aufstellen und diskutieren konnte, ohne sich um den jüdischen Bedeutungsgehalt dieses Begriffs zu kümmern.

Nach dem jüdischen Gehalt des Wortes besteht Gottes Herrschaft dann, wenn Menschen Gott anerkennen, ihn allein anbeten und seinem Gebot folgen. Diese Herrschaft wird im Himmel schon von Gottes Engeln anerkannt, nur auf Erden hat sie sich noch nicht durchgesetzt. So ist es notwendig, daß die Menschen »das Joch des Reiches Gottes auf sich nehmen«. Das geschieht, indem man 5. Mose 6,4–5 spricht *(Höre Israel, Gott der Herr ist ein einziger... Und du sollst Gott lieben aus deinem ganzen Herzen...)*. Die Bitte *Dein Reich komme* bedeutet: Laß deine Herrschaft sich durchsetzen, laß uns und andere deine Herrschaft anerkennen.

Ein zeitlicher Aspekt der Herrschaft Gottes besteht in doppelter Hinsicht: Sie setzt sich nur in einem langen Prozeß auf Erden durch. Und sie ist jetzt in der Regel unsichtbar; man sieht es den Menschen nicht ohne weiteres an, ob sie sich zum König des Himmels bekennen oder nicht. Aber dieser Zeit der Verhülltheit und Unsichtbarkeit steht eine Zeit des Offenbarseins gegenüber. Dann, wenn enthüllt ist, wer zu Gott gehört, herrscht Theokratie im besten Sinne des Wortes.

Für unsere Frage nach dem Ende der Welt bedeutet das recht Einschneidendes: Gottes Herrschaft kommt verborgen immer schon dann, wenn Menschen Gott anerkennen. Das geschieht selbstverständlich schon vor dem Ende der Zeiten. Und ferner: Das Reich Gottes hat eine Geschichte, die in mehreren Phasen verläuft. Auf eine im wesentlichen unsichtbare Phase jetzt folgt die Enthüllung von Gottes Herrschaft in einer offenen Theokratie. Aber auch jetzt kann bisweilen schon Gottes Herrschaft mit Macht sichtbar werden, so etwa bei der Verklärung Jesu.

Denn in der Verklärung erfüllt sich Jesu Wort von Markus 9: *(1) Jesus sagte zu seinen Jüngern:* »*Amen, ich sage euch, einige von denen, die hier stehen, werden noch vor ihrem Tode sehen, wie machtvoll Gott seine Herrschaft verwirklicht.*« *(2) Nach sechs Tagen nahm Jesus Petrus, Jakobus und Johannes beiseite und führte sie ganz allein in die Einsamkeit eines hohen Berges...* – Wenn Jesus dann auf dem Berg als »Sohn Gottes« erklärt wird, dann hat das deshalb etwas mit dem Reich des Königs Gott zu tun, weil nach frühchristlicher Auffassung dieser König nicht Untertanen, sondern Söhne und Töchter hat.

Das Kommen des Reiches ist daher nicht mit dem Weltende identisch. Am Ende der Zeiten wird es höchstens sichtbar.

Die jüdischen Targume verwenden immer wieder, wenn es um die Endereignisse geht, das Wort »offenbar werden«. Und damit sagen sie etwas Entscheidendes. Denn am Ende kommt – außer der Sichtbarkeit – nichts Neues hinzu. Es wird nur offenbar, was immer schon ist, was schon längst sich als Prozeß vollzieht oder vollzogen hat. Besonders schön kommt das im Thomas-Evangelium zum Ausdruck:

Logion 97 *(1) Jesus sagt: Die Herrschaft des [Vaters] ist so wie dies: Eine Frau trägt einen Krug, der mit Mehl gut gefüllt ist. (2) Sie geht einen Weg weit entfernt von zu Hause. Der Henkel des Kruges zerbrach. Das Mehl rieselte hinter der Frau auf den Weg. (3) Sie jedoch bemerkte nichts und wußte nichts von ihrem Mißgeschick. (4) Als sie zu Hause angelangt war, stellte sie den Krug auf den Boden und fand ihn leer.*

Das Reich Gottes wird am Ende nurmehr sichtbar – wie die kleine Katastrophe in dieser Geschichte.

Die Einsicht, daß das Entscheidende jetzt geschieht und daß am Ende, was auch immer das sei, alles nurmehr klarer erkennbar ist, wird den Gang unserer Überlegungen bestimmen. Denn christliche Aussagen über die Zukunft haben immer zwei Aspekte, einen für die Gegenwart und einen für die Zukunft. Die verborgene, aber überragende Macht ist geradezu naturgemäß diejenige, die »kommt«, weil sie Zukunft hat.

Diese Einsicht steht der älteren Auffassung gegenüber, wonach alles Entscheidende erst am Ende geschehen werde und man auf dieses Ende eigentlich nur warten könne, da das Verhältnis des Menschen zum Reich Gottes im wesentlichen passiv sei. Nach dieser Auffassung ist das Reich Gottes das absolute Wunderreich, vorher geschieht in der Welt nichts Nennenswertes. Es ist deutlich, daß diese Auffassung die Gegenwart nur als reine Negation des Reiches Gottes betrachten kann. Wo es dagegen nur um Enthüllung des jetzt Verborgenen geht, ist der Anteil des Menschen am Reich Gottes größer. Hier werden auch ältere konfessionelle Fronten in den Forschungsmeinungen sichtbar.

Nach unserem Ansatz geht es beim »Reich Gottes« keineswegs nur oder auch nur in erster Linie um die »Zeit danach«. Vielmehr: Wenn wir hier überhaupt von Zukunft sprechen, dann nicht im Sinne der Wahrsagerei, sondern weil Christen und Juden meinen, der Gott der Bibel habe Zukunft, weil er vital genug ist, ja das Leben selbst.

Das tägliche Brot und das kommende Reich

Ein altes Problem läßt sich vielleicht im Rahmen unseres Ansatzes lösen: Warum folgt im Vaterunser auf die Bitte um das Kommen des Reiches *(Dein Reich komme...)* die Brotbitte *(Unser Brot für morgen gib uns heute),* und was hat beides mit der Lebenspraxis Jesu (des besitzlosen Wandermissionars) zu tun? – Wer Gottes Wirklichkeit ernst nimmt (Erstes Gebot), kann auf andere Sicherungen des Daseins verzichten, zum Beispiel auf die durch Besitz. Der kommende Gott kommt auf die Menschen zu wie der Vater des verlorenen Sohnes auf den Heimkehrenden. Weil er kommt, hält er uns im Leben. Dieser Gott sorgt für morgen (Brot) und für übermorgen (Tod), er greift nicht hauptsächlich durch Wunder ein, sondern als Wohltäter, um das konkrete Leben in seiner Dauer zu gewähren. Je größer die Not des Menschen, um so intensiver reagiert Gott. Der Schrecken des Zerfalls ist Sache der Welt, und wie immer Gott auf die Not des Menschen reagiert, das ist sein Weg mit den Menschen. Insofern kann man die Eschatologie nicht von der Brotbitte lösen.

Es wird erkennbar: Jesu Praxis des Besitzverzichts ist eine Folge seines Bildes von Gott: Gott ist so wirklich, daß er konkret sorgt.

Naherwartung heißt nicht: Morgen kommt das Ende

Naherwartung ist im Neuen Testament immer auch schon Reflex auf Verzögerung. »Nähe« steht an der Stelle von »jetzt, sogleich«. Denn Nähe meint sowohl Distanz als auch Unmittelbarkeit. Insofern ist auch schon Naherwartung das Bemühen, die Fixierung auf ein Ende »morgen« abzubauen. Die Zwischenzeit als Zeit der aktiven Bewährung wird wichtig. Insofern ist lebendiges Christentum immer durch Naherwartung ausgezeichnet; darauf weist unter anderem hin, daß die monastischen Kommunitäten das Wachen als Vorbereitung auf den Tag des Herrn nie aufgegeben haben. – Und statt »wie gebannt« nur noch zu warten, kann man in der Zwischenzeit Aktivität entwickeln.

Am Anfang aller christlichen Naherwartung steht die Erfahrung, daß Jesus der von Gott Geliebte und Erwählte ist, daß Gott ihm also ganz nahe ist und als »guter Freund« Jesu nicht lange mit allen freundschaftlichen Reaktionen wartet. Man nennt diese direkte Antwort im Rahmen einer Freundschaft in der Antike *amoibe,* auf deutsch: Man läßt den Freund nicht lange warten.

Biblische Aussagen über die Nähe des Endes sind expressiv, elastisch und polymorph. Damit ist für die Nähe des Endes gerade nicht an eine lineare Zeitgerade gedacht. – »Expressiv« bedeutet: Diese Aussagen entstehen in Situationen von Druck und Bedrängnis, sie antworten auf die ungestüme Frage nach dem »Wie lange noch?« und trösten angesichts schreienden Unrechts. – »Elastisch« heißt: Nirgends legt sich ein biblischer Autor hinsichtlich des genauen Zeitpunktes des Endes fest, und auch in der jüdischen Apokalyptik ist das nicht der Fall. Der alte Vorwurf, Apokalyptik sei »Berechnung«, entwerfe einen Fahrplan oder Ähnliches, ist völlig unberechtigt. Abgesehen von sehr wenigen christlichen Autoren des 2. Jahrhunderts, die mit einem datierten Weltende rechnen, findet sich eine zeitliche Festlegung nirgends, weder in jüdischer noch in christlicher Apokalyptik.

Und wenn Jesus öfter von »dieser Generation« spricht, dann meint er ein Werturteil, nicht eine präzise zeitliche Angabe. »Elastisch« meint eben dies: Das Ende ist absehbar, aber nicht fixierbar. – »Polymorph« bedeutet: vielgestaltig. Das heißt: Daß Gott nahegekommen ist, darin besteht die zentrale Botschaft des Neuen Testaments. Diese Nähe aber wird auf sehr unterschiedliche Weise, in verschiedenen Dimensionen und Kategorien realisiert.

In der personalen Dimension bedeutet die Nähe Gottes: Wie Jesus das Kind Gottes des Königs ist, ihm sehr nahe steht, so sollen alle seine Jünger und Jüngerinnen Kinder dieses Königs werden und dürfen den König mit »Vater« anreden, von ihm alles erbitten wie kleine Kinder. In der leiblichen Dimension bedeutet es: Gott ist durch Jesus den Menschen physisch so nahe gekommen, daß sich seine Schöpfermacht leiblich und konkret in Wunderzeichen, zum Beispiel als Heilung, auswirkt. In der räumlichen Dimension bedeutet das: Der Himmel öffnet sich über Jesus, der Geist Gottes kommt zu ihm auf die Erde. Und hier auf Erden wird Jesus anschaubar wie eine himmlische Figur, Mose und Elia treten aus ihrer Verborgenheit heraus und kommen auf dem Berg der Verklärung den irdischen Jüngern ganz nahe. Und schließlich gibt es auch die zeitliche Ebene, in der die Nähe Gottes greifbar wird. Wie auf allen anderen Ebenen, so wird Gott auch hier nicht fixierbar, greifbar, datierbar, kann man ihn nicht festhalten. Wie auf allen anderen Ebenen, so ist es auch hier eine neue Art von Gemeinschaft, nicht eine neue Art von Fakten in unserem Sinn. Zeitliche Nähe der »Naherwartung« heißt: Gott läßt seine Kinder nicht allein. Vor allem: Die Geschichte verläuft nicht mehr endlos geradlinig ins Nichts, und das Ende ist auch kein Punkt.

Die apokalyptischen Christen starren nicht auf einen Punkt, sondern erblicken in der Offenbarung durch Jesus Christus die Züge des ihnen zugewandten Antlitzes Gottes.

IV

Der politische Rahmen

Apokalyptik und Politik

Schon von ihrer Entstehung her ist biblische und außerbiblische Endzeiterwartung politisch. Denn im Blick steht das vorhersehbare Ende der jeweils regierenden Machthaber. Schon dem Alten Testament ist klar, daß Gott die Mächtigen vom Thron stürzt. Und wenn Gott nun kommt, dann bedeutet das vor allem eine radikale Umverteilung der Macht.

Damit zerstört jede Erwartung des Kommens Gottes alle hochtrabenden Ansprüche von Machthabern, seien diese nun auf Ewigkeit oder auf Allmacht gerichtet. Der Nimbus irdischer Macht wird zerstört, es kommt in den Blick, daß die jeweils geltende Macht weder für immer herrschen wird noch das Recht hat, allein Wirklichkeit zu interpretieren.

Das angespannte Verhältnis zwischen dem Apokalyptiker und jeder irdischen Macht rührt her aus dem Ersten Gebot einerseits und der erweisbaren Tendenz jeder Macht zur Selbstverherrlichung andererseits. Wenn Gott wirklich der einzige ist, der anzubeten und zu verherrlichen ist, dann folgt daraus für alle anderen, daß sie selbst eigentlich keine Macht und Herrlichkeit haben, sondern einander Geschwister sind – eben weil keiner der Herr über den anderen ist. Von daher ist der Optimismus erklärbar, mit dem immer noch die Verheißung des Friedens in der jüdisch-christlichen Religion ernst genommen und »geglaubt« wird. Frieden ist die strikt notwendige Konsequenz aus dem Ernstnehmen des Ersten Gebotes.

Kirche erscheint damit – und wir folgen hier auch dem Ansatz Erik Petersons zur Offenbarung des Johannes – als eine Gegen-Öffentlichkeit, die im Zweifelsfall Distanz und

Skepsis gegenüber jedem Staat walten lassen sollte. In dieser Rolle ist sie freilich nur glaubwürdig, wenn sie ihre eigene Macht auf den Herzen gründet und sich konsequent als die Gemeinschaft derer versteht, die dasselbe lieben.

Denn aus apokalyptischer Perspektive ist Gottes Reich eine wirkliche Konkurrenz zum jeweils regierenden Machthaber. Schärfer gesagt: Jede Macht, die nicht Gottes Herrschaft ist, muß sich an Gottes Herrschaft messen lassen. Aus diesem Grund betont Jesus immer wieder den Unterschied zwischen politischer Machtausübung (Herrschaft und Ausbeutung) und dem, wie es unter den Jüngern sein soll (Dienen).

Im Sinne des oben beschriebenen Verhältnisses von Welt und Neuer Schöpfung bedeutet das: Macht und Reichtum altern und verfallen übermäßig schnell. Das Neue wird ganz anders sein. Es ist jetzt schon dort anzutreffen, wo dienende Liebe geübt wird. Apokalyptische Weisheit besteht immer darin, daß die geforderte Liebe (von dieser Forderung wissen wir alle) nicht irgendwie nur ortlos existiert, sondern eingebunden ist in eine vergehende Welt, in eine Geschichte vor aller Augen.

Weil die Kirche die Gegen-Öffentlichkeit ist, kann sie in ihren Hymnen allen Nationalhymnen und Kriegsliedern der Soldaten Paroli bieten. Häufig entsprechen die Hymnen bis in den Wortlaut hinein den Zurufen (Akklamationen) an Herrscher.

In der Schrift des Sehers Johannes hat der geschilderte Gottesdienst den Charakter einer Gegenveranstaltung zum Kaiserkult. Denn wo Gott nicht irgendwie »an sich«, sondern in seinem Verhältnis zur Geschichte erfahren wird, kann und muß die Beziehung von Menschen zu ihm sich als sichtbare liturgische Praxis äußern. Die Akklamationen (jubelnde Zurufe), Doxologien (Lobpreisungen) und Lobeshymnen, die in der Offenbarung des Johannes Gott und dem Lamm dargebracht werden, sind weltlichen Vorbildern nachgebildet. Im übrigen äußert sich politische Liturgie in Lob und Dank, nicht als Bitte.

Dadurch wird jeder christliche Gottesdienst, in dem diese Lieder gesungen werden, zu einer Gegen-Öffentlichkeit mit dem Anspruch der ausschließenden Konkurrenz. Die Lieder der Gemeinde sind symbolische Aktionen, die als solche auch die christliche Gemeinde zusammenhalten können. Und weil es um eine strikte Alternative zu bestehender Macht geht.

Der Anspruch Gottes, »König der Könige« und »Herr der Herren« zu sein, richtet sich direkt gegen den römischen Kaiser. Nicht er, sondern nur Gott darf diese Titel tragen. Bei aller täuschenden Parallelität zwischen beiden ist eines der entlarvende Gegensatz: Der römische Kaiser schafft Märtyrer, der Gott Jesu Christi erweckt Tote. Der Sieg des wahren Gottes über Satans Stellvertreter vollzieht sich freilich nur um den Preis des Lebens der Märtyrer. Jeder Märtyrer ist Sieger, weil er sich das Entscheidende nicht nehmen läßt, wegen dessen ihn selbst der Kaiser beneidet: seine ganz persönliche Religionsfreiheit, seine freie Entscheidung, anzubeten und zu lieben, wen er will.

Für das Verständnis christlicher Liturgie folgt daraus: Liturgie feiert nicht beliebige Ideen, Themen oder moralische Vorstellungen. Sie entwirft Gegenbilder zu allem Bestehenden, das gefeiert werden möchte. Als gewaltlose Inszenierung macht Liturgie deutlich, daß das Gewaltmonopol bei Gott liegt. Als Realsymbol ist Liturgie der innerste Kern konzentrischer Kreise christlicher Praxis.

Tendenz gegen Nivellierung

Die Apokalyptik als internationales Phänomen ist geboren aus dem Widerstand nationaler Kulturen und Religionen gegen Kulturen und Religionen mit Weltmachtambitionen. Die Mitglieder dieser Bewegung sind die geborenen Gegner jeder Nivellierung. Sie wagen es, um den Preis normaler mitbürgerlicher Kontakte für sich zu bleiben, um auch nicht den Anschein eines kulturellen oder kultischen Kompromisses zu erwecken. In der Offenbarung des Johannes ist dieser Preis: Verzicht auf interkulturelle Gastfreundschaft (wegen der Erneuerung des Verbots, heidnischen Göttern geweihtes Fleisch zu essen), auf geschäftliche Beziehungen (»Verkaufen und Kaufen«), auf Eheschließungen mit Heiden (das bedeutet das Verbot, Unzucht zu treiben), schließlich aber auch das Martyrium.

Man kann beobachten: Immer dann, wenn Christen in die Gefahr geraten, von der heidnischen Allerweltskultur aufgesogen zu werden, tut ihnen eine Orientierung am Judentum ganz gut. Daher ist die Offenbarung des Johannes das am stärksten jüdisch orientierte Buch des Neuen Testaments. Das gilt sowohl für die Schriftanspielungen als auch für die Verwurzelung im Judentum, hier besonders im apokalyptischen.

Die Geschichte des Judentums zeigt ein stetiges Auf und Ab in Angleichung und Entfremdung. Die Katastrophen und Verbrechen, die an Juden verübt wurden, trugen dazu bei, daß eine wirkliche Assimilation nie zustande kam.

In seinem geistlichen Kern bedeutet Widerstand gegen die Nivellierung immer Unruhe und Wachsamkeit, Skepsis, große Distanz und zugleich große, beneidenswerte Freiheit.

Man hat gefragt: Wie wäre die Kirchengeschichte verlaufen, wenn nicht Römer 13,1 *(Seid untertan der Obrigkeit, denn jede Obrigkeit, die besteht, ist von Gott verordnet)*, sondern Offenbarung 13,2 (Der Teufel hat dem Staat Macht verliehen, er steht dahinter) der maßgebliche Text für das Verhältnis von Kirche und Staat geworden wäre? – Die Antwort: Kirche wäre nie Volkskirche und halbstaatliche »Obrigkeit« geworden, sie wäre kleiner, machtloser, ärmer geblieben – aber auch freier.

Doch die Bedeutung der Apokalyptik geht hier über das Politische weit hinaus. Denn auch andere menschliche Systeme werden immer wieder für absolut und perfekt erklärt. Apokalyptische Hoffnung öffnet jede scheinbar abgeschlossene irdische Wirklichkeit neu, sie zersetzt den Absolutheitsanspruch jeglicher Systeme, bietet jeder Macht Opposition.

Im Rahmen apokalyptischen Denkens gilt daher:

– »Gott« ist ein anderes Wort für die Auflösung jeder Machtkonzentration, die sich gegenüber dem Ersten Gebot verselbständigen will. Denn jede Macht über Menschen tangiert den eigensten Anspruch Gottes. Apokalyptik ist nicht nur eine Bilder-Tradition, sondern vor allem eine bestimmte Haltung.

– Apokalyptiker sein bedeutet eine bestimmte Widerständigkeit, die sich der Gefahr der Vereinnahmung entgegensetzt.

– Für diese Sicht von Zeit und Geschichte ist das eigentlich Schreckliche und das in Wahrheit zu Fürchtende nicht der Tod, sondern der Verlust der kulturellen und kultischen Identität durch Nivellierung, Konformismus, nicht nein sagen können, die vielen kleinen Zugeständnisse. Das Gegenteil der apokalyptischen Haltung ist Opportunismus, das Geltenlassen aller Positionen und die Unfähigkeit, eindeutig zu sein.

– Das »Ende« ist für diese Sicht identisch mit dem Ende aller falschen, kurzlebigen Macht – und das Ende der Entrechtung der Opfer. Die Zeit, in der ihre Würde anerkannt wird, ist dann gekommen.

Insofern ist die Verehrung der Heiligen (insbesondere der Märtyrer) nichts weiter als die Vorwegnahme ihrer endgültigen Rehabilitierung. Derjenige gilt als Patronus, der von den Tyrannen als der letzte Dreck angesehen wurde. Denn Verehrung heißt: dem Mitchristen die Ehre zukommen zu lassen, ihn als Patron zu achten.

Christentum und politische Apokalyptik

Weil der Messias Israels gekommen ist und als Märtyrer gekreuzigt wurde, kommt nun die Weltgeschichte »wieder in

Bewegung«, was sich darin äußert, daß allein das geschlachtete Lamm die sieben Siegel lösen und damit den Gang der Geschichte vorantreiben darf. In dieser Geschichte gewinnt neue Aktualität, was das *Magnificat* besingt: Gott ist der, der die Mächtigen vom Thron stürzt. Das Martyrium beschleunigt das Kommen des Gerichtes (Offenbarung 6,9–11), und mit der Gemeinde insgesamt ist schon das neue Königshaus auf dem Plan (Offenbarung 1,5). In ihrer Liturgie wird Gott als König angerufen.

Es gibt auch eine direkte aktuelle Bedeutung der politischen Seite der Apokalyptik: Das Thema der internationalen Apokalyptik in der Zeit vom 3. Jahrhundert vor bis zum 1. Jahrhundert nach Chr. ist die Bewahrung der nationalen und religiösen Identität im Rahmen der Bedrohung durch die jeweiligen Allerweltskulturen, besonders durch die hellenistische. Diese Bewahrung der Identität wird in der Offenbarung des Johannes sehr tief verstanden und nicht nur als kulturelles Problem; sie ist, auf jeden einzelnen bezogen, eine Frage von Leben und Tod. Denn bewahrt wird der »Sieger«, der seinen Glauben im Widerstand gegen das System verteidigt und ihn – auch um den Preis seines leiblichen Lebens – bewährt. Schon aus diesem Grund ist das Thema der Offenbarung des Johannes nicht der Untergang, sondern das Neue, das auf die Sieger wartet. Die Überwindersprüche in den Kapiteln 2–3 gehören zu den eindrücklichsten »poetischen« Texten des Urchristentums.

Wer diese Überwindersprüche ernst nimmt, kann dieses Buch als eine einzige Warnung vor jedem Opportunismus begreifen. Dieser zeigt sich heutzutage vor allem als Geltenlassen aller Positionen und als Unfähigkeit zu Eindeutigkeit. Im Sinne dieses Buches kann man daher sagen: Die eigentliche Apokalypse (der eigentliche Schrecken) besteht in Nivellierung, Konformismus und dem Identitätsverlust durch tausend kleine Zugeständnisse.

An Gott scheitert jede sonstige »Allmacht«, jede menschliche Anmaßung. Gott ist der Inbegriff dafür, daß jede irdische und menschliche Macht endlich ist und daß sie – je
länger, desto mehr – korrupt ist. Gottes Heiligkeit ist der
Gegenbegriff zu jeglicher Korruption. Kein Machthaber ist
davor geschützt, und wir wissen: Das ist ein Stück biblisches Urgestein. Macht ist der besondere Saft, der Gott im
besonderen Maße skeptisch macht. Denn er stürzt die
Mächtigen vom Thron und erhöht die Niedrigen.

Daß der »Gott der Liebe« etwas mit Macht und Politik zu
tun hat, mögen viele nicht einsehen. Ihnen wäre es sehr viel
lieber, Gott ließe sie mit ihrem Machtgebrauch in Ruhe und
beschränkte sich auf die »Unfallopfer«, die das System her-
vorbringt. Er kuriert sie dann voller Liebe. Daß die Rede
von Gott als »Liebe« so eine arge Verkürzung ist, wird gerade an dieser Stelle greifbar. Denn es ist unmöglich, Gottes
Herrschaftsanspruch nur für den Bereich »Therapie« gelten
zu lassen, im übrigen aber ungeniert nach den Regeln der
Macht und des finanziellen Wettbewerbs zu verfahren. Gerade im »christlichen« Verlagswesen wird besonders deutlich, wie fatal sich diese Optik auswirken kann.

Wenn Gott etwas mit dem Gebrauch von Macht und Geld
zu tun hat, heißt das: Dort und nicht auf der Ebene der
Therapie entscheidet sich, wer seine Herrschaft anerkennt
oder nicht. Macht und Geld sind nicht unschuldig, ihre
bloße Vermehrung ist ein sicheres Indiz für einen Konkur-
renzkampf gegen Gott. Denn keine Macht, die nicht spätestens auf ihrem Gipfel in Gerechtigkeit und Liebe um-
schlägt, bleibt neutral. Wer sich – im Besitz politisch-finan-
zieller Macht – nicht demütig zum Ersten Gebot bekennt
und Gottes Gebot unterwirft, verfällt zwangsläufig dem
Gesetz des Dualismus. Denn Macht ist eben als Macht stets
extrem gefährdet. Sie kann nicht »bleiben«, wenn sich ihre
Träger nicht ausdrücklich Gott unterwerfen.

So ist es nicht länger besonders sinnvoll, das Erste Gebot vor allem gegen andere Religionen gerichtet zu sehen. Gerade die dies am lautesten fordern, möchten gerne im Windschatten ihrer Forderung ihrem Geschäft nachgehen.

Das bedeutet freilich auch: Politisches Handeln darf und soll nicht das »Heil« schaffen wollen oder müssen. Seine Zielvorstellungen sind mit skeptischem Realismus zu bewerten. Da apokalyptische Juden und Christen jeweils auf einen »fremden Text« (die Bibel) hören, besitzen sie in diesem Text ein kritisches Potential gegenüber sich selbst und jeder verwalteten Macht. Denn jede Form der Machtausübung ist an der Herrschaftsausübung Gottes zu messen.

Der Märtyrer und sein Sieg

Jüdische Apokalyptik ist wie die der umliegenden Völker kaum denkbar ohne die Existenz von Märtyrern. So ist es auch im Christentum, dessen Weg bis zum Anfang des 4. Jahrhunderts n. Chr. immer wieder von Martyrien gesäumt ist. Für die Weltkirche gilt das auch in diesem Jahrhundert. Apokalyptische Texte rufen in Erinnerung, daß die Kirche fast immer nur als verfolgte glaubwürdig war und in ihrem Widerstand Zuflucht der Menschen sein konnte. Nichts bekommt der Kirche schlechter als lange Zeiten von Frieden und Wohlstand.

Es könnte aber auch ein, daß Nicht-Beachtung und Ignorieren der Kirche viel stärker zusetzt, die viel sublimere und gefährlichere Verfolgung ist als die blutige.

Zu den eindrucksvollsten Texten des frühen Christentums gehören, wie schon erwähnt, die »Überwindersprüche« in der Offenbarung des Johannes. In ihnen verheißt Christus:

(2,11) Dem Sieger wird der zweite Tod, die endgültige Verdammnis, nichts mehr anhaben können.

(2,17) Dem Sieger werde ich von dem Manna zu essen geben, das der Himmel verborgen hält. Und ich werde ihm einen weißen Stein geben, auf dem ein neuer Name geschrieben steht, den nur er kennt; dieser Name ist ein Geheimname, der ihn schützen wird.

(2,26) Dem Sieger, der bis zum Ende so handelt wie ich, werde ich Macht geben über die Völker. (27) Er wird sie regieren mit eiserner Knute oder sie zerschlagen wie irdenes Geschirr. (28) Am Glanz des Morgensterns, den ich von meinem Vater empfangen habe, werde ich auch ihn teilhaben lassen.

(3,5) Der Sieger wird leuchtend dastehen, sein Name ist im Buch des Lebens verzeichnet. Ich werde mich zu ihm bekennen vor meinem Vater und seinen Engeln.

(3,12) Den Sieger werde ich zur Säule in Gottes Tempel machen, die immer dort bleiben wird. Auf seine Stirn werde ich den Namen Gottes schreiben und den Namen der Stadt Gottes, des neuen Jerusalem, das vom Himmel her kommt, und auch meinen eigenen neuen Namen.

(3,21) Dem Sieger werde ich erlauben, zusammen mit mir auf meinem Thron zu sitzen. Auch ich bin ja Sieger und darf neben meinem Vater auf seinem Thron sitzen.

Diese Überwindersprüche entsprechen den Seligpreisungen der Bergpredigt, weil für beide das zukünftige Heilsgut schon jetzt gilt. Denn bei den Seligpreisungen heißt es nicht: Sie werden selig sein, sondern *Selig sind...,* und auch bei den Überwindersprüchen heißt es nicht: Jemand wird siegen, sondern der Zeuge siegt immer hier und jetzt in der bestehenden Wirklichkeit. Selig sind die Menschen, die Jesus preist, schon jetzt, weil niemand und nichts mehr sie von dem trennen kann, was ihnen als Verheißung gilt. Und Sieger sind die Standhaften schon jetzt, weil sie in Leiden und Blutzeugnis der tyrannischen Macht widerstanden haben, die ihnen ihre Seele und ihren Glauben rauben will.

Beides ist Enthüllung, *apocalypsis,* denn der Märtyrer enthüllt seine Identität durch sein Bekenntnis. Und der Tyrann enthüllt sein wahres Wesen durch die Verfolgung und Tötung des Gerechten. Insofern gehören beide zusammen und schaffen die dualistische Situation der Enthüllung. Erst jetzt, da sie beide sich enthüllen, wird die Situation kriegsmäßig. Die unzweideutige Enthüllung schafft erst den vollen Kontrast von schwarz und weiß. Denn ab jetzt stehen sich gegenüber die Wirklichkeit Gottes und die andere Wirklichkeit, die Märtyrer schafft. Die Hymnen der Offenbarung des Johannes stehen zwischen dem Zeugnis der leidenden Verfolgten auf Erden und der Herrlichkeit Gottes. Während es sonst die Liebe ist, die die Gemeinde mit der Wirklichkeit Gottes verbindet, ist es hier, völlig gleichrangig, das pneumatische Lied.

V

Zum Verständnis der Apokalyptik

Weder Fundamentalismus
noch existentiale Interpretation

Für eine »fundamentalistische« Deutung sind die apokalyptischen Texte keine Probleme. Denn für diesen Standpunkt ist die Wirklichkeit eindimensional. Das »Wort
Gottes« gilt im physikalischen Sinne. Daher hat hier auch
immer wieder eine terminierte Naherwartung nahegelegen.
Doch der fundamentalistische Standpunkt geht am eigentlichen Problem vorbei: daß Gott und seine Wirklichkeit
auch nach dem Verständnis der Bibel selbst (!) nicht in unseren Vorstellungen erfaßbar ist. Daher wird der Erzengel
Michael aller Voraussicht nach nie in der Tagesschau erscheinen. Daher wird es auch keine Ölrechnung für die
Heizkessel in der Hölle geben.
In der modernen Hermeneutik sind auch einige, wie es
scheint, allzu einfache Wege diskutiert worden, dem gestell-
ten Problem zu entgehen. Der Rationalismus läßt sich, wie
auch der Fundamentalismus, von einem einlinigen Wirk-
lichkeitsbild leiten und erklärt im Sinne dieses »modernen«
Weges das apokalyptische Weltbild für reine Spekulation.
Der Rationalismus übersieht, daß im Namen der Bibel niemand den Anspruch erheben kann, bei den biblischen Aussagen gehe es um Gegebenheiten der physikalisch-vorfind-
lichen Welt.
Die existentiale Interpretation hat mit den apokalyptischen
Texten des Neuen Testaments wenig anfangen können. Zumeist wurde behauptet, das Neue Testament selbst sei
schon extrem kritisch und zurückhaltend mit solchen Aussagen. Die Offenbarung des Johannes ließ man dabei zumeist lieber beiseite. Der Vorschlag, diese Texte auf ein be-

stimmtes Verständnis der Existenz zu reduzieren, ist sehr folgenschwer gewesen, denn auf diese Weise wurde erreicht:

– Die apokalyptischen Texte wurden nurmehr auf die Existenz des einzelnen Glaubenden bezogen (»Angstfreiheit«), jeder Ausblick auf die Geschichte schien unerlaubte mythologisierende Rede zu sein.

– Dabei wurde übersehen, daß das eigentliche Thema der Apokalypsen durchaus der Geschichtsverlauf und besonders die Frage der Macht in der Geschichte ist. An den Themen Märtyrer und Untergang Roms ist das gut erkennbar.

– Darüber hinaus geht es in allen Apokalypsen, besonders aber bei Paulus nach 1. Korinther 15,45–55, nicht nur um die Geschichte, sondern um Alte und Neue Welt, Erste und Zweite Schöpfung und damit um das Gegenbild zur Schöpfungstheologie, das zum Beispiel auch die Tiere umfaßt.

– Die apokalyptischen Texte sagen, daß das Unsichtbare nicht für immer unsichtbar bleiben wird. Dieser Punkt ist, soweit es irgend geht, zu beachten. Durch einen Rückgriff auf philosophisches Existenzverständnis scheint diese Betonung der Leiblichkeit jedenfalls nicht zureichend eingeholt zu sein, auch wenn es sich um eine ganz andere Art von Leiblichkeit als die medizinische handelt.

Weder altmodisch noch exotisch

Schon im Blick auf das, was man mit der Vernunft rekonstruieren kann, ergeben sich bei der Beurteilung apokalyptischer Aussagen einige wichtige Warnsignale für unsere neuzeitliche Optik. Denn Wirklichkeit wird für apokalyptisches Denken durch einige sehr bemerkenswerte Faktoren bestimmt. Diese sind weder altmodisch noch besonders exotisch; sie sind zunächst einmal anders als unsere normale Kultur – und stecken ihr doch zutiefst in den Knochen.

Die gerade in der Offenbarung des Johannes verbreitete

Zahlensymbolik legt nahe: Die erstrangige, damit primäre und alles andere bestimmende Wirklichkeit ist nicht das Diffuse, das man sieht, sondern die hinter dem Sichtbaren und Vergänglichen verborgene Ordnung. Damit ist nicht nur die Abfolge der Endereignisse gemeint, die streng gegliedert ist, sondern auch das Gesetz Gottes, das Bekenntnis zu Gott.

Dem entspricht: Die *Unordnung* (Gesetzlosigkeit, Ungerechtigkeit) *vergeht*. Sie hat auf Dauer keine Chance, sie wird verschlissen. Gerade dann, wenn sich die Unordnung im mörderischen, ausbeuterischen System Roms zu extremer Sichtbarkeit erhebt, wird sie als sie selbst manifest und kann sozusagen geerntet werden und verschwindet.

Und ferner: *Jesus kommt wieder.* Unvergleichlich intensiver als wir erhoffen die frühen Christen die zweite Ankunft Christi und erwarten erst von ihr die eigentliche messianische Befreiung. Der Blick der frühen Christen ist daher, auch was Jesus Christus selbst betrifft, nicht in die Vergangenheit, sondern ganz entschieden in die Zukunft gerichtet. Das heutige Christentum hat diese Zukunftsperspektive in aller Regel eingebüßt und sie oft genug obskuren Sekten überlassen.

Und ferner gilt: *Die Zeiten werden spannender.* – Geschichte verläuft für den Apokalyptiker nicht linear. Für den religiösen Menschen gilt – übrigens auch außerhalb der Bibel –: Mit der Not wächst auch die Nähe des Rettenden. Das heißt: Gerade dann, wenn die Ungerechtigkeit und Grausamkeit der von Gott abgewandten Welt ihren Höhepunkt erreicht, steht Gottes Reich vor der Tür. Die Extreme gehören zusammen, treten fast gleichzeitig auf.

Kennzeichnend für apokalyptisches Denken ist ferner eine besondere Auffassung von *Anfang und Ende.* – In einem unvereinnahmbaren Anfang sehen Christen und Juden Gottes Wort. Die Zeugen, die sich in der Schrift äußern, müssen deshalb immer wieder gehört werden, weil es zu diesem Gottesbild gehört, daß Anfang und Ende ausgezeichnete Phasen der Offenbarung sind. Im Anfang »bricht« Offenbarung auf – gegen alles Gewohnte. Am Ende wird alles »sichtbar« – gegenüber allem Verborgenen. Die Größe »Kanon« bezeugt je und je den Anfang und ist am Ende die Größe, anhand derer das Eintreffen von Gottes Verheißung aufgewiesen werden kann. Daher ist die Schriftlichkeit wichtig.

Und schließlich gilt der Grundsatz: *Die Folge der Zeiten ist unumkehrbar.* Die Geschichte ist zweigeteilt. Die Katastrophen sind vom Heil zu trennen, und die Abfolge beider ist unumkehrbar. Das heißt: Die sichtbare, ungerechte und aus der Ordnung geratene Welt treibt in die Katastrophe, das unsichtbare Reich Gottes ist wesentlich unvorstellbar, dennoch gehört ihm die Zukunft.

Entscheidend dabei ist: *Die Träger der Zukunft leben schon.* Sie hat ihre Repräsentanten bereits in der Gegenwart. Dadurch reicht sie schon in die Gegenwart hinein, ist nicht rein zukünftig. Damit bleibt die Zweiteilung zwar bestehen. Doch die beiden Zeiten oder Welten überlappen sich: Auch schon in der jetzigen »dunklen« Zeit gibt es eine mehr oder weniger kleine Gruppe von Menschen, die ganz und gar nicht zu dieser Zeit passen, die schon jetzt nach den Gesetzen der kommenden Welt leben und dadurch oft genug zum Opfer der Jetztzeit werden. Überall sind diese Gruppen strenge Pazifisten. Sie stehen in Gegensatz zu den anderen, Unwissenden, weil sie um die kommende Wende der Äonen wissen. Weil sie genau Bescheid wissen, können sie das rechte Verhalten schon einüben. Dieses Wissen ist in besonderen Offenbarungsschriften niedergelegt. Von daher hat die Schrift schon seit dem Judentum in solchen Gruppen eine besonders herausragende Bedeutung. Dadurch, daß die Visionen schriftlich verfaßt sind, ragt die Zukunft gewissermaßen sicher dokumentiert und dereinst nachprüfbar, also als schriftliches Zeugnis, in die Gegenwart hinein. – Für die Auslegung wichtig erscheint mir auch dies: Die Träger der Zukunft sind zugleich für die Gegenwart auch die Außenseiter und die »anderen«. Pazifistische Opposition und eine Ethik der Sanftheit und des Machtverzichts sind nichts anderes als ein Wort für Zukunft.

In der monastischen »Vision« des Zisterzienser-Abtes Joachim von Fiore wird dieses Konzept um 1200 noch einmal aufgegriffen werden. Ähnlich wie die Apokalyptiker wird auch Joachim meinen, die moralische (und geistige) Elite sei immer zugleich zur Trägerin der Zukunft berufen. – Die zeitliche Dimension, das könnte auch dieser Vergleich zeigen, ist daher nicht die einzige hier maßgebliche. In der Apokalyptik geht es nie um Aussagen nur über die Zeit. Sondern es geht um die Zukunftsfähigkeit der Menschen, die ein bestimmtes Ethos verkörpern.

Für unsere Frage ergibt sich daraus: Die Aussagen des Neuen Testaments über Zukunft sind nicht beliebige Weissagungen. Sondern es geht um die Sehnsucht danach, der Herr möge wiederkommen, und zwar zu denen, die ihn erwarten und die wie er im Widerstand zur »Zeit« stehen. Im Hintergrund steht eine filigrane Ordnung, vor der am Ende alles andere weicht. Das ist alles andere als Handlinienlesen und Weissagen aus Kaffeesatz.

Damit hat sich die hermeneutische Frage verschärft: Wie soll man sich das Ende der Welt denn nun vorstellen?

Unsere Antwort auf diese Frage umfaßt zwei Teile: Zum einen geht es darum, jede Vorstellbarkeit gerade abzuweisen, zum anderen geht es um die strikt ungegenständliche, »mystische« Wahrnehmung der Zukunft Gottes durch den Glaubenden.

Vom Zerbrechen aller Vorstellungen

Der Ausdruck »Zerbrechen aller Vorstellungen« ist in der Bibelauslegung der Dialektischen Theologie geläufig. Er wurde dort regelmäßig auf das Verhältnis zwischen Judentum und Christentum angewandt. Zum Beispiel seien alle jüdischen Vorstellungen über Messias oder Auferstehung angesichts der konkreten Eigenart Jesu »zerbrochen«. Jesus habe alles allzu Irdische und Nationale, dazu alles Dingliche und Leibhaftige spiritualisiert und damit die alten jüdischen Traditionen auf den Kopf gestellt, ja in Wirklichkeit zerbrochen. – Dieser Ansatz, der eine religions- und traditionsgeschichtliche Untersuchung des Neuen Testaments im Grunde unmöglich machte, ist erweisbar gescheitert. Damit müssen wir uns hier nicht weiter beschäftigen.

Doch die Kategorie »Zerbrechen aller Vorstellungen« gilt um so mehr und um so intensiver für die Auslegung und Anwendung apokalyptischer Texte. – Dabei geht es nun *nicht* darum, daß diese Texte nicht religions- und traditionsgeschichtlich eingeordnet werden könnten – im Gegenteil, die Apokalyptik ist ein exemplarisch gut eingrenzbares Traditionskontinuum. Es soll auch *nicht* bestritten werden, daß der einzelne Schriftsteller eine Vorstellung von dem hatte, was er schrieb. Es geht vielmehr dabei um den Versuch, eine (nicht: die) mutmaßlich beabsichtigte Wirkung dieser Texte zu rekonstruieren.

Apokalyptische Texte innerhalb und außerhalb der Bibel berichten immer wieder (nicht durchgehend) vom Zerbrechen des kosmischen Rahmens unserer Wirklichkeit. So sollen die Gestirne herabstürzen, die Himmel vergehen, die Erde durch Erdbeben ihre Gestalt verlieren usw. Anders als heutige Menschen das wahrnehmen können, geht es dabei nicht um eine Addierung zufälliger Einzelkatastrophen. Vielmehr geht es um den Rahmen unserer gesamten vorfindlichen sichtbaren Wirklichkeit. Deshalb geht es um nichts Geringeres als um die Himmelskörper. Wenn sie zusammenstürzen, hört auch die zeitliche Ordnung auf, der Kalender, und damit die Zeit überhaupt und ebenso auch der meßbare Raum.

Für das Verständnis des Frühjudentums aber sind Meßbarkeit und Sein identisch, ja mehr noch: Das Dasein bestimmter Dinge wird durch Zahlen konstituiert. Was nicht mehr meßbar ist, rutscht ins Nichts. – Das wird gut erkennbar an den Aufforderungen der Offenbarung des Johannes, bestimmte Dinge zu messen. Wenn nach Offenbarung 11,1f der Tempel vermessen wird, dann heißt das: Sein Bestand ist gesichert. Gleiches gilt von den bekannten symbolischen Maßangaben des himmlischen Jerusalem.

Die Dinge der Welt bestehen insgesamt, sofern sie nach Raum und Zeit meßbar sind. Wenn also Raum und Zeit zusammenbrechen, hört die bestehende Ordnung auf, und damit hören auch die Dinge selbst in bestimmter Weise auf. Als räumliche und zeitliche waren die sichtbaren Dinge Grundlage und Ausgangspunkt unserer Vorstellungen. Brechen sie zusammen, dann gibt es auch keine Grundlage mehr für unsere Bilder und Begriffe. *Wo Raum und Zeit nicht mehr sind, können wir überhaupt nichts mehr vorstellen.*

Ein Beispiel: 4. Esra 4,5ff. Der Text macht eindrücklich deutlich, daß unsere Vorstellungen an Zahl, Maß und Gewicht orientiert sind, Gottes Wege dagegen noch weit darüber hinaus unbegreiflich sind: »Er (der Engel) sagte zu mir: Geh, wiege mir das Gewicht des Feuers oder miß mir das Maß des Windes oder ruf mir den Tag zurück, der vergangen ist... Du kannst schon das nicht erkennen, was dein und mit dir verwachsen ist... (11) Wie kann dann deine Fassungskraft den Weg des Höchsten erfassen? Denn im Unermeßlichen wurde der Weg des Höchsten geschaffen. Du kannst nicht, vergänglich in einer vergänglichen Welt, den Weg dessen, der unvergänglich ist, erkennen.«

Vielfach fragen Zeitgenossen angesichts apokalyptischer Texte oder bezüglich des »Endes der Welt«: Wie sollen wir uns das denn vorstellen? Viele sagen: Ich kann mir das gar nicht vorstellen, deshalb kann ich auch nicht daran glauben. Nun muß zunächst betont werden, daß sich nach allen christlichen Bekenntnissen der Glaube nicht auf ein Weltende bezieht, sondern auf die Wiederkunft Jesu Christi (»von dort wird er kommen...«). Aber abgesehen davon wird an dieser Stelle deutlich: Apokalyptische Texte sind gerade nicht schwülstige, barocke oder phantasievolle Ausmalungen überhitzter Phantasie. Nur wenn wir diese Texte so verstehen, werden sie sogleich höchst problematisch. Denn welche *Vorstellungen* auch immer wir »uns machen« oder suggerieren lassen, immer werden wir dabei das Gefühl nicht los, daß diese Vorstellungen der Würde und Dramatik des Geschehens nicht angemessen sind. Jede Vorstellung, die wir uns machen, reduziert das Ende aller Dinge auf ein handlich-bürgerliches Maß und läßt die Dinge lächerlich werden.

Dies vor allem ist gegen jede »fundamentalistische«, wörtlich-konkrete Auffassung apokalyptischer Aussagen zu sagen: Sie verniedlichen das Gesagte, machen die Endereignisse zu Dingen für den Hausgebrauch, stutzen sie zu lächerlichen Ereignissen auf dem Niveau der Puppenstube zusammen. Ein Beispiel: Nach einigen apokalyptischen Texten wird der Erzengel Michael mit der Posaune blasen, bevor die Auferstehung der Toten beginnt (1. Korinther 15,50). Im Sinne fundamentalistischer Auslegung müßte man ehrlicherweise fragen: Wie muß und kann ich mir das vorstellen? Wird das Auftreten des Erzengels die Top-Nachricht in den Fernseh-Tagesmeldungen? Wird man im Hintergrund des Erzengels den Reichstag oder die Pariser Oper sehen? Wer wird das Blasen für die Schwerhörigen übersetzen? Was wird der Engel anhaben? Wird er Flügel haben? Wird seine Posaune aus Silber sein? Wenn er nachts kommt, wird er selbst leuchtend sein? – Alle diese Fragen sind immer wieder gestellt worden, sie werden oft im Kindergottesdienst gestellt, und die Kunstgeschichte hat die meisten Fragen sogar beantworten müssen.

Doch hier ist zu erklären: Der Sinn dieser Texte zielt gerade auf ein *konsequentes Imaginationsverbot.* Mit den Vorstellungen, die wir uns machen, werden die Dinge lächerlich und unglaubwürdig. Wir können doch am Ende (nur) unsere eigenen Vorstellungen nicht glauben.

Vielmehr ist mit den kosmischen Katastrophen, die einzelne dieser Texte schildern, zumindest dies gemeint: Das Zerbrechen der Welt, um das es hier geht, bedeutet zugleich ein grundsätzliches und weiträumiges Zerbrechen unserer Vorstellungen. Daß die Ordnungen der Welt aufhören, steht für das Ende alles dessen, was wir uns vorstellen können. Das Ende der Welt ist eben strikt unvorstellbar.

Es ist nur konsequent, wenn das Zerbrechen der Welt als längerer Prozeß geschildert wird. Denn es geht nicht um ein einmaliges Licht-Ausknipsen. Sondern die Texte selbst verstehen sich als Einübung (auf seiten der Leser) in das Ablegen von Vorstellungen. Denn mögen auch »Bilder« aufgebaut werden, sie entziehen sich der Vorstellbarkeit durch ihren surrealen Charakter, sie sind Trümmer aus dem Prozeß des Ent-werdens. Apokalypsen bauen mit ihrem Endzeit-Szenario keine konstruktive, märchenhafte Gegenwelt zur bestehenden auf. Sie benennen höchstens das verborgen Schreckliche, das angesichts des kommenden Gottes zergeht wie Schnee in der Sonne. Auch bei der Schneeschmelze entstehen bizarre Figuren.

Daraus folgt: Gerade also die scheinbar konkretesten Aussagen über das Wie sind in Wirklichkeit der zielgetreue Abbau aller Vorstellbarkeit des Wie. Oder anders: Wer etwas über das Wie wissen möchte, muß es sich gefallen lassen, daß beim Eindringen in diese »Welt« seine Vorstellungen Stück um Stück abgebaut werden. Denn nichts weiter und genau das sagen die Texte über die kosmische Zerstörung. Das Sich-Vertiefen in diese Texte ist nichts weiter als eine Schule über das Verblassen des Faßbaren. Der Mensch wird hier radikal in seine Grenzen zurückgeworfen.

Daß alles Vorstellbare ein Ende hat, gilt zunächst für die bestehende Ordnung. Das ist immer der erste, der negativ-destruktive Schritt der Apokalypsen. Es gilt aber genauso für das Neue, die positive Kehrseite. Das Aufgeben der Vorstellungen über das Ende ist zugleich ein Einüben in die Nicht-Begreiflichkeit des Neuen. Nur eins ist gewiß: die Unumkehrbarkeit der Abfolge von Alt und Neu.

Was kommt nach dem Ende alles Vorstellbaren?

»Stell dir vor, du wachst auf, und die Welt ist nicht mehr.« Apokalyptik ist auch der entschiedene Versuch, einem möglichen Nihilismus an dieser Stelle auszuweichen. Denn es könnte ja sein, daß eben nichts bleibt. Es könnte aber auch sein, daß nur noch Gott bleibt.

Daher geht es bei apokalyptischen Texten nicht um naive Horrorgeschichten, sondern um die radikale Frage nach Gott oder Nichts hinter allem, was gewesen sein wird. Parallel zu apokalyptischen Texten behandeln auf ihre Weise auch die Askese und die *Ars moriendi* dieses Problem. In beiden geht es um Freiheit von der Welt, um die Frage nach Gott oder Nichts in aller Dringlichkeit stellen zu können.

Pauschal kann man auch sagen: Unter sehr ähnlichen Voraussetzungen der Einübung beantwortet das buddhistische Mönchtum die Frage mit »Nichts«, das christliche mit »Gott«.

Die Frage wird auch mit dem Tod jedes einzelnen gestellt. Denn auch in seinem Tod erlebt jeder einzelne, soweit wir ahnen können, das Zerbrechen der Welt. Es geschieht also täglich schon. Denn aus christlicher Sicht bedeutet auch der Tod nichts anderes, als daß es dann nur noch Gott gibt.

Ein Stück biblische Erkenntnislehre

Wenn mit dem Aufhören der sichtbaren Welt auch unsere Vorstellungen enden, so bedeutet das vor allem: Insbesondere der Ordnungsverlust der Welt macht nach biblischer Konzeption weitere »Vorstellungen« unmöglich. Denn auch der biblische Schöpfungsbegriff ist wesentlich ein Ordnungsbegriff und nicht zuerst am sinnlich Materiellen orientiert.

Für das zeitgenössische Judentum bestätigt uns Philo von Alexandrien (jüdischer Philosoph, ca. 20 v. – 60 n. Chr.) in seiner

Schrift »Über die Weltschöpfung« (§ 26), daß Welt und Zeit zusammen erschaffen sind: »Mose sagt: Im Anfang erschuf Gott den Himmel und die Erde. Darunter versteht er nicht, wie manche glauben, den Anfang in der Zeit – denn die Zeit existierte nicht vor der Welt, sie ist vielmehr entweder mit ihr oder nach ihr ins Dasein getreten. Denn da die Zeit das Intervall der Bewegung des Weltalls ist, Bewegung aber nicht früher als das Bewegte eintreten kann, sondern entweder später oder zugleich entstanden sein muß, so muß auch die Zeit entweder ebenso alt wie die Welt oder jünger als sie sein; der Versuch, sie als älter zu erweisen, wäre unphilosophisch.«

Das alles klingt freilich reichlich modern und könnte auch ein Strang kantianischer Philosophie sein oder sogar an der mittelalterlichen Auffassung von *phantasma* (sinnliche Vorstellung) und Begriff orientiert sein. Hier ist jedoch Vorsicht geboten.

Daß mit dem Ende der sichtbaren oder geordneten Welt alle Vorstellbarkeit aufhört, ist in dreifacher Hinsicht ein Stück biblischer Erkenntnislehre:

– Der Visionär, der sich auf die Himmelsreise begibt, verläßt den Bereich des Vorstellbaren. Aus diesem Grund spricht Paulus in 2. Korinther 12,4 davon, daß er Worte gehört habe, die man nicht aussprechen könne. Denn in der Tat: Die Sprache des Himmels ist mangels gemeinsamer Ordnungselemente in irdische Sprache nicht übersetzbar. Paulus steht mit dieser Auffassung nicht allein, sondern in einem breiten Strom apokalyptisch-visionärer Tradition. Konkret geht aus 2. Korinther 12 hervor: Paulus kann nichts mitteilen, weil hier alles Sagbare abbricht. Im visionären Überschreiten des Sichtbaren hat Paulus es verlassen.

– Diese Unmöglichkeit gilt auch in anderer Richtung: Nach Römer 8,26f erreicht unsere Sprache den Himmel nicht. Daher *wissen wir nicht, was wir beten sollen.*

– Apokalyptische Texte berichten häufig von einem großen Schweigen nach dem Vergehen der Welt, das so intensiv war wie das Schweigen am Anfang. Das heißt: Mit dem Ende der bestehenden Weltordnung gibt es überhaupt keine

Möglichkeit mehr, etwas zu sagen. Man lese dazu 4. Esra 7,30f: »Die Welt wird in das einstige Schweigen sieben Tage lang zurückkehren, wie es im Uranfang war, so daß niemand übrigbleibt. (31) Nach sieben Tagen aber wird die Welt, die noch nicht wach ist, erweckt werden...«

– Auch bei Jesu Rede über das Himmelreich zeigt sich das Problem und zugleich ein Ausweg: Er kann nicht in zugreifender oder objektivierender Rede, sondern nur im Gleichnis sprechen. Gerade die Gleichnisse sind ja ein Weg, Vorstellungen über die Sache zu vermeiden. Denn sie operieren mit »weltlichen Vorstellungen«, um das Unweltliche des Reiches Gottes zu beschreiben. Insofern bestätigen die Gleichnisse Jesu im Umkehrschluß unseren Ausgangspunkt.

Entsprechend häufig werden auch Gleichnisse Jesu zum Ausgangspunkt liturgischer Äußerungen über apokalyptische Ereignisse: »Alle Verstorbenen werden sich mit brennenden Lampen erheben, um mit dem Bräutigam zu dem Brautgemach eintreten zu können« (westsyrisch-antiochenischer Ritus, ed. Becker-Ühlein, Liturgie II, 1166).

Diese Bemerkungen haben vor allem den Sinn, die Himmelsschilderungen, die in den Apokalypsen dann doch vorkommen, nicht mißzuverstehen. Alles, was nach dem Ende der Welt oder nach dem Tod des einzelnen oder im visionären Überstieg gewonnen wird, ist grundsätzlich nicht in den Kategorien der normalen Sprache zu sagen und vor allem nicht im Sinne weltlicher Anschauungen zu verstehen. Es widersetzt sich daher ganz strikt welthafter Erfaßbarkeit. Da gibt es dann mehrere Möglichkeiten: Man stellt sich ganz auf den Standpunkt der weltlichen Anschauungen – dann muß man schweigen oder am Reden verzweifeln (Römer 8,26f und 2. Korinther 12,4; 4. Esra). Oder man redet über Himmlisches auf der Gleichnisebene und eben nur über die Pointe vermittelt (Jesus). Oder man wagt es, dennoch in einer Sprache zu reden, die erkennbar bildlich ist. Das gilt bereits für die Erfahrungen mit dem Auferstandenen. Sie sind nicht fundamentalistisch mißzuverstehen.

Wichtig ist aber, daß die Jünger Jesus als ihn selbst erkennen, und zwar auch an seinen Wundmalen. Das weist darauf, welcher Art die Brücke zwischen Kategorial-Weltlichem und Unaussagbarem ist: Die personale Identität, sogar sehr weitgehend als leibliche erfahren, ist über die Differenz Welt – Umwelt erhaben. Das sagt ja ähnlich auch Paulus in 2. Korinther 12,2–5, auch wenn er, um die Differenz anzudeuten, in der 3. Person spricht.

Keine Zukunftskonstruktionen

Der Weg, den die Geschichte nach den Apokalypsen nehmen wird, verläuft parallel zum Weg des Lesers.

Die Geschichte besteht in ihrem negativen Teil darin, daß im Weg auf das Ende zu sich eine irdische Größe und Macht nach der anderen erübrigt. Denn Schritt um Schritt wird deutlich,

– wer jedenfalls nicht Gott ist, da er ungerecht und vergänglich ist,

– was jedenfalls das ersehnte neue Reich nicht sein kann, da es zerschlagen wird,

– was alles »vorher« und nicht »endgültig« ist, denn eines nach dem anderen vergeht.

Wenn der Leser dies zur Kenntnis nimmt, wird ihm

– eine Illusion nach der anderen zerschlagen, und das heißt: Am Ende kann keine Hoffnung auf Sichtbares Bestand haben.

– Auf dem Weg zum Neuen wird ihm jede mögliche Vorstellung aus den Händen geschlagen, denn alles, was sichtbar und vorstellbar war und Halt zu geben schien, war brüchig.

Am Ende ist das Zerbrechen der Mächte, der ungerechten Ordnungen, ja der vergänglichen Welt selbst ein Zerbrechen an Gott, dem die Welt nicht standhalten kann.

Der Tatsache, daß das Ende »nicht vorstellbar« ist, entspricht sehr genau die Wachsamkeit, die Jesus vom Menschen fordert. Denn eben deshalb, weil bezüglich des Endes nichts, aber auch gar nichts vorstellbar ist, wird das Versagen aller Kategorien gewissermaßen in eine Dauer-Haltung überführt und verwandelt (vgl. auch unten).

Doch Apokalyptik ist nie die bloße Abfolge von ungerechter Welt und Reich Gottes. Vielmehr wurde oben schon auf die partielle Überlappung hingewiesen. Diejenigen, die jetzt schon Träger des Zukünftigen sind, haben nun nicht etwa besondere Vorstellungen anzubieten, sondern nur und allerdings eine besondere Erfahrung. Diese zu beschreiben wird eine besondere Art sein, den christlichen Glauben noch einmal von einer anderen Seite her zu sehen.

VI

Wider die Verachtung der Bilder

Zwischen Drachen und Engeln

In den Apokalypsen stoßen wir immer wieder auf klassisch gewordene Bilder: auf das himmlische zwölftorige Jerusalem, den Engel mit dem Mühlstein, auf Braut und Lamm, Monster und Requisiten wie Feuer, Blut und Rauch. Als Beispiel mögen diese Bilder aus einer christlichen Liturgie dienen, die mit apokalyptischen Bildern getränkt ist:
»Herr, Beherrscher der Gewalten und Gott aller Barmherzigkeit, mit Feuer Gewandeter, dessen Angesicht von Feuer lodert, funkensprühendes Feuerschwert, Reiter auf feurigen Rossen!« (Äthiopische Liturgie, ed. Becker-Ühlein, Liturgie II, 1997, 1000)
Öfter wird gefordert, die Auslegung der biblischen Texte über das Ende der Welt brauche neue Bilder. Richtig ist, daß sie zu allen Zeiten sehr dringend Bilder benötigt. Denn die Ängste und Hoffnungen werden, wenn sie mitteilbare Gestalt gewonnen haben, aus der isolierten Phantasie des einzelnen Träumers erlöst. Freilich hält die Geschichte der Apokalyptik eine Fülle faszinierender Bilder bereit; nur sind diese fast unbekannt geworden. Schon ein Blick in die Offenbarung des Johannes oder in das 4. Buch Esra zeigt, daß dieser Reichtum längst nicht ausgeschöpft ist. Hunderte von Apokalypsen und auch die Liturgie warten darauf, aus dem Dornröschenschlaf geweckt zu werden.

Unter den traditionellen apokalyptischen Bildern ist das von Jugend und Alter der Welt, verglichen mit dem Leben des einzelnen Menschen, nicht selten. Man vergleiche etwa die beiden folgenden sehr eindrücklichen Texte: Syrische Baruch-Apokalypse 85,10: »Denn die Jugend der Welt ist vorübergegangen, und die Kraft der Schöpfung ist schon erschöpft und das Kommen der Zeiten: ein klein wenig, und es ist vorübergegangen. Und nahe gekommen ist der Krug dem Brunnen und das Schiff dem Hafen und die Karawane der Stadt und das Leben dem Ende« und folgenden Text aus einer Präfation: »Der Tag unserer Zeit neigt sich zum Abend, der Zustand der Welt eilt zum Untergang, unser vergängliches Leben kommt an seine Grenze. Erhalte uns auch in einer Welt voller Mangel durch die verheißene Hoffnung auf Seligkeit. Das Ende des Tages möge uns durch die Dunkelheit, die dann folgt, weder beflecken noch ängstlich machen, das nahe Ende der Welt möge uns nicht schuldig mit in den Untergang führen, die Kürze unseres Lebens möge uns nicht schuldbeladen festhalten. Sondern die, die der Tag verläßt, möge der neue Tag wiederherstellen und trösten. Und weil die Welt dem Ende zueilt, möge die Hoffnung auf das kommende Reich uns erquicken. Und weil unser Leben sich auflösen muß, möge auf den Tod deines Dieners Frieden und die Freude ewiger Seligkeit folgen…« (Corpus Praef. Nr. 871).

Beliebt ist das Bild von Bräutigam und Hochzeit für die Endereignisse. Aus der ostsyrisch-chaldäischen Begräbnisliturgie (ed. Becker-Ühlein II, 1044): »Mit den himmlischen Heerscharen erheben sich die Gerechten in die Höhe, unseren Herrn zu treffen, wenn er wiederkommt. Mit ihm treten sie ins Brautgemach, um in Empfang zu nehmen, was ihnen verheißen.« Aus derselben Liturgie (ibid., 1053): »Gelobt sei Christus, der Bräutigam in den Höhen und das Licht der Gerechten, bei dessen Ankunft die klugen Jungfrauen jubeln und frohlocken.« Aus dem armenischen Begräbnisritus (ibid., 1211): »Der du gerufen hast die weit weg waren zur Hochzeit mit deinem Eingeborenen, zu trinken den Kelch der Weisheit.«

Auch die Metaphorik der Geburt spielt eine Rolle. In der westsyrisch-antiochenischen Begräbnisliturgie heißt es (ibid., 1138f): »Geburtswehen erschüttern die Erde, und sie bringt Leiber statt Samen hervor. Der Befehl erzwingt, daß kein toter Leib in ihrem Schoß bleibt.«

Die Auferstehung hat liturgischen Charakter; sie geschieht, damit die Auferweckten Gott loben. So heißt es in der westsyrisch-antiochenischen Totenliturgie (ibid., 1167): »Komm herab, lebenspendender Geist…, blase über die Toten und erwecke sie, damit sie dir Lobpreis singen können. Erneuere seine entschwundene Schönheit.« Vgl. dort auch: »Gelobt der Klang, der in der Sheol widertönt, und die Toten stehen auf, und jeder wird vom Staub erweckt, um den Lobpreis zu singen« (ibid., 1053) und: »Gewähre mir, mit deinen Heiligen hinauszugehen und dich unter Hosannarufen zu begrüßen, wenn du kommst« (ibid., 1125).

Die westsyrisch-antiochenische Liturgie bietet einen Text, der dem *Dies irae* der lateinischen Messe verwandt ist (ibid., 1163ff):

»Am letzten Tage der allgemeinen Auferstehung,
wenn deine Größe kundgetan,
deine Herrschaft verherrlicht,
dein Reich offenbar,
deine Macht bekannt
und dein Schrecken auf die Menschheit fallen wird,
wenn die Engel ihre Posaunen erschallen lassen,
die Erzengel ihre Hörner blasen
und die feurigen Scharen die Macht deiner Stärke anbeten werden,
wenn die Reiche zu bestehen aufhören,
die Fürstentümer aufgelöst
und die Throne der Prahler ins Verderben geworfen werden,
wenn die Folge der Jahre unterbrochen
und die Zählung der Monate zunichte gemacht werden wird,
wenn die Tage und Nächte verschwinden
und die ganze Schöpfung zunichte gemacht werden wird,
wenn der Himmel veranlaßt wird zu beben,
die Sonne sich verfinstern
und der Mond und die Sterne in einer trüben Wolke versinken werden,
wenn dein furchterregendes Kommen angekündigt wird,
deine ruhmreiche Kundmachung über allen Menschen erscheint
und alle Verstorbenen durch deine lebenspendende Stimme aus allen Vierteln und Gegenden der Welt erhoben werden,
wenn die Gerechten jubeln,
die Rechtschaffenen jauchzen
und die Kinder des Lichts auf ihrem Wege sein werden,
um dir mit Freude zu begegnen;
zu jener schrecklichen Stunde der Prüfung
werden die Bösen zuschanden,
die Gottlosen in Traurigkeit versetzt
und die Frevler beschämt werden,
wenn dein ruhmreicher Thron fest begründet ist
und deine liebliche Stimme alle Nationen versammelt;
wenn die Gerechtigkeit androht zu zerstören

und das Feuer in Flammen ausbricht, um zu verbrennen;
wenn die flammende Klinge deines Schwertes geschärft
und die Finsternis sich verdichten und noch schwärzer wird,
wenn Verderben und Qual drohen zu verschlingen
und man das Zähneknirschen hören kann,
wenn die Tugendreichen überreich belohnt werden
und die Sünder eine strenge Strafe erhalten,
wenn die Werke eines jeden öffentlich einer Prüfung unterzogen werden.
Ja, erbarmungsreicher und mitleidsvoller Gott,
wir flehen zu dir in Demut,
errette die Seele deines Dieners N. zu jener Stunde von Qual und Folter,
erbarme dich seiner in deiner liebevollen Freundlichkeit,
erforsche nicht die von ihm begangenen Verfehlungen,
gedenke nicht der von ihm verübten Sünden
und verdamme ihn nicht mit deinem schrecklichen Urteil.
Liefere ihn nicht bitterer Verzweiflung aus,
laß ihn nicht Teil dessen sein,
was dem unauslöschlichen Feuer übergeben wird,
entziehe ihm nicht deine Gnade,
trenne ihn nicht von denen, die dich geliebt haben,
vielmehr beschütze ihn unter den Flügeln deines Erbarmens.«

Dabei sollte man darauf achten, daß die Bilder ihre rhetorische Absicht nicht verfehlen. In der Offenbarung des Johannes und in anderen Apokalypsen ist Hyper-Realismus eines dieser Mittel: Die Schilderung des Watens in Strömen von Blut ist ein Mittel, um das Bedrohtsein von Menschenleben durch unkontrollierte Gewalt zu schildern – und vielleicht davor zu warnen. Die Bilder sollen Ängste lösen und den Anfängen der Grausamkeit wehren. Indem sie vor der Zeit darstellen, wie das Ganze endet, machen sie schonungslos darauf aufmerksam, daß auch das Böse seinen Glanz und seine Herrlichkeit hat – das Phänomen der Verführung. Bei jedem Bild geht es um die Frage der Macht. Denn wie in der Strategie der heutigen Werbung ist ganz klar: Was Bild werden konnte, übt auf diese Weise Macht aus.

Nach dem, was bisher über die Unvorstellbarkeit gesagt worden ist, kann kein Zweifel mehr daran bestehen: Die Bilder sollen einfach nur verhindern, daß wir überhaupt schweigen. Im besten Falle begrenzen sie sich *auf surrealistische Weise* gegenseitig und heben jede Versuchung auf, zu meinen, es gehe um wörtlich zu Nehmendes.

Denn je weiter die Vergangenheit zurück liegt, aus der diese Bilder genommen werden, um so weniger wird man versucht sein, sie fundamentalistisch zu verstehen. Dennoch sind die Bilder der Offenbarung des Johannes »wahr«, nicht weil sie Weissagung wären, sondern weil sie Sinn darstellen, Sinn und Unsinn anschaubar machen.

Kaleidoskop statt Fernglas

Wer einen jüdischen oder christlichen apokalyptischen Text liest, wird am Ende nicht durch mehr Wissen klüger sein, er wird keine Auskünfte über die Zukunft erhalten. Die Bilder, die er sieht, entstehen nicht durch Fernsicht, etwa mit einem Fernrohr. Er sieht durchaus etwas, aber wie durch ein Kaleidoskop. Die Bausteine sind bekannt, es sind immer dieselben alten Bilder von Schöpfung und Auszug aus Ägypten, von Berufung und Erwählung, von Engeln und Jerusalem. Neu ist nur ihre Anordnung, und geschenkt ist auch das Licht. Der Sinn des Kaleidoskops: Die einzelnen farbigen Elemente rufen in Erinnerung, wie Gott zu handeln pflegt und wie er auch handeln wird. Das neue Arrangement wird herrlich sein wie frühere Machterweise Gottes. Daß er das Licht dazu gibt, zeigt, daß er lebendig ist.

In das Kaleidoskop zu blicken hat den Sinn, die Ängste und Besorgnisse gleichsam abzusaugen. All das, was uns als Angst oder Kummer den geraden Weg verfehlen ließe, wird absorbiert. Die Freude über die bunten Steine ist zugleich Erinnerung an Gottes frühere Taten, wie die Psalmen sie öfter besingen.

Die apokalyptischen Texte wollen nicht zum Schielen nach dem Ausgang anleiten. Wer im Ruderboot sitzt und rudert, kommt dem Ziel nicht näher, indem er möglichst oft den Kopf umdreht und dorthin blinzelt. Der Ruderer blickt in die entgegengesetzte Fahrtrichtung, und dabei konzentriert er sich ganz auf den Meter Strecke, den er gerade zurückzulegen hat.

Der notwendige Horror

Die Bilder der Apokalyptik sind häufig nicht angenehm und fallen unter die Rubrik »Horror«. Dazu gehören besonders Feuer, Blut, Monster, Qualen und Strafen, die schlicht Untergang und Zerstörung bedeuten. Auch die Darstellungen des Weltgerichts bieten »Horror«. Dabei geht es um folgende Aspekte:

Wer den Horror vor Augen hat, kann seine eigenen Ängste (und damit auch das schlechte Gewissen) wiedererkennen. Denn die Ängste kreisen um das, was schrecklich ist. Das, was normalerweise in einem Menschen verdeckt ist, wird im Wiedererkennen geöffnet und gewissermaßen freigesetzt.

Es geht beim Anschauen oder Anhören immer auch um Miterleben, um Leiden mit den Opfern und Bestraften, Weinen mit den Verzweifelten, Erschrecken mit denen, die von der Größe ihrer Schuld überrascht werden. Dieses Mit-Erleiden *(compassio)* hat schon in den Dramen des Altertums eine reinigende Wirkung.

Das Kreuz ist das Angebot, alle Wege des Grauens dort zu sammeln. Alle Angst ist dann in Gottes Namen nicht mehr nur meine Angst, sondern geteilte Angst. »Gott« bedeutet, daß sie befristet ist und schon im Kreuz realsymbolisch verwandelt wird.

Beim Blick auf den Horror des Kreuzes führt das Mitleiden mit Jesus zu einer echten Gemeinschaft mit ihm. Der schlimmste Horror, die Erfahrung der Einsamkeit, wird durchkreuzt, weil in der Gemeinschaft mit dem Gekreuzigten die Einsamkeit überwunden ist.

So kann das Mit-Erleiden dazu führen, daß sich der verschlossene Raum der Ängste öffnet, daß der Mensch lautlos herausschreit, was er nicht sagen konnte, aber doch schon immer sagen wollte. Das Sagen nimmt ihm die Gestalt, zu der das Grauen vor seinen Augen geronnen ist, ab. Die sprachlichen oder bildlichen Zeichen sind Hilfe zur Artikulation des Inneren. – Dabei ist »Gestalt« durchaus und wohl immer mit Schönheit verbunden. Vielleicht ist Schönheit lustvoll, weil Wiedererkennen Freude hervorruft.

Es ist daher falsch, Darstellungen des Weltgerichts allein vom Verstand her zu beurteilen, von aufgeklärter Vernunft und rationaler Humanität her. Da müssen diese Szenarien als Produkte überhitzter Phantasie oder grausamer Rachegedanken erscheinen, als absurdes Theater, das mit keiner erweisbaren Wirklichkeit deckungsgleich ist. Es geht hier um einen anderen Bereich der menschlichen Psyche. Man kann ihn Emotionalität nennen oder – mit der Bibel – das »Herz«.

Diese Ausführungen sind keineswegs so zu verstehen, als sollten wir anderen modernen Horror-Inszenierungen nachlaufen oder sie nachahmen. Denn hier wie auch sonst öfter hat etwas in der jüdisch-christlichen Religion selbst seinen Ursprung, was nun von außen her wieder in verweltlichter (säkularisierter) Gestalt auf diese Religion zukommt. Diese Erfahrung macht das Christentum öfter: Eigenste Elemente werden übersehen und vernachlässigt, »wandern aus«, werden draußen entgöttlicht und bilden – außerhalb groß geworden – dann plötzlich eine scheinbare Alternative. Für alle, die nicht sachkundig sind, ist diese »Alternative« oft genug verlockend.

Doch wer den Horror aus dem christlichen Heilsdrama herausbricht, läßt ihn zum Selbstzweck werden. Das soll die »horrorvolle« Darstellung von Sünde, Kreuz und Gericht nach jüdisch-christlichem Verständnis aber nun keineswegs sein. Denn hier wird das Schreckliche genannt, um überwunden zu werden. Die Heilung setzt die schonungslose Diagnose voraus.

Horror im Christentum und Judentum ist nur das Aufdecken von Wirklichkeit. Da muß nichts gemacht, nichts ersonnen werden. Es ist lediglich zur Kenntnis zu nehmen, wie die Kehrseite alles Glanzes ist, der nicht Gott ist. Dieses zu verschweigen wäre unwahrhaftig. Entsprechend ist das therapeutische Hantieren mit der Formel »Gott ist die Liebe« oft nachträglich als Betrug erfahren worden. Denn die Erfahrungen des Lebens und der Welt sind damit nicht deckungsgleich.

Daher geht es nicht um Nachahmen des populären Horrors, vielmehr darum, das, was ist und was im Lichte des Glaubens gut erkennbar ist, nicht zu verschweigen oder abzudrängen. Die Tradition des Horrors im Christentum ist zu begreifen auf dem Hintergrund der bedingungslosen Wahrhaftigkeit, der unter allen Religionen so nur Judentum und Christentum verpflichtet sind. Wer den Horror unterdrückt, verstärkt ohne Not den Verdacht, Religion sei Betrug.

Konkretion

Aus der bekannten Sequenz *Dies irae, dies illa,* dem »großartigsten und prächtigsten Lied der Kirche« (Hellinghaus, Hymnen, 530), seien ein paar Zeilen zitiert:

»Jüngster Tag, du Tag des Zornes,
wenn die Welt verglüht zu Asche.
Davids und Sibyllens Wort.

Welcher Schrecken, welches Zittern,
denn zu prüfen kommt der Richter
alles unnachsichtig streng.

Der Posaune helles Tönen
dringt dann durch der Erde Gräber,
ruft die Toten vors Gericht.

Tod und alle Dinge staunen,
wenn die Toten sich erheben,
Red und Antwort stehn dem Herrn.

In dem großen Buch des Lebens
sind die Taten aufgeschrieben,
die das Urteil treffen wird.

Sitzt der Richter auf dem Throne,
kommt ans Licht, was je verborgen,
nichts bleibt ohne Strafe dann.

Was soll dann ich Armer sagen,
wen als Anwalt mir erbitten,
wenn Gerechte kaum entgehn?«

(Übersetzung: Christiane Nord)

Je aufgeklärter die Kirchen geworden sind, um so stärker
wurden diese Elemente tabuisiert. Das in der Verkündigung
Jesu häufige Bild ... *wo das Feuer nicht erlischt und der Wurm
nicht stirbt* wagt kaum noch jemand zu wiederholen. Dagegen sind die ostkirchlichen liturgischen Texte aus anderem
Holz geschnitzt: »Ich sah den Wurm, der nicht stirbt, er hat
einen Kopf wie ein Krokodil, ... er ist alt und furchtbar, die
Hauer in seinem Maul sind eiserne Pflöcke« (koptische Liturgie, ed. Becker-Ühlein, Liturgie I, 1997, 644).
Generell muß gelten: Wer den Horror nicht mehr darstellen
kann, wird auch kaum Sehnsucht nach der Seligkeit wecken
können. Denn beiderlei Erfahrung hat etwas mit Gott zu
tun. Eine der frühen Erfahrungen der Israeliten mit ihrem
Gott besteht darin, daß er sagt: »Ich bin der Schrecken

Jakobs.« Wie Jubel und Liebe, so hat auch die Nachtseite etwas mit Gott zu tun. Im Kreuz wird auch diese Nachtseite anschaubar. Nicht die Moralisierung ist im Christentum neu, sondern die Beziehung auf das Kreuz.

Tod des einzelnen und Tod der Welt

Offensichtlich wird bei der biblischen Rede vom Ende der Welt die Anschauung vom Tod des einzelnen auf die ganze Welt übertragen. Nicht nur der einzelne stirbt, sondern auch die ganze Welt. Denn sie ist endlich – wie der einzelne auch. Aber diese Parallele betrifft dann auch jeweils das, was danach kommt. Dieses Modell zur Erklärung der biblischen Denkweise in diesem Punkt ist so einfach, daß es nur verwundern kann, warum noch niemand auf diese Idee gekommen ist. Viele Schwierigkeiten bei der Auslegung und Verwirrungen im einzelnen werden behoben, wenn diese Entsprechung klar ist. So entsprechen sich:
Tod des einzelnen – himmlische Existenz (mit Christus) nach dem Tod
und
Tod der Welt (Weltende) – Auferstehung der Toten und Neue Welt.
Diese Entsprechungen stehen im Rahmen des damals üblichen Grundsatzes der Analogie von Mikrokosmos und Makrokosmos. Das heißt: Der Mensch ist eine Welt im Kleinen, der sehr Ähnliches erleidet wie die Welt im Großen.
Beiderlei Rede vom Tod ist gemeinsam:
– Der Tod ist die gänzliche Auflösung des sichtbaren Organismus. Wie beim einzelnen, so gibt es auch für den Kosmos Modelle, die an der Plötzlichkeit, andere aber, die an einer langen Dauer des Verfalls orientiert sind.
– Danach gibt es für den, der gestorben ist, nur noch Gott. Der Tod führt dazu, daß ihn nichts mehr von Gott trennt.
– In beiden Fällen besteht die christliche Antwort auf die

Frage nach dem, was danach kommt, in der Verheißung der Verwandlung. Man beachte etwa die Entsprechung zwischen 2. Korinther 5,1–4 und 1. Korinther 15,48f.
– In Römer 8,22–26 stöhnt deshalb die ganze Welt genauso, wie nach 2. Korinther 5,4 der einzelne in Heimweh nach der himmlischen Heimat stöhnt.
Erklärt wird durch diese Entsprechung:
– daß spätestens im Mittelalter auch auf den individuellen Tod ein »persönliches Gericht« folgt;
– paulinisch gedacht: Alle Kreatur ist sterblich. Nach dem zwangsläufigen Tod (jedes einzelnen und im weiteren Rahmen aller Dinge insgesamt) ist die Kreatur dann entweder bleibend tot, oder sie wird von der Sklaverei des Todes befreit;
– daß es beim Weltende überhaupt auch um den Tod geht, und daher auch um Auferstehung. Denn wie nach dem Ende des einzelnen etwas Positives, Wunderbares kommt, dieser einzelne gar intensiver mit Gott verbunden ist als vorher, so auch nach dem Tod der ganzen Welt.
– Wo der Tod des einzelnen bedeutungslos wird, dort ist dann auch das »Ende der Welt« kein Thema mehr. Das gilt für Römer 8,38f (der Tod kann uns nicht trennen von der Liebe Gottes) und auch für den Kolosser- und den Epheserbrief (die Christen sind schon auferstanden). In allen diesen Schriften fehlt jede Schilderung einer kosmischen Katastrophe am Ende. Anders gesagt: Wo der Tod den einzelnen eben nicht von Gott trennen kann, da gibt es auch keinen Tod der Welt, kein Weltende (im Sinne der Zerstörung).
Bei beiden Arten von Tod, dem des einzelnen und dem der Welt, stellt sich daher die Frage, was dann bleibt. In beiden Fällen ist die christliche Antwort, daß Gott, der »jetzt« nur verhüllt da ist, dann reiner da ist als zuvor, daß nur er noch absolut da ist.
Vielleicht kommt auch die Vorstellung von der Enthüllung aller Dinge am Ende daher: In Gott sind sie klarer, durchsichtiger. Und wenn sie nur noch Gott gegenüberstehen,

scheidet sich das, was Gott gemäß ist, leicht von dem, was nicht zu ihm paßt.

Die *paulinische Auffassung* ist ausführlicher darzustellen: Römer 8,19–39: *(19) Denn die ganze Schöpfung vergeht vor Sehnsucht danach, daß Gottes Kinder endlich in dieser Herrlichkeit vor aller Augen treten. (20) Adam hat das Gebot, sich die Schöpfung untertan zu machen, leider so erfüllt, daß er sie ungefragt durch seinen Sündenfall dem Tod und der Vergänglichkeit unterworfen hat. (21) Aber wenn die Schöpfung durch den Menschen und mit ihm in den Tod hineingerissen wurde, kann sie, so hoffen wir, auch wie die Kinder Gottes vom Joch der Vergänglichkeit frei werden und teilhaben an der wunderbaren Freiheit vom Tod. (22) Noch stöhnt die ganze Schöpfung, alle Kreaturen gemeinsam, in Wehen, (23) auch wir Christen. Aber weil Gott uns – gewissermaßen als Anzahlung – den Heiligen Geist geschenkt hat, können wir auch auf das Ganze hoffen. Doch wir stöhnen um so mehr, weil unser Leib noch nicht vom Tod erlöst ist und wir uns doch so sehr danach sehnen, durch und durch Kinder Gottes zu sein... (33) Wer kann es wagen, gegen die Auserwählten Gottes Klage zu erheben? Gott spricht uns frei. (34) Wer sollte uns da noch verurteilen? Jesus Christus ist gestorben, dann aber auferstanden; er ist erhöht zur Rechten Gottes und tritt für uns ein. (35) Können Bedrängnis, Angst und Verfolgung, Hunger oder Nacktsein, Gefahr oder Hinrichtung uns noch von der Liebe des Messias zu uns trennen? (36) In der Schrift steht, daß wir bis aufs Blut für unseren Glauben verfolgt werden:* »*Weil wir zu dir gehören, sind wir ständig in Lebensgefahr. Wir werden schon als Schlachtvieh betrachtet.*« *(37) Doch weil Jesus uns seine Liebe erwiesen hat, können wir alle Versuchungen siegreich bestehen. (38) Nicht einmal die extremsten Gegensätze wie Tod oder Leben, gute Engel oder böse Gewalten, Gegenwart oder Zukunft, liebevolle oder gefährliche Mächte, (39) hohe Berge oder tiefe Täler oder überhaupt irgendeine Kreatur können uns trennen von Gott, der uns in unserem Herrn Jesus Christus seine Liebe erwiesen hat.*

Paulus gibt im Römerbrief zweimal Einblick in seine Auffassung vom »Ende der Welt«. Beide Abschnitte sind sehr originell. In Römer 8 spricht er über das Geschick der gesamten Schöpfung und die Rolle der Erwählten darin, in Römer 11,24–31 von der Wiedereingliederung des Restes Israels. In Römer 8 greift Paulus in sehr aufschlußreicher Weise apokalyptische Vorstellungen auf, formt sie auf seine Weise um und deutet sie im Sinne seiner Argumentation.

An die Stelle der kosmischen Katastrophen und des Verlustes der Ordnung in der Welt setzt er hier das »Stöhnen« der ganzen Schöpfung. Ausdrücklich sagt er, daß es sich dabei um ein Leiden handelt, an dem alle Lebewesen teilhaben. Dieses Leiden ist begrenzt und weist auf etwas zukünftiges Neues, wie die Wehen einer Schwangeren auf das freudige Ereignis vorausweisen. An die Stelle von Katastrophen und Ordnungsverlust »Leiden« zu setzen weist auf eine hohe Sensibilität des Paulus. Ähnlich wie bei der Zerstörung der Welt beschreibt Paulus Erfahrungen, die nicht mit besonderen Vorstellungen verknüpft, sondern für jedermann evident sind. Theologische Meisterschaft liegt darin, dieses Leiden im Sinne von Wehen zu deuten und damit nicht nur zu sagen, daß sie befristet sind und sich steigern werden, sondern daß jenseits ihrer ein gutes Ende wartet.

Besondere Beachtung verdient, wie Paulus das beschreibt, was »dann« kommt und was er über die Gegenwart des Heils sagt. Das, was dann kommt, beschreibt er nicht mit mythischen Bildern, sondern schlicht als Enthüllung dessen, was jetzt verborgen ist, nämlich des Kindseins der Christen und damit auch ihrer Freiheit. Alles andere wird nur negativ beschrieben, und zwar als Freiheit von. So verheißt Paulus Freiheit von der Vergänglichkeit. Auch hier geht es ja nur um die Abwesenheit von etwas, das jetzt alle Kreatur quält. So läßt sich die klassische »apokalyptische« Abfolge der zwei Zeiten für Paulus wiedergeben als Qual und Befreiung von der Qual. Den Begriff »Auferstehung« bemüht Paulus in Römer 8,19–39 gar nicht. – Zukünftig ist nach Paulus nur das Sichtbarwerden dessen, was die Christen jetzt schon sind. Es geht daher nicht um eine zukünftige Gegenwirklichkeit zum Bestehenden. Sondern das, was besteht, wird in Zukunft offenbar. Mit irgendwelchen Spekulationen über die Zukunft hat das überhaupt nichts zu tun.

Häufig sprechen klassische Apokalypsen von einer Theophanie am Ende. Auch in der paulinischen Version ist dieses Thema im Grunde beibehalten: Nur betrifft hier »Theophanie« die Gesamtheit der Kinder Gottes, an denen und durch welche Gott in seiner Herrlichkeit sichtbar wird. Dabei gilt, daß ja auch sonst Epiphanien und Theophanien nichts Abseitiges oder Irreales sind, sondern daß hier besonders grell beleuchtet wird, was real da ist.

Auch vom Gericht spricht Paulus in Römer 8: Statt der zu erwartenden Aussage, daß alle vor den Richterstuhl treten müssen, fragt er kühn: *(33) Wer kann es wagen, gegen die Auserwählten Gottes Klage zu erheben? Gott spricht uns frei. (34) Wer sollte uns da noch verurteilen? Jesus Christus ist gestorben, dann aber auferstanden; er ist erhöht zur Rechten Gottes und tritt für uns ein.* – Das heißt: An der Stelle der Schilderung des Gerichts steht die Auskunft, die Christen hätten es schon hinter sich gebracht.

Aber – und das ist das eigentlich Bedeutsame – Paulus kann das, was die Christen »an dem Neuen haben«, in einer anderen Dimension als der gegenständlichen sagen. So spricht er davon, daß Gott den Christen jetzt schon den Heiligen Geist und damit ein Stück von sich selbst in die Herzen gegeben hat, der sie zu Kindern macht, so daß sie »Vater« rufen, daß dieser Heilige Geist eine Art Mittler und Übersetzer zu ihm hin ist, daß die Christen Jesus als Anwalt bei Gottes Thron haben und vor allem, daß nichts die Christen trennen kann von der Liebe, die sie seitens Gottes in Jesus Christus erfahren haben. In der Gegenwart wird diese Beziehung der Christen zu Gott greifbar in ihrem Gebet (»Vater!«) und als Freiheit gegenüber allen nur möglichen Trennungsängsten. Diese Wirklichkeit ist nicht existential, sondern, da es sich immer um ein Gegenüber handelt, »personal« bestimmt. Man kann hier von Mystik reden, weil es sich exklusiv um eine Beziehung zwischen Gott und Mensch handelt. In dieser Beziehung sind Gebet und Vertrauen die wichtigsten Elemente.

Damit keinerlei Unklarheit besteht: Mystik ist nicht vages Gefühl, Sentimentalität, Vergottung, Werkgerechtigkeit oder verdorbene Luft. Ihr wichtigstes Element ist vielmehr jenes herzliche persönliche Vertrauen, das vom Beten und Singen des Augustiner-Eremiten Martin Luther her so geläufig ist. Zu ihr gehört ferner, daß die Liebe zu Gott Vorrang vor allen anderen Dingen hat. Hier geht es um Klarheit und liebevolle Gelassenheit.

Die Grenzen symbolischer Auslegung

Es hat sich eingebürgert, die apokalyptischen Bilder nurmehr als Symbole für etwas anderes (vor allem: die menschliche Psyche) zu nehmen. Demgegenüber ist an dem festzuhalten, was für jede Auslegung apokalyptischer Bilder gilt: Wie auch immer die Erfahrung beschaffen sein mag, die Christen hilft, Ängste vor der Zukunft zu überwinden – das hier Folgende muß Bestand haben, damit diese Erfahrung nicht dem Schicksal des Rationalismus und der existentialen Interpretation verfällt und den Boden konkreter Geschichte unter den Füßen verliert.

Es geht allemal um eine *Deutung der Geschichte.* Der Raum, in dem Apokalyptik gilt, ist der der Geschichte. Weder geht es in diesen Texten um Privates noch um rein Geistiges. Diskutiert wird das, was auf dem offenen Markt der Geschichte gespielt wird. Damit geht es sehr wohl im Jetzt und Dann um die Frage, wer und welche Farbe die Zukunft regieren wird.

Mit der Dimension der Geschichte ist auch die *Frage der Macht* angeschnitten. – In der Geschichte geht es um Macht und ihren Weg. Viele »Apokalypsen« – auch die Offenbarung des Johannes – sind daher an den Mächtigen und dem Verlust ihrer Macht orientiert. Am Ende zeigt Gott seine Macht als die des Schöpfers, die Tote lebendig machen kann.

Unabdingbar mit Geschichte und Macht verknüpft ist die Dimension der *Leiblichkeit*. – In der Geschichte existieren konkrete Menschen. Sie leiden zu Recht oder zu Unrecht. Keinerlei Leiden wird von apokalyptischen Schriften verschwiegen. Es geht nicht um irgendeine Geschichte von Seelen oder eines Selbstverständnisses.

Die Geschichte ist auch der Ort des Kampfes um *Gerechtigkeit*. Denn Geschichte ist der Raum von Recht und Unrecht. Gemeinschaften haben Bestand, wenn sie sich von Gerechtigkeit leiten lassen. Gerechtigkeit und Dauer, das gilt für den einzelnen wie auch für Gemeinschaften. Vielleicht wurde hier die Erfahrung zerfallender, kurzlebiger Gemeinschaften auf den einzelnen übertragen.

Das Thema der Apokalyptik ist die Bewahrung der Identität, damit auch die Frage nach der *Personalität*. – Was auch immer geschehen mag – auch durch die Katastrophe des Todes hindurch wird, wenn Gott es will, der Name des einzelnen, seine Personalität, gewahrt. Gott läßt seine Liebe durch Tod und Weltuntergang nicht aufhören.

Die hier genannten Punkte sind die wesentlichen Eckpfeiler für eine Auslegung apokalyptischer Texte auch heute. Auch wenn – wie schon deutlich geworden ist – diese Texte nicht Wissen über etwas vermitteln, wo man nichts wissen kann, darf man sie doch nicht zu »abgehobenen« Zeugnissen machen, die damit für Geschichte, Kirche und den einzelnen unerheblich würden. Die Frage ist, wie man an diesen Eckpfeilern festhalten kann, auch wenn es sich nicht um sinnlich-plastische Vorstellungen handelt.

VII

Wo die Zeit ganz anders läuft

Für apokalyptische Wahrnehmung verläuft Zeit anders als für die moderne Astronomie und Physik. Das hat entscheidende Folgen für die Erwartung von Zeit und Zukunft.

Die Zeit ist wie ein Mandelhörnchen

Eine Straße, die aus dem Nichts kommt und ins Unendliche läuft, ein Kanal, dessen Ende mit dem Horizont verschmilzt – moderne Banken-Werbung spricht uns auf unsere Vorstellungen von Zeit an. Wenn Zeit keinen Ursprung und kein Ziel hat, dann kann der einzelne und kann auch eine Gesellschaft darin keinen Standort finden. Diese Ortlosigkeit wirkt sich zumeist so aus, daß man den Blick künstlich auf das Morgen und bestenfalls das Übermorgen einschränkt. Was danach kommt, gibt es gar nicht. Die »Öffnung« der Zukunft hat daher paradoxerweise ein Ausblenden der Zukunft zur Folge. Diese »Öffnung« wird zumeist verstanden als Befreiung von lästigen Gerichtsvorstellungen. Daß damit auch die Dimension der Verheißung und überhaupt jede positive Zukunftsvision abhanden kommt, wird in Kauf genommen. Denn alles, was über die private Vorsorge hinausgeht, wird als »zu anstrengend« empfunden.

Ganz anders das apokalyptische Zeitverständnis. Walter Benjamin hat es in unserer Zeit neu formuliert, und zwar im Blick auf das Bild »Engel der Geschichte« von Paul Klee, das man nach Benjamins Tod in seiner Brieftasche fand. Benjamins Andeutungen greifen wir auf: Geschichte geschieht zwischen dem Engel und uns. Vom Paradies her kommt ein Engel und fliegt uns entgegen. Anders gesagt:

Geschichte ereignet sich in der Konfrontation mit dem kommenden Gott. Die Zukunft ist nicht namenlos, sondern hat einen Namen. Genau das ist das christliche Verständnis von Geschichte. Nicht was in der Zukunft »kommt«, ist entscheidend, sondern daß alles, was wir tun, im Blick auf Gottes Kommen geschieht und vor ihm auch zu verantworten ist.

Gegenüber der modernen Konzeption finden wir in der Apokalyptik die Vorstellung einer *gekrümmten Zeit*. Die Zeit (die Geschichte) läuft nicht aus dem Unendlichen ins Unendliche. Sie hat die Form und Eigenart eines Mandelhörnchens: Die beiden Schokoladenspitzen sind Präexistenz und Himmelreich. Sie liegen einander gegenüber, sind aber nicht identisch. Sie sind auch nicht vertauschbar, weil zwischen ihnen die ganze Geschichte des Heils liegt. Die Hörnchen-Gestalt bringt es mit sich, daß man von jedem Punkt der Geschichte aus die beiden Spitzen gewissermaßen sehen kann, was vor allem durch die Schriften der Bibel ermöglicht wird. Die Schokoladenspitzen sind gegenüber dem restlichen Zeitverlauf ausgezeichnete, besonders qualifizierte, man könnte auch sagen: mythische Zeit.

Wir haben bereits dargestellt, daß sich der Zugang dazu nicht einfach durch Fortsetzung der bisherigen Geschichte ergibt, sondern daß ein Spurwechsel nötig ist, und das betrifft auch unsere Wahrnehmung.

Die romanische Kunst bringt diese Auffassung zum Ausdruck, indem sie Alpha und Omega, den ersten und den letzten Buchstaben des griechischen Alphabets, die Symbole für Anfang und Ende, ganz eng mit Christus zusammenbringt: Er ist Anfang und Ende. Denn durch ihn wurde – nach etlichen Schriften des Neuen Testaments – alles geschaffen, und er steht am Ende als Richter und als der, der sein Reich Gott übergibt.

Den beiden Spitzen des Mandelhörnchens entspricht auch die jüdische und frühchristliche Auffassung von Präexistenz einerseits und neuem Äon andererseits. Präexistenz heißt:

Etwas ist »vor« dieser Schöpfung gegeben, und »neuer Äon« heißt: etwas wird »nach« dieser Schöpfung bestehen. Präexistent sind für das Judentum so wichtige Dinge wie die Tora und der Name des Messias, im neuen Äon (kommende Welt) werden die Gerechten, gekleidet in Gottes Herrlichkeit, befreit und erlöst sein. – Nun besteht aber, wie schon angedeutet, unsere Zeit nur zusammen mit dieser Welt. Nichts, was vorher oder nachher ist, können wir uns vorstellen. Unsere Wörter »vorher« und »nachher« sind daher nur Hilfsausdrücke für das Unvorstellbare. – Die Juden und die frühen Christen sind aber der Meinung, das, was je »vorher« und je »nachher« ist, sei gerade das Mächtigste. Deshalb sind nicht beliebige Dinge präexistent und auch nicht beliebige Menschen Anwärter für den kommenden Äon.

»Präexistent« oder »neu« (im Sinne der neuen Welt) sind daher Dinge oder Menschen, die in Rang und Wert von der bestehenden Welt total verschieden sind. Sie haben nicht teil an der allgemeinen Schwäche und Vergänglichkeit. Wie die Spitzen eines Mandelhörnchens begrenzen sie an beiden Seiten die bestehende Welt und Zeit. Das in Wahrheit Mächtige besteht je »vor« und je »nach« unserer Welt und dem uns Vorstellbaren. Entsprechend der Differenz zu allem, was jetzt herrscht, ist das vor Gott Mächtige jetzt – während des Ablaufs der Geschichte – weder mächtig noch sichtbar. Die Erfassung der Spitzen ist nur aufgrund der Schrift oder im Glauben möglich.

Wer sich jetzt an die Schrift hält und glaubt, bekommt die Feindschaft der Welt sehr zu spüren. Die jüdische Apokalyptik ist in ihrer radikaleren Form gar nicht denkbar ohne das Zeitalter der Märtyrer (ab ca. 200 v. Chr.). Denn dort, wo die Mächtigen dieser Welt auf die Träger der Zukunft stoßen, steht das Martyrium. Hier brechen sich die beiden Äonen schon in der jeweiligen Gegenwart.

Noch eine Reihe weiterer Differenzen zeigt das biblische Zeitverständnis gegenüber unserem:

Zeit ist unterschiedlich gefüllt

Offenbarung 6,9–11: *Als das fünfte Siegel geöffnet wurde, sah ich unter dem himmlischen Altar die stehen, die um des Wortes Gottes willen und wegen ihres Zeugnisses ermordet worden waren. (10) Sie schrien laut:* »*Wie lange, heiliger und wahrhaftiger Herr, soll es noch dauern, bis dein Gericht über die Erdenmenschen kommt und du Vergeltung übst dafür, daß wir ermordet wurden?*« *(11) Jeder von ihnen erhielt nun ein leuchtendes Gewand. Man tröstete sie, sie sollten noch ein wenig ausruhen, bis die Zahl ihrer Brüder und Schwestern voll sei, die gleich ihnen ermordet werden sollten.*

Das bekannte Wort über den Unterschied zwischen einem Sünder und einem Heiligen könnte wesentliche Aspekte der Apokalyptik erklären: Der Sünder hat Vergangenheit, der Heilige hat Zukunft. – Bei dem, was in den apokalyptischen Texten als Zukunft erscheint, geht es nicht um irgendeine Zukunft an sich, sondern immer nur um die Zukunft von Personen, eben um die Zukunft, die die Heiligen haben und die Sünder nicht. Der oben zitierte Satz ist daher ein typischer Rest apokalyptischen Denkens. Zukunft gibt es hier nicht unabhängig von ihrer Qualität.

Weil es um Personen geht, deshalb ist die Fülle der Zeiten in erster Linie dann erreicht, wenn die »Zahl der Gerechten« voll ist. Nach dieser häufig belegten Vorstellung bedarf es einer bestimmten Anzahl von Gerechten, damit das Ende kommen kann. Man hat immer wieder versucht, diese Zahl zu berechnen; doch es wird kaum um eine mathematisch fixierbare Größe gehen. Eher soll wohl gesagt werden, daß es jeweils »noch nicht genug« Gerechte waren.

Nicht nur im Blick auf die Personen, sondern auch sonst ist für das apokalyptische Verständnis von Zeit deren *unterschiedliche Füllung* wichtig:

Markus 13,20: *Und wenn Gott diese Zeit nicht verkürzt hätte, könnte keiner gerettet werden. Aber wegen seiner Auserwählten hat Gott die Zeit verkürzt.*

Während bei uns heute Zeit völlig gleichartig aufgefaßt wird – dank einer international verbindlichen Zeitrechnung –, ist dieses jedenfalls für frühjüdisches und frühchristliches Denken nicht der Fall. So kann Gott »um der Auserwählten willen« die Zeit beliebig verkürzen; frühchristliche Apokalypsen denken hier an proportionale Verkürzung, etwa von dreieinhalb Jahren auf dreieinhalb Tage oder gar Stunden. Man kann das auch »Stauchen« nennen (K. Erlemann): Gott kann die letzte Zeit schneller verstreichen lassen, wenn er will.

Schließlich gilt wegen der unterschiedlichen Füllung auch die Regel der *Unumkehrbarkeit* der Zeit:

1. Petrus 1,6f: *Ihr habt allen Grund zur Freude, denn die Zeit jetzt, in der ihr Kummer habt und immer wieder vor Bewährungsproben gestellt werdet, ist bald vorbei. Weil die Abfolge von Schmerz und Herrlichkeit unumkehrbar ist, könnt ihr sicher sein: Wenn ihr die Zeit der Bewährung treu überstanden habt, dann ist das, wie wenn Gold im Feuer geläutert ist.*

Für den Apokalyptiker ist die Zeit eine nicht umkehrbare Abfolge einer Zeit des Leidens, der Versuchung und Bewährung jetzt und einer Zeit der Freude und des Lohnes dann. Dabei ist die Zeit des Leidens verstanden als letzter Aufstand des Bösen gegen Gott und zugleich als dessen unüberbietbares Offenbarwerden. Ebenso wird in der neuen Zeit offenbar, wer Gott ist.

Die Zeit ist ebenso *zählbar* wie die Zahl der Gerechten. Daß sie zählbar ist (zum Beispiel nach Weherufen, Schalen, Posaunen oder Siegeln), bedeutet: Gott ist auch hier der Herr, der alles geordnet hat. Und zugleich ist Zählbarkeit der Ausweis für Endlichkeit.

Zwischen der Zeit dieser Welt und der Zeit der Neuen Welt steht eine *Revolution:* Weil die beiden Zeiten, die des Bösen jetzt und die neue Zeit dann, in so unversöhnlichem Gegensatz zueinander stehen, gibt es keine Kontinuität zwischen ihnen, keinen sanften oder harmonischen Übergang, sondern nur die Umkehrung; sie betrifft Werte und Würden. Damit findet sich auch hier (wie schon im Ansatz Tod des einzelnen – Tod der Welt) die Entsprechung von Mikrokosmos und Makrokosmos. Denn bei der (erneuten) Begegnung mit Gott vollzieht der einzelne eine Umkehr/Bekehrung. Diese entspricht der Umkehrung der Welt am »Ende«. Und es gilt: Wer diese Umkehrung jetzt vollzieht, an dem wird sie »am Ende« nicht zwangsmäßig durchgeführt.

Die neue Zeit bringt gegenüber der alten die vollständige *Enthüllung:* Römer 8,19: *Denn die ganze Schöpfung vergeht vor Sehnsucht danach, daß Gottes Kinder endlich in dieser Herrlichkeit vor aller Augen treten.*

Je länger die Zeit voranschreitet, um so mehr enthüllt sich das, was die Zeit und die Wirklichkeit in Wahrheit bestimmt, nämlich Gott oder der Tod. Man kann den apokalyptischen Prozeß auch als den Vorgang der Scheidung der beiden Welten ansehen. Die unsichtbare Welt wird enthüllt und damit emanzipiert. Die sichtbare Welt dagegen wird in ihrer Scheinhaftigkeit durchschaubar. Es ist also nicht so, daß das Neue erst zukünftig existiert; man kann genauso gut sagen, das Neue sei die verborgene Hälfte der Wirklichkeit, die erst in Zukunft enthüllt und damit allein mächtig wird.

Zeiterfahrung als psychologische Qualität

1. Petrus 5,10: *Durch Jesus Christus hat Gott uns in seine unvergängliche Herrlichkeit berufen. Nach kurzer Zeit des Leidens wird er uns vollenden, stärken, uns Kraft verleihen und uns ein Fundament geben.*

Die Wahrnehmung zeitlicher Dauer ist nicht abhängig davon, ob man sie physikalisch messen kann, sondern von der psychischen Erfahrung. Deshalb ist die sogenannte Naherwartung in erster Linie ein sozialpsychologisches Phänomen. Daher erscheint jede Leidenszeit als unerträglich lang, die gute Zeit als kurz. – Nach dem in der Bibel überwiegenden Zeitverständnis wird Zeit nicht gleichmäßig physikalisch gemessen, sondern nach ihrer inhaltlichen Füllung und deren Wert. Daher ist wichtig und lang die Zeit »der Wahrheit«, kurz und unwichtig die Zeit der Schwachheit und der Leiden auf Erden. Hier müssen wir, um die biblischen Aussagen zu verstehen, grundsätzlich umdenken.

Eine Zeit, in der Wertloses geschieht, geht schnell vorüber. Denn das alles hat keinen Bestand. Das biblische Zeitverständnis kann hier geradezu als Korrektiv des psychischen Zeitempfindens eingesetzt werden. Denn es kann schon geschehen, daß Menschen die Zeit, in der sie als Gerechte leiden müssen, als unerträglich lang empfinden. Dagegen korrigiert der 1. Petrusbrief: Selbstverständlich ist diese Zeit nur kurz. Denn in ihr lebt nur das sich aus, was keinen Bestand hat. So kann diese Zeit naturgemäß, von ihrer mangelnden Substanz her, nur kurz sein und schnell dahinwelken.

Anders ist es dagegen mit dem, was stabil ist. Gott oder sein Wort, seine Liebe und Treue sind resistent gegenüber der Vergänglichkeit. Ihre Zeit wiegt schwer, ist intensiv gefüllt mit Vitalität, ist lang, weil unvergänglich. Daher kann man sagen: Gottes Treue währt »von Ewigkeit zu Ewigkeit«. Das heißt: sie ist von unvorstellbar langer Dauer. Weil man ahnt, daß die Berge so resistent sind, werden sie immer wieder als Vergleich herangezogen, wenn es um Gott geht.

Wenn man daher sagt: Diese Welt ist vergänglich und eilt schnell ihrem baldigen Ende zu, dann ist dies wesentlich eine Qualitätsaussage. Sie ist nicht viel wert, diese Welt, auf sie darf man nicht setzen. Sie bietet keinen Halt, und ihr Wesen ist Vorübergang.

Und wenn man andererseits sagt: Dann beginnt der »Tag des Herrn«, so weist das darauf, daß die Treue Gottes jetzt und immer hält, was sie verspricht. In dieser Aussage ist auch das »jetzt« wichtig. Denn weil die Treue Gottes »von Ewigkeit zu Ewigkeit« dauert, haben alle christlichen Aussagen über die Endereignisse immer zwei Aspekte: einer ist auf die Gegenwart und einer auf die Zukunft bezogen. Es geht nicht um Zukunftsspekulation, sondern um einen Partner, der jetzt schon treu ist.

Was bedeutet dann also die Rede von der schnellen Vergänglichkeit und vom baldigen Ende des Irdischen? Diese Aussagen sind nicht in erster Linie Weissagungen über das baldige (chronologische) Ende der Welt, sondern über deren Charakter und Wertlosigkeit. Und der Tag des Herrn ist nicht in erster Linie ein darauf folgender Zeitraum, sondern eine Wirklichkeit, die alle Vergänglichkeit umfaßt, »vorne und hinten« begrenzt, und das Stabile, dem man sich anvertrauen soll.

Wie das gemeint sein könnte, macht Markus 13 deutlich: *(28) Der Feigenbaum kann euch als Gleichnis dienen: Wenn seine Zweige schwellen und die Blätter hervorsprießen, dann weiß man, daß der Sommer nahe ist. (29) So sollt auch ihr, wenn ihr all diese Ereignisse seht, wissen, daß der Menschensohn unmittelbar vor der Tür steht. (30) Amen, ich sage euch: Denen, die jetzt leben, wird das alles noch widerfahren. (31) Himmel und Erde werden vergehen, meine Worte aber nicht. (32) Welcher Tag und welche Stunde es sein werden, das weiß nur Gott und kein Mensch, auch die Engel und selbst der Sohn wissen es nicht.*

Neben der Aussage über die Naherwartung steht Jesu Satz über das Bleiben seiner Worte. Darauf kommt es an. Seine Worte sind verläßlich. Die Welt dagegen ist unzuverlässig und daher rapide vergänglich. Damit die Jünger aus dieser Aussage nicht irgendwelche Schlüsse über die Naherwartung ziehen, sagt Jesus in Markus 13,32, daß es keineswegs um eine zeitliche Festlegung des Endes gehe.

Zwei Fehlschlüsse sind zu vermeiden: Der erste bezieht sich auf den Gegensatz zwischen vergänglicher Zeit und Gottes Dauer. Gottes Dauer ist nämlich nicht zu verwechseln mit der »Ewigkeit« im Sinne der alexandrinischen Kirchenlehrer, die, von Platon beeinflußt, meinten, Ewigkeit sei die

Aufhebung aller Zeit in der Gleichzeitigkeit eines Punktes. Noch einige Reformatoren waren so stark von dieser Vorstellung der Ewigkeit beeinflußt, daß sie meinten, Tod und Auferstehung des Gläubigen fielen zusammen, da es beim Betreten der Ewigkeit alles nur noch in einem einzigen Moment gebe. Aber diese Auffassung von Zeit und Ewigkeit ist viel zu stark von Platon beeinflußt, als daß sie die Aussagen der Bibel erklären könnte. Das »in Ewigkeit« der Bibel meint nicht Aufhebung der Zeit, sondern Gottes Vitalität.

Der zweite Irrtum könnte darin bestehen, daß man in den obigen Angaben nur Aussagen über den Charakter der Welt und Gottes sieht (die Welt ist endlich – Gott ist verläßlich). Dann ginge es um zeitlose Weisheiten. Dabei ist durchaus gemeint, daß die Welt ein Ende haben wird. Gott »steht der Welt bevor«. Aber es ist eben nicht die andauernde Vergänglichkeit der Welt, die diese eines Tages an Altersschwäche sterben ließe, und dann käme Gott. Nicht die Endlichkeit der Welt diktiert in diesem Sinne, wann Gott kommen darf, nämlich dann, wenn sie sich auflöst. Die Auflösung der Welt ist ja auch überdies physikalisch meßbar. Wenn also das physikalische Weltende durch das Kommen Christi abgelöst würde, dann könnte man den Beginn des Tages des Herrn berechnen; dann wüßte man auch mehr als Jesus. Darum kann es nicht gehen.

Es scheiden mithin alle Überlegungen aus, die das Weltende zeitlich mit dem Ende der physikalischen Welt einfach gleichsetzen. Wenn vielmehr »Gott dieser Welt bevorsteht«, dann darf und wird er sie durchkreuzen, wie eine Schere einen Schnitt in ein Foto tut. Vielleicht ist das an irgendeinem Zeitpunkt. Aber das Geschehen selbst, um das es sich handelt, ist nicht »von dieser Welt«. Wenn Gottes Vitalität diese schwache Welt durchschneidet, wird zwangsläufig auch eine Rangordnung sichtbar. Vieles weist darauf hin, daß dieses Sichtbarwerden die Qualität einer Vision oder Mega-Vision hat – jedenfalls, wenn man die Aussagen des Neuen Testaments befragt.

Wichtig ist für die psychologische Zeitwahrnehmung: *Das Wichtigste kommt erst noch.* – Ein Goldenes Zeitalter in der Vergangenheit, etwa im Paradies, gibt es für das Verständnis der Bibel nicht. Vielmehr ist die Bibel sehr streng auf Zukunft hin orientiert. Auch beim Bösen, bei Sünde, Leid und Teufel, fragt die Bibel nicht woher? und warum?, sondern entscheidend ist, was Gott, der Herr der Geschichte, daraus, das heißt aus diesen Stolpersteinen, machen wird. Das wird das Wichtigste sein, das wird Gottes Selbsterweis sein.

Zum Kommentar diene dieser anschauliche Text, bei dem besonders der Abschnitt über das Königreich in der Höhe wichtig ist:

»Gelobt ist dein Tag, ... der kommen wird und den Schoß der Sheol aufbrechen wird. Strahlend ist deine Auferstehung, auf die sich die vergangenen und noch lebenden Generationen freuen... Beim Schall der Hörner und Trompeten stehen alle Verstorbenen auf und bringen den Lobpreis dar dem Vater... Das Königreich in der Höhe regte sich und stieg herab mitten unter sie, um sie zu besuchen, Adam wieder ins Paradies einzusetzen« (ostsyrisch-chaldäischer Ritus, ed. Becker-Ühlein, Liturgie II, 1075f).

Die Zeit des Kommens

Eine Reihe von charakteristischen Gebetstexten aus der heidnischen Antike, dem Judentum und der Alten Kirche spricht vom Kommen, ohne daß der Zeitpunkt auch nur entfernt fixiert wäre. Daraus kann man für unsere Fragestellung Wichtiges erkennen: Um das Kommen Gottes, des Heilands oder des Heiligen Geistes wird gebetet relativ unabhängig vom erwarteten Zeitpunkt. Dieser verschwimmt geradezu programmatisch. Das gilt besonders für den Adventsruf »Den König, der kommt, laßt uns anbeten« oder die adventliche Bitte »Komm, uns zu erlösen«.

Die Griechen nannten solche Gebete *hymnos kletikos* (von *kalein* = »rufen«), und zahlreiche Gebete auf den sogenannten magischen Papyri beginnen oder enden mit der Bitte »Komm...« oder »Komm schnell«. Im frühen Christentum ist hier der Ruf *Maranatha* zu nennen (»Unser Herr komm[t]«), und die Vaterunser-Bitte *Dein Reich komme* meint, daß Gott mit seiner Herrschaft kommen möge, anerkannt werde. In der Lukas-Version des Vaterunsers heißt es in einigen alten Handschriften *Dein Heiliger Geist komme und reinige uns* (Lukas 11,2), und fast alle Epiklesen, die Bitten um das Kommen des Heiligen Geistes beim Abendmahl, beginnen mit der Aufforderung »Komm, [Heiligmacher]...«.

Je dringlicher die Bitten formuliert sind, um so weniger ist der Beter auf einen Zeitpunkt fixiert. Die Bitte der magischen Papyri »Komm schnell« spiegelt sich auf eigene Weise in der Auskunft Jesu Christi nach der Offenbarung des Johannes 22,20: *Ja, ich komme bald.* Die Aussagen »bald, schnell« aus diesen Texten sagen etwas über die Größe der Not, über das Maß des Vertrauens auf Gott und die Gewißheit, daß er helfen wird. Diese Gebete spiegeln im Kleinen das Problem der sogenannten »Parusieverzögerung« (das Kommen des Herrn verzögert sich) und können dazu folgendes sagen: Als Ausdruck zugleich größter Not wie innigsten Vertrauens entziehen sich diese Gebete der Sezierung im Sinne physikalischer Zeit. Die Kürze der Zeit ist als Thema ein Hinweis, wie wichtig und groß, wie mächtig und dringend Gottes Hilfe ist. Das ist die Ebene, auf der sich diese Gebete abspielen.

Gibt es Fortschritt?

Was meint Paulus, wenn er sagt: *Ihr müßt langsam aufwachen, denn seit damals, als wir Christen wurden, ist das Heil näher gerückt. Die Nacht geht dem Ende zu, der Tag ist zum Greifen nahe. Deshalb müssen wir alles, was dunkel ist, abstreifen und alles anlegen, was strahlendes Licht ist* (Römer 13,11f)? An erster Stelle dies: *Die Nacht ist vorangeschritten.*

Damit könnte er meinen: Die Summe des Bösen ist größer geworden.

Im übrigen aber ist die Bibel vorsichtig mit Fortschrittsaussagen. Jesu Blut schreit lauter als das Abels. Das heißt: Es ruft intensiver nach Rache, die vom Himmel her erwartet wird. Mit Jesus Christus ist auch die Ausweitung auf die Heiden geschehen, es gibt eben damit das »Evangelium« für alle – eine der wichtigsten Voraussetzungen für die universale Herrschaft Gottes.

Eine kontinuierliche Annäherung an das Ende im Sinne physikalischer Zeit scheint – nach allem, was wir immer wieder sahen – so gut wie ausgeschlossen.

Eine andere Größe dagegen ist es, wie bereits angedeutet, die so gut wie kaum eine andere Auskunft über die biblische Denkweise in diesem Punkt gibt: die Zahl der Gerechten, die erreicht werden muß.

Nach verschiedenen apokalyptischen Texten dauert der Verzug bis zum Ende solange, bis die »Zahl der Vollkommenen« ganz voll ist. Erst dann wird Gott reagieren. So heißt es in der Offenbarung des Johannes: *Man tröstete sie, sie sollten noch ein wenig ausruhen, bis die Zahl ihrer Brüder und Schwestern voll sei, die gleich ihnen ermordet werden sollten* (6,11). Ähnlich im äthiopischen Henochbuch (K. 97): »In jenen Tagen sah ich, wie sich der Betagte (Gott) auf den Thron der Herrlichkeit setzte… Die Herzen der Heiligen waren von Freude erfüllt, weil die Zahl der Gerechtigkeit erreicht, das Gebet der Gerechten erhört, das Blut der Gerechten vor dem Herrn der Geister zurückgefordert war.« Ebenso im 4. Esrabuch: »Die Seelen der Gerechten in den Kammern fragten: Wie lange soll ich noch so warten? Der Erzengel Jeremiel antwortete: Dann, wenn die Zahl derer voll ist, die euch ähnlich sind, denn mit der Waage wird die Welt gewogen« (4,35f). Auch der 1. Clemensbrief bietet diese Vorstellung: »Der Schöpfer des Alls möge die abgezählte Zahl seiner Auserwählten auf der ganzen Welt unversehrt erhalten…« (59,2).

Die Zeit bestimmt sich nicht nach Jahren, sondern nach Märtyrern. Das Ende ist erreicht, wenn die Summe des Unrechts voll ist. Wann das ist, weiß Gott allein; das ist insofern nichts Neues. Doch die Grundkonzeption ist von unserem Zeitverständnis denkbar verschieden. Denn nach biblischem Verständnis ist das Maß des Bösen, näherhin die Zahl der Märtyrer irgendwann voll. Zugleich ist dies die Zahl der Vollkommenen, das ist die andere Seite der Medaille. »Zeit« ist daher in extremer Hinsicht qualitativ bestimmt, aber in dieser Kategorie doch auch wieder quantitativ. Wenn genug »weiß« vorhanden ist, kommt das Ende der Welt. Die Zahl der Gerechten ist die »kritische Masse«. Auch nach rabbinischem Denken kann die Welt erlöst werden, wenn es mindestens (gleichzeitig) 38 Gerechte gibt – hier wird die Zahl sogar angegeben.

Was steht im Hintergrund dieses Denkens? Vielleicht eine Erinnerung an den Handel Abrahams mit Gott nach 1. Mose 18: Wenn es so und so viele Gerechte in Sodom gibt, will Gott die Stadt vom Gericht verschonen. Möglicherweise wird dieses Bild auf das Weltgericht übertragen: Wenn es eine bestimmte Zahl von Gerechten gibt, dann wiegen diese das Unrecht in der Welt wieder auf. Gott kann und wird sich dann erneut der Welt zuwenden und das Unrecht beseitigen. Vorher lohnt es offenbar nicht. – Aber auch wenn 1. Mose 18 den formalen Aufhänger bildet, liegt die theologische Konzeption tiefer: Einer Welt voller Ungerechtigkeit will sich Gott nicht zuwenden. Erst wenn es eine wenigstens symbolische Zahl von Gerechten gibt, kann er auch alle Gerechten befreien. Eigentlich ist das ein Appell an die Gerechten und Märtyrer, ihre Reihen zu vergrößern. Insofern hängt das Kommen des Morgenrots doch von Menschen ab. Auch nach Apostelgeschichte 3,19 kann man das Ende beschleunigen, wenn man zum Glauben umkehrt.

Leere Postulate?

Es könnte ja gut sein, daß die Bewahrung über den Tod hinaus, die endgültige Gerechtigkeit für diese Welt, die Befreiung der Welt vom Tod und die Verwandlung der ganzen

Welt in eine neue Schöpfung einem menschlichen Wunsch-
denken entspringen, das jeden Gott überfordert.

Diese Anfragen lenken den Blick auf eine wichtige Verschiebung im frühjüdischen und christlichen Gottesbild
gegenüber dem Alten Testament. Gott ist danach nicht nur
der Schöpfer der bestehenden Welt und ihrer Ordnung, sondern vor allem der Urheber der neuen Schöpfung, eine Art
»Super-Schöpfer«. Denn er löst selbst die alte Schöpfung
durch eine neue, vollkommenere ab. Die Konzeption einer
neuen Schöpfung findet sich schon ansatzweise in den späteren Jesaja-Kapiteln (43,19; 65,17; 66,22).

Paulus gewinnt diese Einsicht neu an Jesus Christus. Weil er
als Sohn Gottes auferstanden ist, wie Paulus selbst in seiner
Vision erfahren hat (Galater 1,16), kann Paulus folgern, die
neue Schöpfung werde durch Totenauferstehung oder besser: Verwandlung der Menschen in Gottes Kinder bewirkt.
Handelte es sich nur um apokalyptische Traditionen, dann
wäre der Vorwurf der Wunschträume nicht leicht zu ent-
kräften. Bei Paulus werden indes die apokalyptischen Erwartungen unentwirrbar mit der konkreten Erfahrung des
Auferstandenen verschmolzen. Denn für Paulus bedeutet
die Offenbarung des Sohnes an ihn nicht nur die sichtbare
persönliche Lebenswende, sondern auch die zum Greifen
nahe gekommene Möglichkeit, daß die ganze alte Schöpfung durch eine neue, aus dem Heiligen Geist gewirkte
Schöpfung überboten werden kann. Alte und neue Schöpfung verhalten sich dabei nicht feindlich zueinander, sondern als überbietende Abfolge wie Sabbat und Sonntag, Gesetz und Gnade (Johannes 1,17), Fleisch und Heiliger Geist
(nach den meisten Stellen bei Paulus).

Endzeit und physikalische Zeit

Immer wieder wird sich die Frage aufdrängen, wie die biblischen Aussagen zum Beispiel über die Nähe des Endes sich

zu physikalischer Zeit verhalten. Unter physikalischer Zeit verstehe ich unseren Kalender, der sich nach der Sonne richtet und der auf völlig gleichartigen meßbaren Einheiten beruht, die ohne meßbaren Anfang und noch ohne meßbares Ende sind. Es bedarf keines Hinweises: Unsere Zeitmessung ist nur eine unter möglichen anderen.

Mit ihren Aussagen über das Ende aller Dinge vertritt die Bibel eine Auffassung über den Verlauf der Zeit, die ganz anders orientiert ist. Denn hier geht es eben nicht um völlig gleichartige Einheiten. So wird zum Beispiel gesagt, in der Endzeit eilten die Monate und Jahre schneller als sonst: SyrBar 20,1–2: »Darum siehe, Tage kommen, und die Zeiten werden schneller eilen als die früheren und die Perioden rascher laufen als die, die vergangen sind, und die Jahre werden schneller vergehen als die bestehenden. (2) Darum habe ich jetzt Sion verstoßen, damit ich rascher die Welt heimsuche zu ihrer Zeit.« Hier wird Zeit emotional oder theologisch wahrgenommen; nichts liegt ferner als eine objektiv-physikalische Zeit.

Bei Gruppen, die ein sehr baldiges Weltende erwarten (Naherwartung), wird besonders deutlich, daß ihre Zeitwahrnehmung geprägt ist durch eine Reihe von Faktoren, die mit objektiver Zeit nichts zu tun haben.

Wenn das Ende der Welt nach den Apokalypsen mit dem physikalischen Weltende nichts zu tun hat, dann ergibt sich in diesem Punkt eine große Unabhängigkeit der theologischen Aussagen von physikalischen Vorhersagen über das Ende der Welt. Das Verhältnis zu den Naturwissenschaften könnte dann ähnlich entkrampft sein, wie es wie bei den Aussagen zur Schöpfung schon ist (oder nach dem Stand der beiderseitigen Forschung sein müßte).

Wenn die Bibel von Schöpfung spricht, meint sie auch nicht ansatzweise dasselbe wie Physiker, die vom Urknall sprechen. Denn die Schöpfungsgeschichte macht keine Aussagen physikalischer Art, sondern entfaltet an den Aussagen über »vorher« und »nachher« die bestehende Ordnung oder

Hierarchie der Welt. Sie gilt es zu begründen und so verständlich zu machen, daß Gott als der begriffen wird, der Ordnung und Unterscheidung ermöglicht hat. Diese Gabe Gottes an die Welt kulminiert in der Gesetzgebung am Sinai.

Ähnlich ist es nun mit den Aussagen über das Ende: Sie betreffen kein physikalisches Ereignis, sondern die Frage nach endgültiger Gerechtigkeit (Gericht) und erneuerter Ordnung der Welt, also eine ähnliche Sache wie die Schöpfungsberichte. Und wenn das Prinzip der ersten Schöpfung nach der Konzeption der Bibel das Gesetz ist, so ist das Prinzip der Neuordnung und Verwandlung der Heilige Geist Gottes, der aber auch eben die endgültige Erfüllung des Gesetzes ermöglicht.

In beiden Fällen ist daher die alte These vom Konkurrenzpunkt zwischen Theologie und Naturwissenschaft aufzugeben. Für beide Fälle spielt übrigens der semantische Gehalt des hebräischen Wortes *bara'* eine Rolle, das wir zumeist mit »erschaffen« übersetzen, wobei wir dann eine Erschaffung aus dem Nichts unterstellen. Diese war für Hebräer gar nicht denkbar, und das hebräische Wort wäre wohl besser mit »ordnen« zu übersetzen, ohne daß damit an Gottes Gottheit zu zweifeln wäre!

Wenn das Ende der Welt zunächst nicht auf der Ebene nur physikalischer Ereignisse liegt, dann gewinnen die apokalyptischen Aussagen eine große Freiheit gegenüber den vulgär als apokalyptisch verstandenen fundamentalistischen Anschauungen, als sei jedes größere Gewitter ein Abbild des Weltgerichts und jeder Blitz ein Hinweis auf das Kommen des Menschensohnes. Nirgendwo im Neuen Testament wird das so verstanden. – Das bedeutet freilich andererseits nicht, daß wir die Endzeit-Aussagen der Bibel zu belanglosen Existentialen verdampfen könnten oder wollten.

Vielmehr steht dieses im Mittelpunkt: Die Endereignisse sind eine Konfrontation und Begegnung der ersten Schöpfung mit Gott. Und die angemessene Kategorie ist Verwandlung, nicht Zerstörung. So wie es in der Präfation des Requiem heißt: *Tuis enim fidelibus, Domine, vita mutatur non tollitur* – »Denen, die an dich glauben, Herr, wird das Leben verwandelt, nicht genommen«.

Wenn Gott kommt und nicht einfach ein kosmischer Unfall, dann ist das, was kommt, auch auf Gottes eigene Weise unfaßbar. Die Sprache der Mystik ist dann vielleicht der verläßliche Dolmetscher für apokalyptische Aussagen.

Die christliche Enderwartung steht quer zur physikalischen Wirklichkeit und ist nicht deren Verlängerung. Wieder läßt sich das theologisch Gemeinte nur negativ beschreiben: Das Neue geschieht nicht im Rahmen von Veränderungen *innerhalb* der physikalischen Welt.

Nach den christlichen Texten ist das Ende der Welt wohl in einem Punkt ähnlich aufzufassen wie ein Wunder: Das Resultat ist greifbar und betrifft auch die sichtbare Welt. Die Ursache aber liegt im unsichtbaren Bereich Gottes.

VIII

Dinge, die es gar nicht geben kann

Differenzen über das, was wirklich ist

Wenn das Ende der Welt in bestimmter Hinsicht Umkehrung der Verhältnisse bedeutet, dann ist zu fragen, welche Dinge für das biblische Denken vorrangig umzukehren sind und welche weniger wichtig sind. Gerade an dieser Stelle werden Unterschiede im Weltbild zwischen uns und der Bibel deutlich, die das Verständnis der biblischen Aussagen über die »letzten Dinge« grundsätzlich erheblich erschweren.

So steht beispielsweise für die europäischen Kirchenlehrer im Hinblick auf die Auferstehung der Toten schon im 3. und 4. Jahrhundert n. Chr. die Frage im Vordergrund, welche physische (physikalisch-biologische) Beschaffenheit die Leiber der Auferstandenen haben würden (zum Beispiel bei Athenagoras, Über die Auferstehung). Damit waren Fragen gemeint wie die, ob der Mensch mit oder ohne seine individuellen Behinderungen auferstehen werde. Für das Verständnis des Neuen Testaments dagegen ist das entscheidende Element bei der Auferstehung, daß die Erlösten bei ihrem Namen gerufen werden. Wichtig ist dabei allein: Der Auferstandene gehört zur »Familie Gottes«; als Gottes Kind im Himmel ist er sogar noch über die Engel erhoben. Auferstehung ist in erster Linie eine Frage der »sozialen« Verbindung der Menschen untereinander und mit Gott.

Analogien zur biblischen Einschätzung der Wirklichkeit findet man – wie öfter – auch heute noch in afrikanischen oder asiatischen Ländern in relativer Nähe zu Palästina. Im Magazin der »ZEIT« vom 31. März 1999 heißt es auf S. 25: »Wie bei dieser Kuchenverkäuferin bedeutet ein Zuhause in Bangladesh oft nicht mehr als eine Plastikplane oder ein Regenschirm. Dennoch sagten fast 90

Prozent der Befragten in Worcesters Untersuchung, daß sie glücklich seien. Die Erklärung des Wissenschaftlers: Intakte soziale Strukturen sind wichtiger als materieller Reichtum.«

An erster Stelle der Rangordnung in der Wirklichkeit steht für biblisches Denken das »soziale Netz«, die soziale Geborgenheit jedes einzelnen in einem Netz von Ansehen und »Liebe«. Alles andere ist dem Rang nach untergeordnet. Man kann westlich-modernes und biblisches Verständnis von Wirklichkeit in einer hierarchischen Ordnung miteinander vergleichen. Das, was jeweils an der Spitze steht, ist erstrangig:

biblisch	westlich-modern
soziales Miteinander	physikalische Wirklichkeit
Gerechtigkeit	Gesundheit
militärische Macht	militärische Macht
Gesundheit	Gerechtigkeit
physikalische Wirklichkeit	soziales Miteinander

Diese Hierarchien betreffen die Maßstäbe generell, also das, was ernstzunehmen und gewichtig ist, Maßstäbe für Ansehen und Glücklichsein, für Macht und auch Abhängigkeit. Die Übersicht läßt erkennen: Unsere westlichen Maßstäbe sind denen der Bibel diametral entgegengesetzt.

Folgen muß das auch für die Übersetzung von Bibeltexten haben. Wenn es in Kolosser 2,12 heißt: ... *durch ihn (Jesus) seid ihr mit auferweckt*, dann ist das für den modernen Leser eine extrem steile Aussage, die ohne jeden Erfahrungshintergrund nur kontrafaktisch gelesen werden kann. Das heißt: Sie ist weder gedanklich noch erfahrungsmäßig nachvollziehbar. Die Übersetzung könnte daher lauten: *Ihr seid schon auferweckt, denn mit Jesus steht ihr in unverbrüchlicher Gemeinschaft mit Gott.*

Von dieser unterschiedlichen Wahrnehmung der Prioritäten in der Wirklichkeit bestimmt sich ganz entscheidend der Realitätscharakter der Endereignisse. Während wir vor allem Schwierigkeiten haben, die »letzten Dinge« mit unserem vorwiegend wissenschaftlich bestimmten physikalischbiologischen Weltbild »in Einklang« zu bringen, waren für die biblischen Menschen diese Fragen von Anfang an weniger wichtig. Wer zum Beispiel »gerecht« im biblischen Sinne ist, hat damit auch potentiell die Kraft, Wunder zu wirken. Denn Gesundheit und physikalische Wirklichkeit sind ihm untertan.

Dabei geht es nach diesen Texten nicht nur um je individuelle innere »Einstellungen«, sondern um systemisch verschiedene Zugänge zur Wirklichkeit, die entsprechend diesen Zugängen auch tatsächlich je anders »ist«. Wir haben es als Menschen ja nicht mit den Dingen »an sich« zu tun, sondern mit der Perspektivität unserer Wahrnehmung.

Die Bibel ist ein orientalisches Buch. Ihre Einschätzung der Wirklichkeit unterscheidet sich gänzlich von unserer. Viele Schwierigkeiten im Verstehen rühren genau daher. Die Konsequenz aus dieser Fremdheit der Bibel ist die Aufforderung, einmal selbstkritisch über die Alleingültigkeit der westlichen Maßstäbe nachzudenken. Für unsere Frage nach den letzten Dingen bedeutet das: Im Verständnis der Bibel ist es das größte Wunder, wenn ein Reicher seinen Besitz aufgeben kann. Daher sagt Jesus in Markus 10 nach dem Scheitern des reichen Jünglings: *Bei Gott ist kein Ding unmöglich* (Markus 10,27). Im Kontext bedeutet das: Das Herz eines geizigen Menschen zu öffnen und zu wandeln ist so schwer, daß es sich um eine »Chefsache« Gottes handelt.

Die entscheidende Umkehrung am Ende besteht darin, daß Verachtete und Ausgestoßene rehabilitiert werden, daß Märtyrer erhöht und Ungerechte entmachtet werden. Insofern ist Jesus mit seiner Praxis und seinen Maßstäben auf dem »richtigen Weg« zum Ende.

Bestand hat, wer selig ist

Für die Apokalyptik ist die Wirklichkeit nicht in erster Linie das Sichtbare, sondern das Unsichtbare. Und dieses ist nicht grau, sondern schwarz oder weiß. Der Maßstab für vitale Realität ist die Nähe zu Gott. Nicht alles Wirkliche ist von Gott gleich weit entfernt.

Nähe zu Gott hat etwas zu tun mit Gewinn oder Verlust der Identität. Daher geht es um Tod, Auferstehung, ewiges Leben oder den Zweiten Tod.

In der Frage danach, was überhaupt wirklich ist, begegnen sich Apokalyptik und Mystik noch einmal. Der Schlüssel ist das hebräische Verständnis von Wahrheit. Denn »wahr« und damit echt, wirklich und zugleich treu und beständig ist nur das, was dem Verfall trotzen und »bleiben« kann. Wahrheit hat demnach etwas mit Identität zu tun; denn Identität ist das im Wandel Gleiche.

Die Beziehung zur Mystik besteht darin, daß die Identität immer ganzheitlich ist und auch das Innere umfaßt. Und Seligkeit, ein mystischer Existenzvollzug, besteht darin, daß man sich selbst vor Gott und durch ihn gewonnen hat. Damit wird das Maß für Wirklichkeit, ob man selig ist und sich der Quelle des Lebens nahe weiß. In der entscheidenden Wirklichkeit gibt es zumeist einen lebenslangen Kampf um Leben und Tod, gegen Chaos und Lieblosigkeit. Wer sich selbst noch nicht gewonnen hat, ist nicht selig und steht noch auf der Seite des Todes.

Wirklich ist also nicht, was man sehen kann, sondern wer dem lebendigen Schöpfergott nahe ist und in ihm »selig« ist, wer dankbar sein kann, sich gefunden zu haben. Deutlich erkennbar ist, wieweit Identität und Spiritualität etwas miteinander zu tun haben.

Ehre ist das Realste

Für biblisches Denken ist die personale Ebene wichtiger als die physikalisch-gegenständliche. Daher steht der Satz *Und Gott wird abwischen alle Tränen von ihren Augen* (Offenbarung 21,4) für ein ganzes Programm. Wenn die Personhaftigkeit wichtig ist, dann werden die Menschen ganz sie selbst sein, auch wenn das Wie jetzt nicht faßbar ist. Das gilt auch schon für den Auferstandenen, der als er selbst erkennbar ist.

Das wichtigste, das zwischen Personen bestehen kann, ist das Ansehen voreinander, die »Ehre« oder »Schande«, die man hat. Aus diesem Grund wird als die Hoffnung des Beters der Psalmen so oft formuliert, »daß ich nicht zuschanden werde«. Paulus greift diese Hoffnung an markanter Stelle auf: *Die Hoffnung wird nicht blamiert* (Römer 5,5). Damit geht es um die Hoffenden, die nicht nackt dastehen werden. Denn daß man voreinander etwas gilt, ist eine Hoffnung, die man gerade Paulus gut abnehmen kann. Als Jude des 1. Jahrhunderts n. Chr. weiß er im Rahmen antiker Gesellschaft nur zu gut, was es heißt, ohne Ansehen dazustehen. Und als Apostel zweifelhafter Legitimität hat er zeitlebens auch unter Christen um sein Ansehen kämpfen und dafür leiden müssen.

Die biblische Kategorie »Gerechtigkeit« meint weitgehend diese subtile Dimension. Paulus weiß allzu genau, daß das Miteinanderleben vor allem davon abhängt, wie die Partner voreinander in Geltung stehen. Bei Gerechtigkeit geht es daher nicht grob juridisch nur um Recht und Gesetz, sondern um die Ehre. Wir können sagen: um die Personwürde.

Das biblische Wort Ehre ist dasselbe wie Herrlichkeit. So dürfen wir, wenn die biblischen Texte »ewige Herrlichkeit« verheißen, nicht nur an Goldglanz, an den Sonnenglanz verwandelter Leiblichkeit denken, sondern auch an das Ansehen voreinander als Basis des Miteinander-Lebens.

Bereits die Auferstehung Jesu wird im Neuen Testament als Rechtfertigung Jesu begriffen (zum Beispiel 1. Timotheus 3,16: *... gerechtfertigt durch den Heiligen Geist*). Nachdem er auf die schändlichste Weise hingerichtet worden war, bedeutete die Auferweckung nicht nur Verwandlung durch Gottes Glanz, sondern wesentlich auch Rehabilitierung. So wie Jesus durch die Auferstehung ins Recht gesetzt wurde, genau so werden alle Verachteten und Ausgestoßenen durch Gottes Handeln wieder ins Recht gesetzt. Denn das Recht ist nichts anderes als ihre Personwürde.

Indem Gott auch in der Geschichte gerechtes Gericht geübt hat, wie über Sodom und in der Sintflut, hat er sich gewissermaßen dazu qualifiziert, auch in Zukunft Richter sein zu können. Immer wieder werden das Gericht über Sodom und die Sintflut als Typos für das künftige Gericht genannt (zum Beispiel in Lukas 17,26–32). Weil Gott in der Vergangenheit gerechter Richter war, darf man seinem Handeln auch für die Zukunft alles Recht der Verfolgten anvertrauen. Auch Israel selbst hat in den Katastrophen seiner Geschichte im biblischen Zeitraum immer Gottes gerechtes Gericht erblickt.

Auch der Gott Abrahams selbst, den die meisten nicht weniger mißachten als sein Volk, wird anerkannt werden. Es geht nicht nur um Erkennen, sondern vor allem um Anerkennen.

Das Ende der Zeit ist daher nach der Auffassung der Bibel die umfassende Lösung der großen Frage: Wo ist und wo bleibt Gerechtigkeit in dieser Welt? Gibt es jemanden, der für die Würde aller Opfer der Geschichte eintritt? Besteht die Geschichte immer nur darin, daß Opfer bluten müssen? Diese großen Fragen werden freilich am Ende auf einer anderen Wirklichkeitsebene gelöst als der alltäglichen. Damit sind wir wieder bei der Beziehung zwischen Eschatologie und Mystik.

IX

Endzeithoffnung und Mystik

Was ist christliche Mystik?

Die Frage danach, »wie« die Endereignisse kommen, wird in diesem Buch zumindest teilweise mit dem Hinweis auf mystische Erfahrung beantwortet. Daher ist der Begriff vorher zu klären, und es ist auch ansatzweise zu begründen, was Mystik mit den Endereignissen zu tun hat.

Bei jüdischer und christlicher Mystik geht es um den Bereich Gottes (und böser Mächte), der unsichtbar und verborgen ist. Wie kann ein Mensch zu diesem Bereich Kontakt haben? Das geschieht durch Gebet (Anbetung) und Hymnus, aber auch durch Selbstoffenbarung Gottes in Visionen und Epiphanien. Darauf kann man sich durch Fasten, Wachen und Beten vorbereiten. Die Wege der Mystik sind daher Sprache und Schauen. Eine besondere Rolle spielt die Veränderung des menschlichen Herzens durch Freude. Mit den Endereignissen besteht besonders deshalb ein Zusammenhang, weil diese das Verborgene enthüllen, alle Wahrheit aufdecken und Freude als Seligkeit bringen.

Die Welt ist nach der Ansicht der Apokalyptiker in einen Grauschleier verpackt. Die wahren Machtverhältnisse und die wirklichen Qualitäten sind deshalb verborgen. Aber das wird nicht immer dauern. In der Mystik wird diese verborgene Realität teilweise zugänglich, in den Endereignissen ganz und gar und endgültig, so daß dann auch die Seligkeit »ewig« sein wird. Mystik könnte sich demnach zu den Enderfahrungen verhalten wie ein Teil zum Ganzen.

Mystik ist nach unserem Verständnis bewußtes Leben in Gottes Gegenwart, das man mit aller Vorsicht als personale Beziehung bezeichnen könnte.

Man kann fragen: Wie, unter welchen Umständen und mit welcher Begründung kommt man im Zusammenhang des Themas »Ende der Welt« gerade auf Mystik?

Die bisher genannten Punkte (Gebet, Hymnus, kindliches Vertrauen, Wachsamkeit) sind insgesamt Bausteine einer urchristlichen Mystik.

Doch blicken wir auf Jesus. Jesus verkündigt das nahe Gottesreich und redet vom kommenden Gericht. Regelmäßig betet er in der Einsamkeit der Wüste, und nach den Erzählungen über Verklärung und Gebet in Gethsemane haben auch Jesu Jünger einen begrenzten Anteil an Jesu mystischen Erfahrungen. Freilich ist dieser Punkt fast gänzlich vernachlässigt. Aus sehr handgreiflichen konfessionell geprägten Gründen kann man sich Jesus wohl als Prediger vorstellen, und zwar als Prediger und Verkündiger des Reiches Gottes, nicht dagegen als Beter. Es käme wohl darauf an, Jesu Beten als direkte Entsprechung zu seiner Verkündigung des Reiches zu sehen, ja als Schlüssel dafür. Denn in einem Gebet wird ihm das nicht-kategoriale (ungegenständliche) Erfahrung, was er in der Botschaft vom Reich verkündigt.

Das ist so zu denken: In der Anrede des Gebets wagt sich der Mensch direkt hinein in die Wirklichkeit Gottes, ohne sie aber erfassen und erforschen zu wollen. Typisch für den biblischen Beter ist die Selbsterniedrigung (*Nicht mein, sondern dein Wille geschehe,* vgl. Markus 14,36; Lukas 1,38; Matthäus 6,10). Der Beter gibt sich ganz Gott anheim.

Zielpunkt aller Mystik ist das Wohnen Gottes mit den Menschen im Sinne der biblischen Bundesverheißung. Das war der Traum der Propheten, Gott werde eines Tages inmitten seines Volkes wohnen. Das setzt voraus: Die Menschen sind sozial und liebesfähig gemacht worden, so daß Gott mitten unter ihnen wohnen will. Es setzt auch Stabilität voraus. Wenn dieses die Zielvorstellung ist, dann ist Mystik nicht krankhaft Exaltiertes, sondern die Sehnsucht nach Leben in Gottes Schutz und Gegenwart. Deshalb ist

es wirklich ein Vorgeschmack, wenn Christen geschwisterlich zusammen wohnen.

Sich apokalyptische »Vorstellungen« aufzubauen ist nach
unseren bisherigen Überlegungen ein falscher und gänzlich
unsachgemäßer Weg. Anstelle von »Vorstellungen« gilt die
»mystische« Verbundenheit mit dem zukünftigen Befreier,
die jetzt schon besteht.

Unsere These lautet: *Eschatologie ohne Mystik wird entweder leer oder marxistisch-materialistisch.*

Leer geworden ist die Eschatologie des »Predigers« Jesus.
Die Reaktion war ganz zwangsläufig der Versuch, Eschatologie materialistisch zu füllen. Der christliche Weg scheint
demgegenüber eher verblaßt zu sein:

Die dargestellten Formen bedeuten Wege, sich auf Gottes
Gegenwart einzulassen. Aber alles das ist unsichtbar, sehr
stark nur zeichenhaft und oft nur in Anfängen gegeben.

Nach dem Zerbrechen der Möglichkeiten der Geschichte
und aller unserer Vorstellungen kommt Gott selbst auf die
Geschichte zu. Was bedeutet das nun nicht nur für den einzelnen, sondern für alle? Und wie soll die christliche Verheißung sichtbar, geschichtsmächtig und für die ganze Welt
bedeutungsvoll werden?

Wir können bei Paulus lesen, daß die christliche Hoffnung
hier sehr anspruchsvoll ist. Das Ziel ist nicht schon bei
guten Vorsätzen des einzelnen erreicht, und es ist nicht
schon damit getan, die Müllsorten zu trennen. Sondern das
Ziel ist die Verwandlung und Vergottung der Welt. Neue
Schöpfung liegt nicht einfach in Fortsetzung der alten, drei
Meter weiter. Nein, tausend Meter weiter. Irgendwie ist das
ja auch realistisch.

Nach Paulus ist das Neue nur durch eine grundlegende Verwandlung erreichbar. Anders gesagt: durch einen Wechsel
der Gleisspur.

Den Tod des einzelnen und das Ende der Welt haben wir
bisher als zwei solcher Stationen kennengelernt. Für das
Neue Testament ist es auch die Bekehrung. Paulus spricht

davon, daß ein ganz neuer, innerer Mensch in uns schon grundgelegt sei, daß wir schon das »Angeld des Geistes« haben.

Der Tod und das Zerbrechen aller Dinge gehören noch zur Geschichte. Aber das, was dann ist, wird anders sein. Es wird, wie wir sahen, gebunden sein an die Träger des Neuen. Es kommt nicht irgendeine Zukunft, sondern diejenigen, die jetzt schon Träger des Zukünftigen sind, werden »ins rechte Licht« rücken, Gott wird in ihrer Mitte wohnen wollen. Das letzte Wort in Römer 8 heißt Liebe. Nach all dem grauenvollen Stöhnen aller Welt bleibt auch jetzt schon, daß von der Liebe Gottes nichts trennen kann.

Eine nicht unähnliche Kehre vollzieht sich auf dem Denkweg M. Heideggers. Die Untersuchung »Sein und Zeit« schrieb er noch mit den Mitteln traditioneller Philosophie. Das Aufgeben der Spaltung in Subjekt und Objekt durch einen neuen Denkweg bereitet er so erst vor, kündigt er so erst an. Erst mit der mystischen (nicht gerade christlichen) Sprache der späteren »Dichtungen« macht er sich ein nicht-kategoriales Denken zu eigen. – Auch K. Rahners Dictum vom Christen als Mystiker steht wohl in Zusammenhang mit dessen (nun wiederum christlicher) Heidegger-Rezeption.

Nach unseren Ergebnissen ist die jüdische Apokalyptik denselben Weg gegangen: Das Zerbrechen der Welt ist zugleich die Vorbereitung für eine ganz andere, nämlich mystisch-familiäre Wahrnehmung des Seins. Und selbst noch die vehemente Betonung des Leidens bei dem Rahner-Schüler J. B. Metz, die an der Stelle der Kritik der Subjekt-Objekt-Beziehung steht, hat ihre Parallele in der jüdisch-christlichen Apokalyptik, nämlich in der Leidens- und Wehe-Theologie bei Paulus in Römer 8,18–27.

Leiden und Tod sind noch Geschichte – das, was »danach« kommt, ist anders. Die *Ars moriendi* weist schon zu Lebzeiten auf das Leben und Tod übergreifende Geheimnis. Doch will auch dieses andere wieder mit Geschichte vermittelt werden.

Auschwitz als apokalyptisches Thema

Die Stichworte Unvorstellbarkeit und Leiden erlauben es am Ende, auch auf das Thema Auschwitz/Holocaust in der modernen Theologie hinzuweisen. Jeder, der diesen Ball auffängt, muß sich freilich dessen bewußt sein, wie fatal es wäre, würde dieses Thema wie auch immer instrumentalisiert, und sei es zur Aktualisierung und zum Überleben des theologischen Diskurses.

Aber alles, was auf der Negativseite apokalyptischer Erfahrung zu nennen ist, trifft sicherlich vollständig zu. Die Konsequenz wäre dann aber, wenn man Apokalyptik hier wirklich theologisch weiterdenkt, daß der Satz, nach Auschwitz dürfe man keine Gedichte mehr schreiben, geradewegs umzukehren ist. Nach Auschwitz darf man eigentlich nur noch Gedichte schreiben oder strukturelle Vorarbeiten dazu leisten. Das soll heißen: Wenn Vorstellungen als das Maß der Theologie verlassen sind und mit ihnen sichere Gebäude im Sinne der Subjekt-Objekt-Spaltung, wenn das Unvorstellbare längst eingetreten ist, gilt danach etwas anderes, die »Sprache der Kehre«. Wissenschaftlich-kategoriale Theologie müßte sich dann als *praeparatio ad mysticam* (Vorbereitung zu einer christlichen Spiritualität) begreifen, zum Beispiel als Weg der Klärung und Vorbereitung zu einer schlichten und persönlichen Frömmigkeit, wie sie zu allen Zeiten vom Jesus der Evangelien zu lernen war.

Mystische Züge in der Endzeiterwartung

Bekanntlich bereitet die Frage nach dem Wie des Weltendes vor allem deshalb große Schwierigkeiten, weil alles das, was man zusammenfassend so beschreibt – Vergehen des Alten, Wiederkunft Christi, Auferstehung, Gericht und neue Schöpfung –, mit der bestehenden Wirklichkeit nicht zu verbinden ist. Für den, der die »normale« sichtbare Wirk-

lichkeit für die einzig mögliche hält, wäre es tatsächlich un-
sinnig, auf das Eintreten der oben genannten Ereignisse zu
hoffen oder sie voll Furcht zu erwarten.

Doch schon das Neue Testament enthält genügend Hin-
weise darauf, daß die kommenden »Ereignisse« nicht einfach in Fortsetzung des Bestehenden geschehen. Vielmehr
geht es recht deutlich um Ereignisse im Bereich dessen, was
sonst visionäre (mystische) Erfahrung ist. Nur wird diese
Erfahrung universalisiert, auf alle Menschen ausgeweitet.

Dazu gehört der visionäre Charakter, ferner die Plötzlichkeit des Ereignisses, die Farbe weiß, insbesondere weiße
Kleider, daß es um Kinder Gottes geht, die als solche enthüllt werden, und schließlich der Zustand des Wachens,
nicht irgendwelche Trance- oder Traumerfahrungen. Dazu
gehört auch die Vorbereitung durch Wachen und Beten.

Alle diese Merkmale zeichnen sowohl Visionen in der Gegenwart aus als auch das Widerfahrnis des »Endes«. Damit
aber tut sich ein Zusammenhang auf, der von größter Bedeutung ist. Denn nichts Geringeres als die Verbindung von
frühchristlicher »Mystik« und Eschatologie ist so gefunden. Die Ereignisse bei der Verklärung Jesu und zu Ostern
(Visionen), die Bekehrung des Paulus und das Kommen des
Tages des Herrn stünden so in einem unlösbaren Zusammenhang, und zwar im Verhältnis von Teil und Ganzem.
Ähnlich ist es mit dem Heiligen Geist auch: Die Christen
haben eine Anzahlung empfangen, der Rest folgt. Es geht
daher nicht um »Vorwegnahme« (Antizipation) – diese Kategorie ist der Bibel fremd. Sondern das, was geschehen ist,
gehört zu dem großen, universalen Gesamtgeschehen dazu.
Es ist wie ein erster Akt.

Trifft diese These zu, dann ist jedem Fundamentalismus ge-
wehrt. Denn »fundamentalistisch« wäre der Zwang, die Endereignisse mitten unter anderen normalen Ereignissen
denken zu müssen. Allerdings ist dieses klar: Um eine besondere, die »Augen verdrehende« Wahrnehmungsweise
geht es dabei nicht, sondern in jedem Fall um waches und

gesundes Sehen. Kein mystischer Text des frühen Christentums läßt die Vermutung zu, hier werde Irrationales zum Thema.

Gehen wir die gemeinsamen Elemente durch.

Schon immer hätte auffallen müssen, daß Jesus, obwohl er die Unkenntnis des Zeitpunktes des Endes betont, dies eine genau weiß: Das Ende kommt plötzlich (so etwa Lukas 17,23f: *Wenn Leute zu euch sagen:* »*Seht, dort ist es!*« *oder* »*Seht, hier ist es!*«, *dann geht nicht hin, lauft ihnen nicht nach. Wenn der Menschensohn an seinem Tag kommt, dann wird er plötzlich hell leuchtend da sein, wie ein Blitz, der von einer Himmelsgegend in die andere zuckt.*)

Das Kommen des Menschensohnes hat deutlich visionären Charakter. Ähnlich wie hier wird Jesus als »Licht« in der Damaskus-Vision des Paulus geschildert. Und wenn Jesus den Satan wie einen Blitz vom Himmel fallen sieht, leitet er seine Beobachtung ein mit »Ich sah«. – Man kann auch auf Apostelgeschichte 1,10f verweisen: So, wie Jesus am Schluß der Ostervision vor den Jüngern in den Himmel hinaufgeht, wird er wiederkommen. Schon Markus 13,20 hatte vom Kommen des Menschensohnes auf den Wolken des Himmels gesprochen. Apostelgeschichte 1 nennt den Zusammenhang mit den Ostervisionen, und das ist offenkundig sehr berechtigt. Denn es geht tatsächlich um ein vergleichbares Geschehen.

Die Annahme legt sich daher nahe, daß es sich bei den Ereignissen am Ende um eine universal ausgeweitete Vision handelt. Dabei ist unter Vision zu verstehen: daß üblicherweise Verborgenes sichtbar wird, und zwar im Rahmen unsichtbarer Mächte (Gott, Engel und Teufel usw.).

Die Durchkreuzung der Wirklichkeit

Die Plötzlichkeit, mit der die Vision eintritt, durchkreuzt jedes alltägliche Geschehen. Das beste Beispiel sind die ganz und gar unerwarteten Ostervisionen, besonders die, die der Christenverfolger Paulus erlebt hat. Genauso plötzlich kommt das Ende. Wie eine Vision durchkreuzt es alle irdischen Geschäfte. In Lukas 17,24–35 ist das mit aller Schärfe geschildert. Fragt man: Woher weiß Jesus so genau, wie das Ende kommt, dann bleibt nur die Antwort: aus der Tradition visionärer Erfahrung, teils eigener (Markus 9,2–9; Lukas 10,18), teils anderer. Es kann auch sein, daß aus diesem Grund die Plötzlichkeit alles Offenbarungshandelns Jesu in der Art, in der der Evangelist Markus erzählt, geradezu zum Stilmittel geworden ist.

Anders als viele gutwillige Ausleger wohl meinen, ist das Kommen des Endes nicht als Prozeß zu denken, vielmehr kommen wir aufgrund der Eigenart der Texte nicht an der Annahme vorbei, daß die Plötzlichkeit wesensgemäß ist. Es ist das, was die deutschen Mystiker im Mittelalter das »Nu« nannten.

So ist das, was in der Vision geschaut wird, einerseits anders als die Dinge der Welt und steht nicht in deren Kontext, sondern in einem anderen, neuen Zusammenhang, der in der Wirklichkeit tiefer liegt als gewöhnliche Fakten. Andererseits finden wir keinen Anhalt dafür, daß es sich um eine andere als die normale Wahrnehmung mit bloßem Auge handelt. Nicht im Organ der Wahrnehmung liegt die Differenz, sondern in der Art des Geschauten und im Zeitpunkt der Vision.

Von der Mystik her ergibt sich vielleicht auch ein Zugang zum Gerichtsgedanken: Wer schon »rechtzeitig« in der Wirklichkeit des Unsichtbaren lebt, diese Wirklichkeit jetzt schon achtet, wird dereinst ganz in ihr leben. In diesem Sinne heißt es in der maronitischen Totenliturgie (Becker-Ühlein II, 1196): »Weil ich dir hier kein Fremder war, sei du mir dort nicht fremd.« – Auch der Maler Marc Chagall, der die unsichtbare Wirklichkeit und ihren Anspruch wie kein zweiter in seinen Bildern ausdrückte, wollte im »Himmel« nur weiter Bilder malen. Er empfand seine Kunst durchaus als Brücke, und so ist es auch mit Gebet und Hymnus. Die Bilder, die im monastischen Nachtgebet wachgerufen werden, stehen für die unsichtbare Welt, in die sich die abendlichen Beter hineinsprechen, der sie sich anvertrauen.

Die Enthüllung der Gotteskindschaft

Im Frühjudentum (Weisheit Salomos Kap. 2–5) und im Neuen Testament gehören »Sohn Gottes« und Verhülltsein immer zusammen. Der ganze Fortgang der Geschichte besteht immer darin, daß der Sohn Gottes klarer als der, der er ist, erkennbar wird. Nach Weisheit Salomos 2–5 wird die Gottessohnschaft des gepeinigten Gerechten angezweifelt, erst im späteren Gericht wird sie offenbar. In den synoptischen Evangelien ist der Gottessohn durch das sogenannte Messiasgeheimnis verborgen. Doch er äußert sich, was die Dämonen schon richtig werten können, als Sohn Gottes in seinen Taten. Die Zeit der Verborgenheit dauert bis Ostern, dann bis zur Wiederkunft des Menschensohnes. So sollte sich auch die Gotteskindschaft der Christen in der Zeit der Verhülltheit äußern.

Ein Hinweis darauf ist das Thema »Enthüllung der Gotteskindschaft Jesu«. Sowohl bei der Verklärungsvision (Markus 9) als auch bei der Berufungsvision des Paulus nach Galater 1,12.16 geht es um die Enthüllung des verborgenen Sohnes Gottes. Man kann geradezu sagen, daß für Paulus nach Galater 1,12.16 das nachgeholt wird, was den drei Jüngern nach Markus 9,3–4 schon bei der Verklärung offenbart wurde. – Und andererseits wird nach 1. Petrus 1,7; 1. Korinther 1,7 Jesus Christus »geoffenbart« werden in seiner Herrlichkeit (1. Petrus 1,7; 4,13), wenn er wiederkommt. Und weiter werden nach Römer 8,19 alle Kinder Gottes am Ende offenbart werden: *Denn die ganze Schöpfung vergeht vor Sehnsucht danach, daß Gottes Kinder endlich in dieser Herrlichkeit vor aller Augen treten.* Das Grie-

110

chische hat hier denselben Ausdruck »offenbaren« wie in Galater 1,12.16. Das bedeutet: So »wahr« und so »wahrscheinlich« wie die Christusvision des Paulus sind auch die Ereignisse am Ende der Welt.

Immer geht es bei den Endereignissen darum, daß »offenbar« wird, was jetzt schon besteht, aber verhüllt ist. Die aramäischen Übertragungen des Alten Testaments tragen daher immer wieder das Wort »offenbaren«, »sichtbar machen« ein. Das geschieht ganz konsequent in den Abschnitten, die von den Endereignissen handeln. – Auch im Neuen Testament ist Verhülltsein – Offenbarwerden ein wichtiges Thema. In den synoptischen Evangelien spricht man, wie erwähnt, vom Messiasgeheimnis, aber gemeint ist Jesus als der verborgene und doch in seinen Taten und in der Verklärung enthüllte Gottessohn. Auch wenn Petrus Jesus als den Sohn Gottes bekennt, spricht Jesus davon, der himmlische Vater habe dies Petrus geoffenbart (Matthäus 16,17).

Am Ende wird insbesondere die Identität der Gotteskinder allen universal offenbar sein. Dazu gehört aber auch, daß alle diejenigen, die nicht Gottes Kinder haben werden können, in ihrem Charakter als Gegner des Evangeliums (oder was auch immer sie waren) offenbar werden. Das nennt man dann Gericht.

Wenn 1. Petrus 4,13 von der *Offenbarung der Herrlichkeit* Jesu Christi spricht, die zu erwarten ist (vgl. 1,7), dann gibt das umgekehrt auch einen Fingerzeig für die Erfüllung von Jesu Ankündigung über das *Kommen des Reiches Gottes in Macht* nach Markus 9,1 in der Offenbarung des Sohnes in Markus 9,2–9. Denn bei der Verklärung geschieht nichts anderes, als daß die verborgene Herrlichkeit des Sohnes Gottes offenbar wird. Das hat deshalb etwas mit Reich und Macht zu tun, weil Jesus Sohn des Königs ist. Die Verknüpfung von Sohn- oder Kindschaft einerseits und Reich andererseits ist charakteristisch frühchristlich.

Wenn Petrus sich nach 1. Petrus 5,1 als Mitgenosse der Leiden und der künftigen Herrlichkeit bezeichnet, dann wird für ihn gelten, was für Mose und Elia schon nach Markus

9,2–9 zu Jesu Lebzeiten gegolten hat. Daraus geht hervor: Verklärung (sichtbare Teilhabe an der Herrlichkeit) gilt für Jesus wie für alle, die zu ihm gehören oder mit ihm »verwandt« sind. Jesus ist in dieser Hinsicht nicht der einzige Prototyp, Mose und Elia sind es auch.

Die »weißen« Gewänder

Deckungsgleich mit den Aussagen über die Offenbarung des Sohnes Gottes sind solche über die leuchtenden Gewänder, die selbst das Weiß des Schnees noch übertreffen. Bei der Verklärung sehen die Jünger, daß Jesu Gewänder weißer werden, als ein Färber sie weiß machen könnte (nach Matthäus 17,2 werden sie weiß wie das Licht, wie auch Paulus nach Apostelgeschichte 9,3; 22,6.9; 26,13 den auferstandenen Jesus als »Licht« sieht). Andererseits werden die Seligen in weißen Gewändern geschaut (Offenbarung 7,13). Und das Te Deum (die Urform des Liedes »Großer Gott, wir loben dich«) nennt die Märtyrer, die Gott loben, ein »weißgekleidetes Heer«, das ist ein Heer in Kleidern der römischen Triumphatoren, also der Schlachtensieger. Denn die Märtyrer sind Sieger.

Weiß ist die Farbe der Vollendeten, weil es die Farbe Gottes ist. Denn er ist der Gott des Himmels und daher der Gott des Lichtes. Daß außerdem Licht für Erkennbarkeit steht, hat ungeheure Konsequenzen in der Geschichte der biblischen Religionen gehabt. Wäre die Erde und das Dunkel der Ort Gottes, so hätte es gänzlich andere Prioritäten in dieser Geschichte gegeben. – Weiß, insbesondere weiße Kleidung, bedeutet daher, daß man zum Himmelsgott gehört und an ihm teilhat.

Karl Rahner sagt in seinem Buch »Vom Glauben inmitten der Welt« (Freiburg 1961, 46f): »Aber wir wissen, wenn wir in dieser Erfahrung des Geistes uns loslassen, wenn das Greifbare und Angebbare, das Genießbare versinkt, wenn

alles nach tödlichem Schweigen tönt, … oder wenn alles wie in einer unnennbaren, gleichsam weißen, farblosen und ung- reifbaren Seligkeit verschwindet, dann ist in uns faktisch nicht nur der Geist, sondern der Heilige Geist am Werk.«
Die Farbe weiß ist daher auch gegenwärtiger mystischer Er- fahrung geläufig.

Dann sind Texte wie äthiopisches Henochbuch 14,20 (»Auf dem Thron saß strahlende Herrlichkeit, und ihr Gewand war strahlender als die Sonne und weißer als aller Schnee«) oder der Abschnitt aus dem Jerusalemer Talmud (j Kil 32b 7: »Rabbi Jirmeija hat gesagt: Kleidet mich in ein weißes Ärmelgewand, damit ich, wenn der Messias kommt, bereit bin«) gar nicht mehr fremd.

Nur in Visionen wird freilich einfach von »weiß« geredet. In Erzähltexten und Gebeten wird gesagt, es gehe um ein Weiß, (siebenmal) heller als Schnee oder so, wie es kein Walker machen kann, oder einfach, wie man es nicht be- schreiben kann. Die vorfindliche Farbe weiß ist daher nur gewissermaßen die Sprungschanze, von der aus Aussagen über die Farbe Gottes gemacht werden. Durch Überbie- tung des hellsten Weiß auf Erden (Schnee) oder durch Ne- gation (Nicht-Aussagen) läßt sich dieser Abstand von der natürlichen Welt in Worte fassen.

Weiß ist dazu geeignet, weil es als Summe aller Farben gilt. Schon zur Zeit Jesu sieht man die anderen Farben gewisser- maßen als Aufspaltung der Farbe weiß. Als Summe aller Farben ist weiß daher das leuchtende Licht schlechthin. So bedeutet im Lateinischen *(candidus)* und im Griechischen *(leukos)* das Wort für »weiß« zugleich auch »strahlend, leuchtend«.

Im übrigen liegt besonderes Gewicht auf weißen Kleidern. Denn Kleid und Leib sind für biblisches Verständnis na- hezu identisch. Sie bezeichnen gemeinsam die Außenseite des Menschen. Denn den »Menschen an sich« gibt es so we- nig wie den nackten Menschen. In seinem sozialen Kontext steht der Mensch als mit einem Kleid angezogener. Weil man ein Kleid aus- und anziehen kann, steht das Bild des Kleides für die Wandelbarkeit des Leibes. Vor allem die Lebensqualität kann sich ändern.

Schließlich wird das visionäre Bild des Menschen in weißen Kleidern auch ritualisiert. In der Taufe wird dem nackten Täufling zum Zeichen des grundlegenden Wechsels seiner Qualität ein weißes Taufkleid überreicht und angezogen. Nach dem alten Ritus sagt der Taufende: »Nimm hin dies weiße Kleid und trag es unbefleckt vor den Richterstuhl unseres Herrn Jesus Christus.« Der enge Zusammenhang zwischen Vision und Ritus ist hier begründet in der stark metaphorischen Rolle weißer Kleider. Durch das weiße Taufkleid wird zusätzlich deutlich, was in der Taufe geschieht: Der zu Taufende wird mit der Taufe und mit der Überreichung des weißen Kleides in die Gemeinschaft derer aufgenommen, die zu Gott gehören. Folgende *Stationen* sind zu nennen:

Taufe Jesu (nach dem Ebioniten-Evangelium [Epiphanius, Panarion haer 30,13,7–8]: Ein helles Licht fällt vom Himmel)
Verklärung (Markus 9,3: Jesu Gewand wird so weiß, wie es kein Walker machen könnte)
Vision des Auferstandenen (Licht; nach Offenbarung 1,14: *Haupt und Haar leuchteten wie schneeweiße Wolle, seine Augen wie eine Feuerflamme*)
am leeren Grab: Engel (Lukas 24,4: Männer in weißen Gewändern)
Vision der 24 Ältesten (Offenbarung 4,4: weiße Kleider)
Vision der Vollendeten im Himmel (nach Offenbarung 7,9.13 in weißen Gewändern).
Mose und Elia sind im Status der Vollendeten. Daher werden sie mystischer Wahrnehmung als Himmelsbewohner und als lebendig zugänglich (Markus 9,2–11). Die Präfation Corpus Praef. 1006 sagt: Bei der Verklärung Jesu wurde Mose und Elia eine Verherrlichung zuteil, die man in der Welt nicht geglaubt hat, die aber nach dem Ende der Welt allein den Erwählten der Lohn sein wird.

Alle Stationen gehören zusammen, und zwar im Sinne eines Weges, der von fortschreitender Enthüllung bestimmt ist. Denn was in der Verklärung aus Jesus hervorbricht (und was auch von Mose und Elia gilt), schildert schon der Seher Johannes in seiner »Offenbarung« für alle, die »Kinder Gottes« sind, das heißt, die zum Himmel gehören.

Daß das Licht der Visionen nicht das geschaffene, irdische Licht ist, betonen immer wieder besonders die Liturgie und der Kirchenbau. Weil viele romanische Kirchen nur Fenster in der Breite eines Spalts haben, ist ihr Inneres, wenn man es von außen her betritt, fast völlig dunkel. Man muß sich erst lange daran gewöhnen, bis man das durch die kargen bunten Fenster hereingelassene »Himmelslicht« begreift. Ähnlich ist es mit den monastischen Hymnen, besonders denen zum frühen Morgen (Vigiliae und Laudes). Das Licht der aufgehenden Sonne ist zwar Bild, wird aber vom wahren Licht unterschieden. Das frühmorgendliche Gebet ist wohl der wichtigste Ort überhaupt, an dem frühchristliche Eschatologie lebendig gehalten wurde.

Kinder des Lichts

An Epheser 5,8–19 läßt sich die urchristliche Licht-Symbolik gut erläutern:

(8) Denn einst wart ihr von Finsternis umhüllt, jetzt aber steht ihr im Licht, weil ihr zum Herrn gehört. Verhaltet euch wie Kinder des Lichts. (9) Denn aus Licht wachsen als Früchte heran Güte, Gerechtes tun und Ehrlichkeit. (10) Versucht, sorgfältig zu ergründen, was der Herr von euch will, (11) und haltet euch fern von den Werken der Finsternis, die nur Scheinfrüchte sind. Entlarvt sie, (12) denn was sie insgeheim anrichten, ist so schandbar, daß man es gar nicht sagen darf. (13) Aber Licht enthüllt alles. (14) Und nur was selbst Licht ist, hält der Enthüllung stand. Deswegen heißt es:
Aufstehen, du Schlafmütze!
Steh auf von den Toten,
dann geht Christus, die Sonne, über dir auf.

115

Die Adressaten werden dann gemahnt: *(16) Seht zu, daß ihr die Zeit zum Guten nutzt. Denn die Tage sind voll von Bösem. Deswegen ... begreift, was der Wille des Herrn ist ... laßt euch vielmehr vom Geist erfüllen. (19) Tragt einander Loblieder, Hymnen und vom Heiligen Geist eingegebene Lieder vor ... Lobt und jubelt dem Herrn von Herzen.*

Das heißt: Im Verhältnis zur Vergangenheit ist die Gegenwart wie Licht gegenüber der Finsternis. So wird zunächst einmal das neue Sein der Christen begriffen. In der Gegenwart gilt: Sie sind Kinder des Lichts – und sollten sich entsprechend orientieren, nicht an den Werken der Finsternis. Was die Christen schon sind, das soll je und je Wirklichkeit werden in ihrem Handeln. Dann aber wird die Enthüllung durch Licht zum Thema, denn im Frühjudentum und bei den ersten Christen ist Zukunft mit Enthüllung identisch.

Das darauffolgende »Lied« entspricht der Gattung nach antiken Weckliedern, mit denen man – halb im Spaß und halb im Ernst – besonders junge Paare aufweckte. Hier ist der Text, ähnlich wie in manchen Apokalypsen, auf die Auferstehung von den Toten und die neue Begegnung mit dem als Sonne (der Gerechtigkeit) wiederkommenden Christus bezogen. Da geht es zunächst um die Freude: Wer aus dem dunklen Schlaf aufwacht, freut sich über den Glanz der aufgehenden Sonne. Der Sprecher ist sicher der Engel, der die Toten auffordert (in Apokalypsen öfter belegt ist der Ruf: »Steht auf, ihr Schlafenden, eilt Christus entgegen ...«); in älteren Apokalypsen ist Epheser 5,14 ergänzt um die Aufforderung: »Siehe, es kommt der gerechte Richter, zu geben jedem, wie er getan.« Der Verfasser des Epheserbriefes meint mit »Enthüllung« sicher schon Ähnliches.

Gleichzeitig hat dieses Wecklied aber auch – wie die nachfolgenden Mahnungen zeigen – eine Bedeutung für jetzt: Wer jetzt aus dem tödlichen Schlaf aufsteht, dem wird Christus als die Sonne erstrahlen.

Der Sinn dieses Textes: Finsternis und Schlaf, Tod und Verurteilung stehen auf der einen Seite, Licht und neues Leben als Auferstehung, gutes Handeln und Jesus als das Licht bilden die Gegenseite. Die Rede vom Licht ermöglicht es, Taufe und Moral, Christologie und Eschatologie, Gericht und Auferstehung, Abgrenzung und Hoffnung, Gnade und Teilhabe mit einem einzigen Bild zu beschreiben. Ähnlich machen es Paulus in 1. Thessalonicher 5,1–11 und zisterziensische Theologie und Architektur. – Das ist eine Art systematischer Theologie, die mit dem Bild des Lichtes vermeidet, zuviel zu wissen, die aber das Geheimnis nicht dunkel und abweisend, sondern leuchtend und werbend darstellen kann.

Die ausgeweitete Vision

Daß die Endereignisse eine radikal ausgeweitete Vision sein werden, wird gerade auch an denen deutlich, die jetzt schon zum beschränkten Kreis derer gehören, die den Sohn Gottes (den Auferstandenen) in einer Vision gesehen haben. Mit großer Regelmäßigkeit handelt es sich dabei um die »Säulen«, »Väter« oder »Fundamente« der christlichen Gemeinschaften bzw. Kirche. Wenn die Evangelien von Petrus und vom Zwölferkreis, 1. Korinther 15,7 dann vom Herrenbruder Jakobus und allen Aposteln Ähnliches berichten (Ostervisionen), wenn sie die Jünger Petrus, Johannes und Jakobus Zeugen der Verklärung werden lassen, wenn wiederum Petrus Jesus als Gottessohn enthüllt wird (Matthäus 16,17), wenn Paulus dasselbe zuteil wird (Galater 1,12.16), dann wird erkennbar: Die Empfänger der Visionen oder Enthüllungen sind die ersten Träger des Bekenntnisses, Lehrer und Autoritäten. Was Jesus zu Petrus nach Matthäus 16,18 sagt: *Auf diesem Fundament will ich meine Kirche bauen,* das gilt im weiteren Sinn auch für die anderen Apostel; der Epheserbrief nennt sie dementsprechend auch »Fundamente« (2,19f: ... *und ihr gehört zu*

Gottes Haus. Es ist erbaut auf dem Fundament der Apostel und Propheten. Der Eckpfeiler ist Jesus selbst).

Wenn also zum Beispiel die Zwölf als Repräsentanten (oder auch: als Kern) des erneuerten Gottesvolkes Träger einer Vision sind, dann bedeutet das, daß am Ende auf alle, die zu dem Gottesvolk gehören, die Vision ausgeweitet wird. Und deshalb werden dann auch alle »Säulen« sein – wie die Autoritäten jetzt (vgl. Galater 2,9 mit Offenbarung 3,12).

Daher besteht auch hinsichtlich des Kreises der »Adressaten der Vision« ein Zusammenhang zwischen der frühen Zeit nach Ostern und dem Ende der Welt. Besonders offenkundig ist dieses bei Petrus: Daß ihm die Gottessohnschaft Jesu »geoffenbart« wurde, ist eine Art Grundsatzprogramm, das allen denen gilt, die sich auf die petrinische Überlieferung gründen.

Und umgekehrt: Wo auch schon »Feinde« in das visionäre Geschehen einbezogen werden (Matthäus 28,3f; Petrus-Evangelium; Offenbarung 11,12), da werden auch am Ende alle Völker, Erwählte und Nicht-Erwählte, vor dem Herrn stehen (Matthäus 25,32; Offenbarung 1,7 und 19,11f; vgl. schon Weisheit Salomos 5).

Daß es sogar zum gleichen Zeitpunkt eingeschränkte Zeugenschaft bei Visionen geben kann, zeigt die Paulusvision nach Apostelgeschichte 22,9 usw.: Paulus sieht das Licht, seine Begleiter nicht. In diesem Sinne denkt offenbar zum Beispiel auch Jesus nach Markus 13,27 das Ende: Die rettenden Engel kommen nur zu den Auserwählten, um sie in Sicherheit zu bringen. Alles andere bleibt völlig offen.

So wie den Führern und ersten Lehrern der Gemeinden ihre Offenbarung nicht »privat« zu eigenem Gebrauch gegeben wurde, so gilt sie späterhin aller Welt an deren Ende. So wie zu Anfang nur Jesus Christus offenbar wurde in dem, was er ist, so werden am Ende auch die Christen offenbar werden in dem, was sie sind (1. Johannes 3,2; Römer 8,19). Auch hier gilt das Gesetz der radikalen Ausweitung.

So gibt es unterschiedliche Weisen des Offenbarwerdens am Ende:
– Jesus wird denen offenbar, die zu ihm gehören;
– Jesus wird vor allen offenbar;
– die Gemeinde wird als Gotteskinder vor allen anderen offenbar, die das nicht sind.
Nach Markus 13,27, Römer 8,19 und anderen Texten besteht das Ende darin, daß die Christen vor allen offenbar werden.

Die Jünger und das Weltende

Unsere Beobachtungen schließen eine wichtige Lücke im Weltbild der Neutestamentler. Denn sie erstellen einen inneren Zusammenhang zwischen Mystik und Eschatologie, nämlich: zwischen den Visionen und deren Trägern am Anfang und den Ereignissen und deren Adressaten am Ende. Dadurch rückt das »Ende« ganz entscheidend aus seiner bisherigen Isoliertheit heraus. Es erscheint wirklich nur als Ausweitung dessen, was am Anfang begonnen wurde.

Beten und Wachen

Wer betet, wenn andere schlafen, darf hoffen, daß der Himmel ihn berührt. Jesus wacht und betet in Gethsemane – im Unterschied zu seinen Jüngern – und wird (nach Lukas durch einen Engel) himmlisch gestärkt, offenbar durch den Heiligen Geist. Die Gemeinde in Antiochien betet und fastet (Apostelgeschichte 13,2–3), und dann offenbart sich Gottes Geist und bestimmt Paulus und Barnabas für die weitere Missionsarbeit. Wenn Jesus Jünger beruft, wacht und betet er in der Nacht zuvor (Lukas 6,12f). Das bedeutet: Die Berührung mit dem Himmel, der Empfang himmlischer Offenbarung kann auf der Seite des Menschen herbeigefleht werden. Wenn das Gebet nachts geschieht, liegt es nahe, die Offenbarung, die der Mensch dann erhält, als Licht in der Nacht zu bezeichnen. Die Hilfe kam jeweils zu einem Zeitpunkt, den allein Gott bestimmen konnte.

Gleiches gilt vom Ende. In zahlreichen Mahnungen zur Wachsamkeit, insbesondere in denen über Wachen und Beten, wird die Gemeinde dazu angehalten, sich auf das unberechenbare Ende vorzubereiten. Und im Leben Jesu und in der frühen Gemeinde gilt es wörtlich: Man wacht und betet nachts, bis der Tag anbricht. In den Mahnungen über das Ende gilt es übertragen: Die ganze Zeit bis zum Tag des Herrn gilt als Nacht. Dann wird der Tag kommen. Daher muß hier das Wachen nicht mehr unter allen Umständen wörtlich genommen werden, weil ja auch vom Tag des Herrn metaphorisch die Rede ist.

So gibt es auch hier beides, den vorläufigen, begrenzten Kontakt mit dem Himmel jetzt und den dauerhaften am Tag des Herrn. Doch auf beides kann man sich in derselben Weise vorbereiten, durch Wachen und Beten (Epheser 6,12.18). Denn in beiden Fällen geht die Nacht dem Tag voraus, einmal wörtlich, zum anderen bildlich: Die Nacht ist vorgerückt, der Tag des Herrn hat sich genaht. So sagt es Paulus in Römer 13: *(11) Daran haltet euch, denn ihr wißt ja, daß nicht mehr viel Zeit ist. Ihr müßt langsam aufwachen, denn seit damals, als wir Christen wurden, ist das Heil näher gerückt. (12) Die Nacht geht dem Ende zu, der Tag ist zum Greifen nahe. Deshalb müssen wir alles, was dunkel ist, abstreifen und alles anlegen, was strahlendes Licht ist. Zieht die finsteren Missetaten aus und legt euch die strahlenden guten Taten um. (13) Mit anständigen Kleidern wollen wir herumlaufen, wie es sich am Tage gehört.*

Aus alledem folgt: So wie man sich sonst mit Wachen und Beten auf eine mystische Erfahrung vorbereitet, ist das Wachen und Beten auch dem Weltende zugeordnet. Die mystische Erfahrung und das Ende entsprechen sich daher auch in dieser Hinsicht sehr genau.

Das Ende als Mega-Vision

Wir hatten gesehen: So wie bisher einzelne (Mose, Elia, Jesus) als Himmelsbürger oder Gotteskind offenbar wurden, werden es am Ende alle Gotteskinder werden. So wie bisher einzelnen diese Schau oder Offenbarung zuteil wurde (zum Beispiel Petrus und Paulus), wird sie am Ende allen Christen oder vielleicht auch aller Welt zuteil werden.

Entscheidend ist, daß es sich nicht um gewöhnlich sichtbare Realität oder deren Teil handelt, sondern um »mystische« Realität. Es geht also weniger um Sachen und Dinge als vielmehr um das Beziehungsnetz innerhalb des Gottesvolkes, um »Personen« in ihrem Zu- und Miteinander. Denn das Entscheidende ist: Gott will nicht für sich bleiben, sondern will inmitten seines Volkes leben.

Nach dem Grundansatz apokalyptischen Denkens gilt allgemein: Die Gruppe der Menschen, denen die Zukunft gehört, ist jetzt schon da und wirkt unter vielen Leiden. Das gilt aber nun auch für den visionären Charakter des Endes. Denn die Zwölf oder die Apostel, denen Offenbarung geschenkt wurde, sind in jeder Hinsicht Fundamente des Gottesvolkes. *Ihnen wurde jetzt schon geoffenbart, was in Zukunft alle erfahren werden.* Die Zwölf und die Apostel sind daher in besonderer Weise die berühmte »apokalyptische Minorität«.

Wenn das gilt, dann ist nach eigenem Selbstverständnis das Neue Testament nicht das Ende aller Offenbarung, sondern der Anfang der umfassenden Selbstoffenbarung Gottes. Doch in diesem Anfang ist im Sinne der Zusammenfaltung (Nicolaus Cusanus: *complicatio*) alles Künftige *in nuce* gegeben.

Wir fragen: Was folgt aus unserer Annahme, die Endereignisse seien als Mega-Vision gedacht? Wie »real« ist das Geschaute? Was wird mit dem Rest der Welt? Ist die Welt dann wirklich zu Ende?

Nach allem, was die vorbereitenden Visionen der Bibel sa-

gen, und nach allem, was aus den kanonischen apokalyptischen Stücken hervorgeht, scheint es sich jedenfalls auch
um eine Thronvision handeln zu sollen. Wir versuchen jetzt
nicht, uns etwas auszudenken oder vorzustellen, sondern
dem Pulsschlag der biblischen Aussagen zu folgen.

Diese Aussage ist zu stützen durch Daniel 7,9–14 und Offenbarung
des Johannes 4,2–11 und 20,4 sowie durch alle Gerichtsaussagen.
Denn nach Daniel 7 geht es um die Etablierung des Reiches der
Heiligen des Höchsten im Kontrast zu allen Reichen der Welt. Das
heißt: Die Vision macht die Geschichte der Welt und ihren Ausgang
zum Thema. Denn sie sagt, wem die Macht gehört. Das Verhältnis
zwischen Gott und Welt und zwischen Gott und den Erlösten wird
so bestimmt, daß alle Macht von Gott kommt. Die definitive und
stabile Macht wird von Gottes Thron her verliehen. Im Kern dieser
Machtverleihung steht die Rolle des Menschensohnes bzw. der
durch ihn dargestellten »Heiligen des Höchsten«. Sie sind das erlö-
ste Gottesvolk.

Wenn man systematisch davon ausgeht, daß das »Ende«
Offenlegung ist, dann bedeutet das Ende eine qualifizierte
Einsicht in die Wirklichkeit und in das, was in ihr Bestand
hat. Es geht daher um etwas sehr Grundsätzliches. Dieses
kann nach dem Selbstverständnis des Alten und Neuen Testaments nichts anderes sein als die Wirklichkeit Gottes
selbst, also die Realität des Ersten Gebotes. Das Erste Gebot heißt, in den Indikativ zurückübersetzt: Gott allein ist
Gott. Die Vision in Daniel 7 zieht lediglich die Konsequenz
daraus für die Geschichte. Da es in der Geschichte um
Macht geht, heißt die Aussage dieser Vision: Jede Macht,
die sich halten will, kann Bestand nicht an der Wirklichkeit
Gottes vorbei haben. Und entsprechend gilt, daß die
Macht, die Gott verleiht, wahrhaft Bestand hat.
Das ist insofern eine End-Aussage, als es sich um das endgültige Resultat jeder Geschichte handelt. Insofern kom-
men wir hier auch weiter mit unserer Frage, was denn das
Ende der Welt sei und wie es biblisch gedacht wird. Aus Da-
niel 7 und den verwandten Texten entnehmen wir:

Die Aussagen über »das Ende« klären nur auf über das in der Wirklichkeit, was Bestand haben kann und daher auch haben wird. Damit sind die Endereignisse nicht irgendwelche kontingenten Ereignisse neben anderen, sondern notwendige Konsequenz aus der umfassenden Aufklärung über die Wirklichkeit. Die Aussage, daß alle beständige Macht von Gott kommt und kommen wird, gilt im Grunde immer. Alle andere Macht ist nur wackeliges Zwischenspiel. So gilt auch hier: Die Endereignisse sind nicht irgendwelche Ereignisse »nach« den anderen, sondern sie folgen konsequent aus dem, was wirklich ist. Sie sind daher eher das In-Geltung-Setzen der ganzen Wirklichkeit als Gegenstand der Wahrsagerei.

An dieser Stelle werden auch Verbindungslinien zwischen »Apokalyptik« und Weisheit erkennbar. Denn Apokalyptik ist die visionäre Realisierung des weisheitlichen Grundsatzes, daß jede Macht vergeht, die nicht auf Gott gebaut ist.

Die Mega-Vision kann man auch vergleichen mit der *Einsicht, »daß alles wahr ist«.* Bisweilen wird in der Schilderung von Bekehrungserlebnissen (zum Christentum) berichtet, die blitzartige, fast visionäre Einsicht habe darin bestanden, daß »das alles wahr ist«, nämlich das, was Credo und Kirche, Schrift und Verkündigung gelehrt hätten.

Um eine derartige Einsicht muß es sich auch am Ende handeln. Die Wahrheit des Evangeliums wird dann nicht nur verbal, sondern real einsichtig, so ist es die Meinung der Texte.

Wie können wir uns das verständlich machen? Irgendwann wird das Unsichtbare so mächtig, das Sichtbare so fadenscheinig, daß das Unsichtbare und Wahre nicht mehr zurückzuhalten ist.

Man kann nun fragen, angenommen, die Menschen haben eine Mega-Vision: *Was geschieht dann mit dem Rest der Welt?*

Die Annahme einer Mega-Vision setzt nicht voraus, daß alle übrige Welt (Menschheit; diese Erde; Weltall) zuvor vergangen ist. Damit ist die Mega-Vision unabhängig von Aussagen über die voraussichtliche Dauer des physikalischen Weltalls. Wir hatten dieses auch schon bei der Frage nach dem Zeitverständnis in der Apokalyptik festgestellt.

Denn es geht nicht um physikalische Fragen, sondern um das Verhältnis von Macht und Ohnmacht, von Recht und Unrecht. Das ist eine direkte Folge der Rangordnung der Wirklichkeit. Denn wenn nach der Bibel ganz andere Dinge als schwer und gravierend betrachtet werden als bei uns, dann richtet sich Gottes Handeln am Ende natürlich nach dem Wichtigsten (das nicht ohne weiteres auch für uns das Wichtigste ist).

Wir fragen weiter: Wenn die Endereignisse eine Art Mega-Vision sind, wie ist ihr Verhältnis zur Geschichte? Ereignet sich die Vision in einer »Nebenwelt«, während in der übrigen Welt alles weiterläuft wie bisher?

Zur Eigenart frühchristlicher Visionen gehört es, daß sie nicht eine Wirklichkeit neben der bestehenden eröffnen oder zugänglich machen. Vielmehr wird die bestehende, mit Augen sichtbare Welt weiterhin mit Augen wahrgenommen, allerdings mit geschärften Augen und damit auch tiefer, schärfer, vollständiger und auch auf ihren Ausgang hin. Gott macht das, was wirklich ist, intensiver erfaßbar und weckt auch höhere Sensibilität auf seiten der Adressaten. So kann man sich nach dem Neuen Testament auf visionäre Erfahrungen vorbereiten (durch Fasten und Beten). – Aufgrund alles dessen gibt es keinen Grund anzunehmen, die visionäre Wirklichkeit existiere neben der mit normalen Augen zu sehenden.

Für die Apokalyptik gibt es einen Zusammenhang von Sehen und Ergehen. Angewandt auf das Ereignis der Endzeitvision heißt das: In der Vision sieht der Mensch nicht nur etwas, sondern Gott berührt die Welt. Indem der Mensch angerührt wird, beginnt der Prozeß der Verwandlung. Das Ziel der Verwandlung ist, daß das Alte in das Neue hineinverschlungen ist.

Mystik des Abwartens

Einige frühchristliche Texte bemühen sich zu zeigen: Das Ende ist noch nicht bald zu erwarten. Trotz der »Aufklärung«, die durch die Offenbarung gegeben wurde, ist die Zeit der Uneindeutigkeit weiter auszuhalten. Von den Adressaten ist es getrennt durch wirksame Ereignisse, die regelrecht verhindern, daß das Ende bald kommt; so der »Aufhalter« in 2. Thessalonicher 2,5.7. Gleichzeitig fordern einige dieser Autoren zu Geduld auf. Denn der Weg mit Christus besteht gerade darin; die Nachfolge des leidenden Herrn ist in der langen, immer länger werdenden Zeit vor dem Ende angesagt.

Die Aussagen, das Ende komme bald, werden korrigiert. Man kann es auch so sagen: Die Aussagen über das Ende werden gemacht wegen der langen, dunklen Zeit vor dem Ende. Dies ist die Zeit des Leidens. Jetzt ist die Zeit des Kreuzwegs, den die Nachfolger Jesu mit ihm gemeinsam gehen müssen. Die Endaussagen werden gemacht, damit klar ist: Die Richtung dieses Kreuzwegs ist unumkehrbar. Denn am Ende steht nicht Zerstörung, sondern Sieg.

Konsequenzen für die Sprache

Wenn es sich um ein visionäres, mystisches Geschehen handeln soll, so ist damit zwar nicht viel gewonnen, aber vielleicht dieses: Es ist ein Geschehen »nicht von dieser Welt«. Die Mystiker aller Jahrhunderte lehren, daß die Sprache des Aristoteles oder Kants und Hegels zur Beschreibung dieser Zonen der Wirklichkeit nicht geeignet ist.

Hätte man das beachtet, so wäre ein Großteil der Schwierigkeiten bei der Vermittlung »eschatologischer« Aussagen vermeidbar gewesen. Denn in der abstrakten Sprache der Philosophen über das Ende der Welt zu reden ist mißlich. Es zeigt sich alsbald, daß man sich in diesem Falle lieber nach dem Bilderverbot und der negativen Theologie richten sollte.

Alle dogmatischen und weltanschaulichen Schwierigkeiten sind mit einem Schlag außer Kraft gesetzt, wenn man Lieder singt wie »Tauet, Himmel, den Gerechten, Wolken, regnet ihn herab...« oder »Macht hoch die Tür, die Tor macht weit...« oder »Nun komm, der Heiden Heiland...« oder »O Heiland, reiß die Himmel auf...« oder selbst den Text von Jochen Klepper »Die Nacht ist vorgedrungen, der Tag ist nicht mehr fern...«. Insgesamt sind dies Texte, die nicht nur deshalb anrühren, weil sie Kindheitserinnerungen wecken, sondern weil sie der elementaren menschlichen Sehnsucht Ausdruck verleihen, das Heil oder der Heiland möge kommen und nicht mehr lange warten. So spricht auch Jesus von den Sklaven, die ihren Herrn »erwarten« (Lukas 12,36), und Paulus spricht voller Sehnsucht davon, er möchte endlich »aus diesem Elende« befreit und daheim beim Herrn sein. Ganz selbstverständlich ist für Bernhard von Clairvaux, daß man nicht ganz und gar wird lieben können, wenn man zuvor nicht Sehnsucht gehabt hat. Und so ist vielleicht nicht die Umkehr, wohl aber die Sehnsucht aller die Voraussetzung dafür, daß sich Gott am Ende aller erbarmen wird (Römer 11,32).

In der Sprache des Herzens wird Eschatologie mit einem Male faßlich. Denn dann handelt es sich nicht mehr um steile dogmatische Aussagen, sondern um den uralten, Völker und Religionen verbindenden Ruf »Komm...«.

X

Hoffnung auf Verwandlung

Das Wunder des Anderswerdens

Paulus greift aus drei unterschiedlichen Anregungen die
Konzeption der Verwandlung auf. In der jüdischen Tradition geht es darum, daß der Mystiker auf der Himmelsreise
vor Gottes Thron verwandelt wird. Sein Leib wird der
himmlischen Umgebung förmlich angeglichen, wird wie
umgeschmolzen. Dieser Vorgang wird formuliert als Beklei-
detwerden mit neuen, weißen himmlischen Kleidern. (Die
Bedeutung der Farbe Weiß hat uns im Zusammenhang der
Entsprechung von Verklärung und Vollendung bereits be-
schäftigt.)
Die Auffassung ist: Mit seinem alten, sterblichen Leib ist
der Mensch angesichts der Herrlichkeit Gottes fehl am
Platz. So muß sein Leib verändert werden. Das kann nur
Gottes Gnade selbst. Das Neubekleidetwerden vor Gottes
Thron ist geradezu Inbegriff der Gnade Gottes, denn so
wird der Mensch auch davor geschützt, durch den Feuer-
brand von Gottes Herrlichkeit verbrannt zu werden.
Soweit die mythische Form. Was steckt dahinter? Wo der
Mensch in die Nähe Gottes kommt, geht es nicht um »Er-
weiterung des Bewußtseins« oder Vermehrung der Erkenntnis. Es geht nicht einfacher, als daß der ganze
Mensch umgewandelt wird. Verstand und Wille des Menschen sind nicht weniger sensibel als der menschliche Leib.
Der Leib ist nicht die Konstante, sondern Ansatzpunkt der
Verwandlung. Hätte man auf diese jüdische Auffassung
vom Menschen mehr geachtet, wären uns lange Umwege
über die Zwei- und Dreiteilung des Menschen erspart geblieben. Wenn der Mensch Gott ähnlich werden soll, dann
wird es auch sein Leib. – In der Erwartung der Auferste-

hung wird diese mystische Erfahrung auf die Enderwartung aller Juden übertragen: Ein erneuter Hinweis auf den engen Zusammenhang zwischen Mystik und Enderwartung.

Die zweite Tradition, der sich Paulus anschließt, ist die in der hellenistisch-römischen Zeit besonders beliebte Metamorphose. Der römische Dichter Ovid schreibt wenige Jahre vor Paulus sein Werk »Metamorphosen«. Der Traum der Verwandlung des Menschen in ein anderes Wesen wird in dieser großen Dichtung immer wieder neu formuliert. Doch die Menschen werden nicht in Götter verwandelt, sondern in »Natur«, zum Beispiel in Bäume oder einen Lorbeerstrauch. Die Natur erscheint als das Reine, heilig Unberührte. Der Mensch wird erlöst, wenn er in diesen Bereich von Leben und Frieden zurückverwandelt wird. Die jüdische Mystik wagt demgegenüber das Ungeheuerliche, das in der Antike sonst nur als Hybris angesehen worden wäre: Der Mensch wird zu Gottes Kind gewandelt. Unter dem allzu mächtigen Eindruck des antik-griechischen Urteils der Hybris hat man denn auch später immer wieder jüdisch-christliche Mystik scharf angegriffen. Wo hier die Rechtfertigungslehre antimystisch gebraucht wurde (mit dem Argument, dem Menschen stehe eine Verschmelzung mit Gott nicht zu; Vergottung überschreite die Kreatürlichkeit unzulässig), ist sie daher eher durch Renaissance und Humanismus geprägt als durch das Neue Testament. – Die römischen Trostschriften *(Consolationes)* zur Zeit des Paulus können auch von den Toten sagen: Sie werden nicht verschwinden, sondern nur verwandelt. – Paulus greift daher die Verwandlung im Zusammenhang mit dem Tod und als Antwort auf ihn im Sinne seiner Zeit auf.

Die dritte Vorstellung schließlich, auf die Paulus sich stützt, ist die, daß die Leiber der Auferstandenen Gott ähnlich sein werden. Auch Matthäus berichtet ganz klar: *Die Gerechten werden leuchten wie die Sonne* (Matthäus 13,43). – Für Paulus ist die Verwandlung der Menschen in Herrlichkeit ein

Prozeß, der für die meisten Menschen durch den Tod hindurch führt. In 1. Korinther 15,42–44 gebraucht er die Bilder von Saat und Ernte, um zu zeigen: Das, was in die Erde gelegt wird, ist nicht das Endgültige. Das Samenkorn erhält in der neuen Pflanze eine ganz neue, herrliche Gestalt. Wenig später geht Paulus noch weiter: Der Tod wird verschlungen werden in das Leben. Alle dunklen Spuren des Todes in der Schöpfung werden aufgehoben zugunsten der lichtvollen Gegenwart Gottes in der Schöpfung. Dann wird Gott »alles in allem« sein.

Die Verwandlung der Christen in leibhaftige Kinder Gottes ist, wenn man so will, die »Fortsetzung« dessen, was an Jesus in der Verklärung sichtbar wurde und was in Römer 8 als »Offenbarwerden der Kinder Gottes« beschrieben ist.

Es geht dabei nicht um irgendeine Umwandlung in »himmelsähnliche Figuren«, sondern darum, daß die Christen endgültig fähig werden, mit Gott in Gemeinschaft zu stehen. Das ist nichts anderes als das Ziel der Rechtfertigung. In der Rechtfertigung erkennt Gott den Glaubenden, eben weil er glaubt, als gesellschaftsfähig an. Er wird von Gott als einer akzeptiert, der sich auf dem gleichen Parkett bewegen darf. Gott hat den Menschen in den gleichen Status erhoben, in dem er selbst ist. In der Verwandlung des Leibes kommt diese Statusänderung zu ihrem eigentlichen Ziel. Damit erfüllt sich der Wunsch des Menschen nach der Paradiesesgeschichte: »Ihr werdet sein wie Gott«. – Was der Mensch sich »damals« (und später immer wieder) gegen Gottes Willen nehmen wollte, will Gott ihm jetzt freiwillig geben.

Verwandlung bedeutet, ein anderer zu werden, obwohl man »irgendwie« derselbe bleibt. Verwandlung ist eine Gratwanderung an der Grenze zur Nicht-Identität. Das, was bleibt, ist der Name (vgl. dazu K. Berger: Ist mit dem Tod alles aus? 1997).

Aus den mystischen Berichten über die Begegnungen der Jünger mit dem auferstandenen Jesus geht hervor, daß sie die individuelle Gestalt Jesu erkennen konnten. Der Verwandelte ist daher derselbe, auch wenn sein neuer Leib sehr viel »leichter« (nicht sterblich; nicht der Schwerkraft unterworfen) geworden ist.

Wichtig wird immer wieder die Gewand- und Kleidermetaphorik, um die Verwandlung zu beschreiben. So in der ostsyrisch-chaldäischen Begräbnisliturgie (ed. Becker-Ühlein II, 1119): »Über die Schönheit der Wolken wird der Königssohn geleitet, wenn er kommt, die Auferstehung der Toten zu veranlassen. Jene, die schlummern, hören den Klang des Hornes, das vor ihm steht. Sie werden gekleidet in ein Kleid von Herrlichkeit und gehen hinaus, ihm entgegen.« Im westsyrisch-antiochenischen Begräbnisritus heißt es (ebd., 1183): »Wie die Lilien auf dem Feld ein nicht von Menschenhand gewobenes Gewand anlegen, so werden die Rechtschaffenen ein Gewand anlegen, das der Heilige Geist für Adams Kinder gewoben hat.«

Daß Verwandlung notwendig ist, setzt Entfernung, Verschiedenheit und denkbar großen Kontrast – in diesem Falle zwischen Gott und Menschenwelt – voraus. Der Mensch müßte in seinem Leib nicht so grundlegend (zumeist auch unter Einschluß der Todesschwelle) verwandelt werden, wenn er »einfach so« nur von Gott angenommen werden könnte. – Die Rede von Verwandlung setzt dabei auch voraus, daß es sich weder allein um ein juristisches Geschehen (Rechtfertigung) noch allein um ein personales Geschehen (Vertrauen) handelt. Vielmehr ist Verwandlung sehr viel radikaler gedacht. So radikal eben, daß sie nicht mit braven Alltagskategorien erfaßt werden kann, sondern im Augenblick nur in mystischer Erfahrung zugänglich ist. Der Abstand zwischen Gott und Mensch ist eben größer als gedacht. Christentum ist auch hier nicht einfach eine »ganz vernünftige Sache«.

Wenn die Verwandlung (1. Korinther 15,51) das ist, was Gott mit der Welt »vorhat«, dann »holt« Gott die Welt im Wortsinne »heim«, sie wird sein Haus. Die Menschen werden zu Gottes Familie. Nicht Gott als die »oberste Wirkursache« ist dann das Thema der vollendeten Schöpfung,

sondern Gott als »Familienvater« in Erfüllung der alttestamentlichen Bundesverheißung.

Die Schöpfung wird damit am Ende nicht abgeschafft, sondern vollendet. Die Gabe des Heiligen Geistes an Jesus ist
der Anfang. Von ihm her springt der Heilige Geist über auf
die Welt, verwandelt auch alles Leid.

Wer so ausgeprägt von Verwandlung redet, hat auch bestimmte Voraussetzungen im Gottesbild zu nennen. Denn
wenn Gott den Menschen aus Gnade zu sich hin verwandelt, dann will er nicht für sich bleiben, sondern will Gemeinschaft (Schalom) mit seinen Kreaturen und ihnen dazu
Anteil an sich geben. Verwandlung ist daher kein isoliert in-
dividuelles Geschehen, sondern ist auf den Partner bezogen. Wie ein Kleiderwechsel hat sie einen Adressaten. Verwandlung bedeutet daher Beseitigung alles dessen, was von
Gott trennt.

An dieser Stelle ist auch zu fragen, was das Vergehen der alten Welt und die Befreiung der ganzen Schöpfung von der
Vergänglichkeit vielleicht miteinander und mit dem Kommen Gottes zu tun haben. – Zunächst ist daran zu erinnern,
daß das Vergehen der alten Welt nach Offenbarung 21,1f
nicht physikalisch zu verstehen ist, sondern im Sinne des
Verlustes von Gestalt und Ordnung. Denn ein Nichts können sich Judenchristen nicht denken. Die Schöpfung wird
daher nach Offenbarung 21 nicht in ein Nichts zurückverwandelt – die *annihilatio mundi* ist erst ein Produkt der
Rechtfertigungslehre der protestantischen Orthodoxie des
16. und 17. Jahrhunderts –, sondern sie verliert ihre Gestalt
und wird in diesem Sinne wesenlos. Neue Ordnung bedeutet
neue Grenzen oder Aufhebung der alten. So ist dann das
himmlische Jerusalem eine Stadt, in der die Grenzen zwischen Himmel und Erde aufgehoben sind und in der dasselbe auch für die Grenzen unter Menschen gilt, denn diese
Stadt hat offene Tore.

Und wenn andererseits Paulus in Römer 8 davon spricht,
daß die ganze Schöpfung von der Vergänglichkeit befreit

wird, dann ist dieses ein gravierender Einschnitt, eine radikale Umgestaltung besonders im Blick auf die Begrenzung des Daseins durch den Tod. Auch hier geht es um die Beseitigung der entscheidenden Grenzlinie zwischen Gott und Mensch.

Wie sind die frühchristlichen Autoren zu dieser Hoffnung gelangt? Der Schlüssel liegt bei der Bedeutung des menschlichen Leibes. Denn wenn der menschliche Leib verwandelt wird, was insbesondere Paulus behauptet (1. Korinther 15,1f und Römer 8,19.21), dann kann ein solcher verwandelter Leib wohl kaum in einer unveränderten Welt bestehen. Die Verwandlung von Himmel und Erde ist über diese Schiene gedacht. Damit gewinnt die Frage nach dem Verhältnis zwischen beiden Schöpfungen noch einmal eine neue Dimension.

Die Verschiebung oder Aufhebung der Grenzen zwischen Mensch und Gott ist nicht nur das gemeinsame Thema so weit voneinander entfernter Texte wie Offenbarung 21 und Römer 8, sie zeigt sich auch bereits, wo es um Jesus als Sohn Gottes geht. Konsequent wird dann die Verwandlung der ganzen Welt in Römer 8,19 von der Gotteskindschaft der Christen hergeleitet. Damit aber ist ein einheitlicher sachlicher Nenner gefunden: Die Verwandlung der ganzen Welt ist eine Folge der Gotteskindschaft aller Menschen.

Gehen wir der Reihe nach vor.

Der Ansatzpunkt: Jesus als Gottes Sohn

Wenn Jesus als Gottes Sohn erfahren und dargestellt wird, dann ist schon längst vor Ostern sein Leib von dem Leib des gewöhnlichen Menschen unterschieden. Denn er wird verklärt und gewinnt damit Gottes Gestalt (Markus 9,2–8). Er kann mit seinem Leib über das Wasser gehen, was nach allen antiken Zeugnissen nur Gott kann. Schließlich wirkt er mit seinem Leib auch Wunder (durch Anfassen, Anhauchen usw.) und ist nach den Evangelien des Matthäus und des Lukas durch den Heiligen Geist entstanden. – Einige dieser Eigenschaften haben auch Mose und Elia, denn sie werden ebenfalls mit einem anderen Leib gedacht, der frei ist von irdischen Grenzen und dem Tod.

In der Forschung hat man die genannten Berichte über Jesus in aller Regel für nachösterliche Eintragungen erklärt. Das ist nun extrem schwierig, denn Erscheinungen des Auferstandenen nach Art der Verklärung (mit alttestamentlichen Figuren und Himmelsstimme) oder Wandeln des Auferstandenen auf dem Meer gibt es sonst gar nicht. Vielmehr zeigt die Verlegung dieser Berichte in die nachösterliche Zeit nur die Verlegenheit der Exegeten, sonst nichts. Denn man müßte doch erst nach der Taktlosigkeit der Evangelisten fahnden, die solche Geschichten dem vorösterlichen Jesus zumuten und damit das Evangelium für ihre Leser – im modernen Sinne – unnötig erschweren. Die Verlegenheit der Exegeten offenbart auch den völligen Mangel an Verständnis für mystische Wahrnehmung. Denn das, was in den Evangelien von Jesus berichtet wird, glaubt Paulus auch von den Christen, daß sie nämlich einen durch den Heiligen Geist gewirkten »inneren Menschen«, das heißt zukunftsfähigen Leib haben, der freilich gewöhnlich unsichtbar ist. Nur sind die synoptischen Evangelien der Auffassung, daß diese Identität Jesu als Gottes Sohn von Zeit zu Zeit sichtbar werden konnte. Auch Paulus ist im übrigen der Meinung, gerade dieser innere Mensch mache die Gotteskindschaft der Christen aus.

Das heißt: Für die Evangelien ist das nur hin und wieder an Jesus sichtbar, was für Paulus alle Christen unsichtbar auch sind: Kinder Gottes durch denselben Heiligen Geist. – Im übrigen hat Jesus diesen neuen Leib nach den Evangelien dann auch nach der Auferstehung; deshalb kann er durch verschlossene Türen kommen oder plötzlich verschwinden. So kann man gut erkennen: Mit Jesus als dem Sohn Gottes durch den Heiligen Geist werden schon vor Ostern die

Grenzen zwischen Gott und Mensch partikular aufgehoben. Schon hier wirkt der Heilige Geist so wie immer: Er macht die Menschen Gott ähnlicher.

Wenn nun alle Christen Gottes Kinder werden, dann müssen konsequent für sie alle die Grenzen aufgehoben werden. Dazu gehört besonders die Grenze des Todes. Römer 8 zeigt diese Konsequenz ganz unerbittlich. Weil die Christen Kinder Gottes sind, wirkt der Heilige Geist in ihnen auch die Aufhebung der Todesgrenze.

So geht es um eine Art Dominoprinzip: Am Anfang steht die mystische Erfahrung neuer, fremder Leiblichkeit beim irdischen Jesus. Sie wird verstärkt durch die Erscheinungen des Auferstandenen. So wird diese Erfahrung auch Paulus zugänglich. In der Konsequenz betrifft sie dann alle Kinder Gottes und am Ende alle Kreatur, ja die ganze Welt.

Was ist das für eine Erfahrung? Die Leiblichkeit, das für gewöhnlich Schwerste, erscheint als ganz leicht. Auch sonst ist dieses ja die Erfahrung des frühen Christentums: Der Demütige wird erhöht, der Märtyrer verherrlicht, bei den Speisungsgeschichten erhält das schwere Brot plötzlich Anteil an einem Gesetz, das sonst für Geistiges gilt: daß es durch Teilen mehr wird – wie die Freude. Materie wird zum Spielball. Das Wort, sonst schwach, wird zur stärksten Macht, ja zum schöpferischen Wort. Das ist die Handschrift Gottes. Denn er, der Unsichtbare, ist der für gewöhnlich Verachtete. Alles das ist nicht nebensächlich, sondern zentrale Erfahrung des Heiligen Geistes.

Wo die Wirklichkeit so von der Schwerkraft erlöst wird, ist sie disponibel geworden. Hier wird Schweres ganz leicht, Totes lebendig, Demütiges mächtig.

Man kann es auch so formulieren: Jesus tritt als Charismatiker auf. Im Umgang mit ihm machen die Jünger und Jüngerinnen wie auch Jesus selbst mystische Erfahrungen, die sich *wesentlich auch auf eine besondere Leiblichkeit* beziehen. Die spezifisch jüdischen Merkmale dieser Erfahrung sind unverkennbar: Wenn jemand Gottes Sohn ist, dann zeigt sich dieses – anders als für deutsche Gelehrte des 19. und 20. Jahrhunderts – nicht primär in einem besonderen Selbstverständnis oder Selbstbewußtsein, sondern in der Hauptsache leiblich und leibhaftig. Göttlichkeit muß eine Qualität des Leibes sein. Denn zwischen Leib und Bewußtsein besteht kein Wesensunterschied. Und daher kann man sagen: Wo ein starker Kontrast zwischen Gott und Schöpfung besteht – so die Wahrnehmung des zeitgenössischen Judentums – und wo Göttlichkeit notwendig eine Qualität des Leibes ist, da muß der Leib des Gottessohnes ein Leib mit Eigenschaften sein, die den gewöhnlichen Erfahrungen des Leibes streng entgegengesetzt sind. Das heißt: Der Leib des Sohnes Gottes ist ohne alle Schwere. Und weil Gott das Leben ist, die Welt aber sich in den Tod verrannt hat, erhält der Sohn Gottes auch unverbrüchliches Leben von Gott.

Der Zusammenhang von Mystik und Eschatologie ist hier ganz deutlich. Denn die Verklärung ist eine mystische Erfahrung, so auch Jesu Wandeln auf dem Meer. Nur ist es das Besondere dieser mystischen Erfahrung, daß sie nicht einfach neben der physikalischen Welt her besteht, sondern große, schöpferische Einwirkungen auf sie hat.

Wenn Jesus Gottes Sohn nur mit leiblichen Konsequenzen ist oder gar nicht, dann betrifft das auf die Dauer auch alle Christen in ihrer Gotteskindschaft. Weil Gottes Geist immer und grundsätzlich die Grenzen zwischen Gott und Kreatur aufhebt, und zwar mit leiblichen Konsequenzen, wird er dies auch bei den Christen tun.

Eine Welt, in der der Tod nicht mehr herrscht, muß eine radikal veränderte Welt sein. – Wir fragen noch einmal: Wie wird sie sich zur physikalischen Welt verhalten? Paulus sagt: Das Alte wird verschlungen sein vom Neuen. Er rechnet nicht damit, daß die physikalische Welt neben der neuen, von Gottes Geist gewirkten, her besteht. Sondern wie in der Schöpfung kommt aus dem Bereich des Unsichtbaren (Außen II, vgl. K. Berger: Wer war Jesus wirklich? [4]1998) die Macht, die das Bisherige ändert – wie bei den Wundern.

Daß das Sichtbare »zu diesem Zweck« verschwunden sein muß, setzt Paulus gar nicht voraus. Er rechnet noch nicht einmal damit, daß alle Menschen beim Weltende sterben. Die Welt wird so, wie sie ist, ohne besondere Katastrophe, verschlungen und verwandelt.

Kann man das glauben? Es ist eine Aussage von letzter, steilster Kühnheit. Denn sie bezieht sich ja gerade nicht auf irgendein Jenseits, sondern auf die Verwandlung der ganzen Welt. Für ein Jenseits könnte man ja noch allerhand Wunderdinge tolerieren, aber für diese Welt – wie soll man das denken?

Man soll hier gar nichts denken. Für Paulus ist das, was dann sein wird, identisch mit der großen Wirklichkeit Gottes selbst. Denn er ist dann alles in allem. Und das ist schlechterdings unausdenkbar.

Verwandlung und Freude

Das Sehen des Verklärten, des auf dem See Wandelnden oder des Auferstandenen hat ekstatische Reaktionen zur Folge. Diese Reaktionen sind entweder Entsetzen oder überschwengliche Freude. Das Entsetzen hat mit der Angst zu tun, man könnte einem Gespenst begegnet sein. Das könnte tödliche Folgen haben. Denn visionäre Erfahrungen sind nicht zu isolieren, sie haben stets ansteckenden Charakter. Wer einem Gespenst (einem Totengeist) begegnet, muß selbst um sein Leben fürchten, wenn nicht im Augenblick, so doch für bald. Und wer den auferstandenen Jesus sieht, wird von Freude erfüllt.

Das weist darauf hin, daß der verklärte oder verwandelte Leib nicht wie ein gewöhnliches »Ding unter anderen« existiert, sondern den selbst – wenigstens anfanghaft – verwandelt, der diese Vision erfährt. Deshalb kann Paulus mit vollem Recht seine Vision des Auferstandenen als Ausgestattetwerden mit dem Heiligen Geist betrachten. Und dieser hat in ihm jenen »inneren Menschen« geschaffen, der einst in der vollen leiblichen Gemeinschaft mit dem erhöhten Herrn stehen wird.

Die Ostervisionen berichten nicht deshalb von Freude, weil es nur oberflächlich um ein »fröhliches Wiedersehen« mit Jesus ginge. Vielmehr ist diese Freude die psychische Seite des neuen Menschen. Sie ist – wie aus anderer Perspektive das »ewige Leben« – das wirkliche Kontinuum zwischen Christwerden und ewiger Seligkeit.

Freude ist, so darf man wohl auch sagen, die wirkliche Art der Teilhabe des Menschen an Gott und die konkrete Gestalt der Gotteskindschaft – diesseits aller Dogmatik. Denn wenn man fragt, wozu Gott Welt und Menschen wohl erschaffen haben könnte, bleibt auch nichts anderes übrig als zu sagen: zu seiner Freude. Und weil Freude das ekstatische Aus-sich-Herausgehen ist, ist Freude die Begleiterin der Liebe. So ist wohl Freude der letzte Sinn von allem.

Die apokalyptischen Farben schwarz und weiß haben ihre Entsprechung in Trauer und Freude. Weiß ist seit den Zeiten der Apokalyptik die Farbe der Verklärten und der Freudenfeste.

Kaum irgendwo sonst wird die Freude als Gabe des Heiligen Geistes so klar dargestellt wie bei Bernhard von Clairvaux.

Bernhard von Clairvaux († 1153; 58. Predigt, § 11) sagt über die Handlungen des frohen Gehorsams: »Sie sind, als würdet ihr immer Blumen in den Händen tragen«, denn sie sind »nicht verdüstert durch Murren, nicht verdunkelt durch Traurigkeit, sondern durch geistgewirkte Freude anziehend und blühend.« – Fastenpredigt 5 § 6: »Gibt es denn jemanden unter euch, der nicht schon oft die Freude am guten Gewissen erfahren hat, der nicht den Wohlgeschmack ... der Demut und Liebe gekostet hat? Das ist nicht die Freude, die wir am Essen, Trinken oder an einer anderen Sache haben, aber es ist doch eine Freude, und sie ist größer als diese alle. Es ist eine göttliche und nicht eine irdische Freude, und wenn wir uns daran erfreuen, dann erfreuen wir uns gewiß am Herrn.« – Sermo 18 § 1: »... eine Freude im Heiligen Geist. Woher entspringt aber einstweilen diese Freude, wenn nicht aus Gerechtigkeit und Frieden? Diese sollen somit die Grundlage bilden wie Honigwaben, damit ihr festeres Material leicht die noch unbeständige Flüssigkeit geistgewirkter Freude aufnehmen kann. Es wird einmal die Zeit kommen, in der wir den puren Honig selbst genießen; dann wird unsere Freude voll und rein sein, so daß wir uns nicht nur im Geist, sondern auch über den Geist freuen. Es wird einmal eine Zeit kommen, in der die geistgewirkte Freude so umfassend sein wird, daß sie hervorgerufen wird ... durch die Gegenwart des Geistes selbst.« – Zum Allerheiligenfest 2. Sermo § 4: »Nun aber, da die Zeit des Kampfes vorüber ist, genießen die Heiligen Freude auch in ihrem Geist, bis jener Tag anbricht, an dem sie die Freude auch in ihrem Leib empfinden.«

Reparatur der Welt

Nach vielen Zeugnissen des Alten Testaments ist Gott Schöpfer und Erhalter der Welt. Um seinen Segen kann man bitten, mit seiner Hilfe Feinde überwinden. Gott regiert die Welt nach einigen Zeugnissen mit Hilfe seiner Engel.

Eine grundsätzliche und generelle Reparatur der Welt ist nicht vorgesehen. Das gilt selbst für die »neue Schöpfung«, von der Jesaja in den späteren Kapiteln spricht. Denn die Erwartung ist, daß die neue Schöpfung dadurch zustande kommt, daß Gottes Gesetz vollständig angenommen wird. Es geht um eine strukturelle Neuorganisation des Bestehenden, die vom Handeln des Menschen abhängt.

Erst nach den Aussagen der Apokalyptik wird eine grundlegende Reparatur der Welt vollzogen. Dabei gilt: *Gott kommt in jedem Fall als Wohltäter.*

Ein häufiger Einwand gegen die Gerichtsvorstellung lautet: Wie kann Gott seine eigene Schöpfung zerstören wollen? Gott hat die Welt doch nicht nur geschaffen, sondern sie (nach Johannes 3,16) geliebt und seinen Sohn in sie gesandt. Wie verhält sich also die Schöpfung zum Gericht? Aufgrund des biblischen Befundes muß man sagen: Wenn

Gott »kommt«, dann führt das zu einer Begegnung im Gegenüber, zu einer Konfrontation zwischen Gott und Welt, zu einer Intensivierung seiner Präsenz. Dabei muß klar sein, daß es sich um ein Bild in mythischer Sprache handelt.

Gott kommt in eine Welt, die durch zwei Übel gekennzeichnet ist: Sie krankt an Ungerechtigkeit und an Sterblichkeit. Diese beiden Übel werden repariert, und das führt zu einer grundlegenden Reform der Welt.

Die *Ungerechtigkeit* besteht darin, daß die Zerstörer des Lebens zumeist ihr Werk tun dürfen, ohne gehindert oder bestraft zu werden. Ihre Opfer erscheinen als die Betrogenen. Gott wird nach der christlichen Hoffnung diese Krankheit reparieren. Erst durch diese Perspektive bleibt das Leben nicht sinnlos. Erst weil es diese Hoffnung gibt, ist ein brutaler Kampf um die Macht nicht das letzte Wort. Zur Ungerechtigkeit gehört auch die Einsamkeit der Opfer.

Gott kommt als Wohltäter, weil er Recht schafft. Er stürzt die Tyrannen und erhöht die Niedrigen. Nur wer selbst Tyrann und Ausbeuter ist, kann sich über Gottes Kommen zum Gericht nicht freuen. Der Wunsch, die Gerichtsvorstellungen abzuschaffen, der gegenwärtig in den westlichen Industrienationen kursiert, ist daher die direkte Folge auch eines schlechten Gewissens. Für den brutal Mißhandelten ist das Gericht die einzige Hoffnung. Gericht heißt in diesem Sinne: Gott rückt die Dinge zurecht.

Zur *Sterblichkeit* gehören alle Schmerzen und Gebrechen, Krankheiten und Leiden. Wenn Gott die Sterblichkeit heilt, dann nach der Ansicht des Paulus dadurch, daß alle Schöpfung verwandelt wird.

Man kann fragen: *Ist eine Reparatur der Welt überhaupt möglich?* – Nun wird Gott in unseren Breiten zweifellos gar nicht als der betrachtet, der solches tun könnte oder wollte. Wir glauben nicht in erster Linie deshalb an Gott, weil wir von ihm Wiederherstellung der Ordnung oder Ausgleich von Unrecht, also ein »Gericht«, erwarten. – Das war anders in den Jahrhunderten, in denen die Kirche vor allem Kirche der Märtyrer war, in denen man die Wende herbeisehnte, damit das Unerträgliche endlich aufhöre. Der Ruf »Wie lange noch...?« wird schon in Offenbarung 6,10 hörbar.

Aber die Ursachen für diesen Wandel im Gottesbild liegen noch tiefer. Genausowenig, wie wir mit Wundern rechnen, erwarten wir, daß Gott die Dinge zurecht rückt. Viel zu genau wissen wir umfassend und weltweit über Ursachen und Wirkungen Bescheid. Nachdem die naturwissenschaftliche Weise der Erklärung auch auf das menschliche Seelenleben angewandt worden ist, gilt Gottes Wirken in der Welt landläufig als extrem unwahrscheinlich. (In der Antike, zumindest im Umkreis des Neuen Testaments, ist es zumeist umgekehrt.) Die Abläufe erscheinen insoweit als »geklärt«. Alle Folgen und alle Ursachen sind vorhersehbar. Kausalität wird weitaus intensiver wahrgenommen denn je zuvor.

Eine strukturelle *reparatio* der Welt wäre eine Störung des Systems, mit dem und aus dem wir leben. In der Antike zur Zeit des Neuen Testaments rechnete man für jeden neuen Tag mit Unerwartetem. Unser Weltsystem erscheint für die meisten (anders aber schon für die theoretischen Naturwissenschaften) als extrem geschlossen, abgedichtet gegen Wunder und unerwartete (unvorstellbare) Reparaturen des Ganzen.

Je aggressiver man die vermeintliche Geschlossenheit unseres Weltsystems verteidigt, um so weniger helfen auch Beteuerungen wie die, daß es nach Paulus um eine »Verwandlung« gehen soll. Das alte Problem des Verhältnisses zwischen Naturwissenschaft und Glaube, das für die Frage der Schöpfung halbwegs als erledigt galt, steht hier in neuer, verschärfter Form wieder auf für die Frage der Erneuerung der Schöpfung, die ja doch weitergehend sein müßte. Denn das Fehlen der Sterblichkeit wäre ein sehr gravierender Einschnitt.

Doch es bleibt wohl keine andere Wahl, als aus der Not des Nichtwissens eine Tugend zu machen. Auszugehen ist vom paulinischen Gegensatz von »Fleisch« und »Geist«. Mit

Fleisch ist gemeint: Die bestehende Welt ist sterblich, schwach und suchtgefährdet. Der Tod gehört zum System, anderes könnte die Welt gar nicht tragen.

Neue Schöpfung

Nach Paulus ist die neue Schöpfung dagegen »pneumatisch«. Sie ist die eigentliche Antwort Gottes auf alles Leid, alle Ungerechtigkeit und den Tod. Paulus sieht die Kräfte des Neuen schon am Werk (im »inneren Menschen«), nämlich in der Kraft, die Begeisterung entfalten kann, in der Macht der Freude und in der unbeugsamen Konsequenz des Märtyrer-Zeugen gegenüber den stärksten Mächten der Welt. Für Paulus ist die Kraft des Heiligen Geistes aber vor allem die faszinierende Wirksamkeit der Liebe, die alle trennenden Grenzen zusammenschmelzen läßt. Damit geht es in der neuen Schöpfung um etwas qualitativ anderes, um eine Wirklichkeit auf anderer Ebene als der empirisch erfaßbaren.

Wenn hier von »Liebe« die Rede ist, dann nicht im Sinne einer gefühlvollen Schwärmerei, sondern im Vollsinne einer universalen Friedensordnung (hebr.: *schalom*). Auch weiß zum Beispiel die Liturgie, daß der Mensch die neue Schöpfung der Barmherzigkeit Gottes und nichts anderem verdankt. In der westsyrisch-antiochenischen Totenliturgie heißt es in diesem Sinne: »Herr, in deiner Güte hast du uns erschaffen, in deiner Weisheit hast du uns zerstört, wecke uns auf in deinem Erbarmen.« Güte und Weisheit (die Erde kann nicht alles tragen, was je an Leben auf ihr war) kennzeichnen die gegenwärtige Schöpfung, Erbarmen dagegen die »neue«.

Die Aussagen über die neue Schöpfung haben – wie alle christlichen Aussagen über Zukunft – einen doppelten Sinn. Zum einen sollen sie Hoffnung begründen, zum anderen sollen sie unmittelbar die Gegenwart bestimmen, und zwar als Zielvorstellungen mit normativer Kraft. Das heißt: Wenn ich auf eine Auferstehung aus Gottes Erbarmen hoffen darf, dann ist der Sinn jedenfalls nicht Tod, sondern Leben, und zwar geschenktes Leben, welches im Glücksfall dankbar angenommen wird.

Wenn die neue Schöpfung darin besteht, daß alle durch ein Netz der Liebe miteinander verbunden sind, dann ist Auferstehung nicht in erster Linie eine neue physikalisch-biologische Beschaffenheit des Menschen, sondern Liebe und Erbarmen – gegenüber Haß und Terror. Das paulinische Adjektiv »pneumatisch« darf man dabei nicht mit »geistig« übersetzen, denn diese andere Schöpfung hat eine andere Art von Leiblichkeit, so aber, daß man die einzelnen Menschen durchaus als sie selbst erkennen kann. Paulus und andere frühchristliche Zeugen wissen das von den Erscheinungen des Auferstandenen her.

Nach Offenbarung 21f ist das Neue – ganz im Sinne des Ausgeführten – eine strahlende menschenfreundliche große Stadt, offen für alle Menschen.

Das alles – an dieser Stelle sei es nochmals betont – sind Bilder, die – mehr unähnlich als ähnlich – auf der einzigen zuverlässigen Erfahrung aufbauen, die Menschen von dieser Wirklichkeit haben: Liebe und Freiheit vom Tod (aufgrund der Auferstehung Jesu und des Zeugnisses der Märtyrer).

Eschatologie als Machtfrage

Wer Gott keine Macht zutraut, kann auch nichts von ihm erhoffen. Die christliche Eschatologie hat auch deshalb »das Zeitliche gesegnet«, weil Gott offenbar keine Macht hat, in die Wirklichkeit einzugreifen, geschweige denn, sie zu bestimmen oder zum Ende zu führen. Die entscheidende Frage scheint daher zu sein: Ist der Glaube mehr als Einsicht in die Sündigkeit (19. Jahrhundert), mehr als theoreti-

sches Bewußtsein (Glaube als Selbstverständnis; 20. Jahrhundert), mehr als Erinnerung an frühere Zeiten?

Macht zu Veränderung könnte in der Tat aus Quellen kommen, die in der Gegenwart kaum eine große Rolle spielen
dürfen:

– aus Verwandlung durch Segen,

– Verwandlung durch die Sakramente,

– Absage an das Böse/den Bösen, seine Vertreibung, zum
Beispiel durch die Formen des Taufexorzismus,

– in der Bitte um Wunder, Gott möge im Inneren der Menschen Kräfte freisetzen,

– in der Bitte um »Bekehrung«: Gott möge das Schwerste
von allen Dingen vollbringen, das Herz eines Menschen
verwandeln.

Das frühe Christentum ist mit der Welt der Qumrantexte
und der Idee der Gemeinde der Gerechten, die diese propa-
gieren, verbunden durch die Gewißheit, daß durch rigorose
Erfüllung des Willens Gottes und durch genaue Beobachtung des Kalenders und aller Tempelvorschriften die Welt
doch noch in Ordnung kommt, daß sich die Wirklichkeit im
Namen Gottes schon fügen werde, wenn nur irgendwo vollkommene Gerechtigkeit praktiziert würde. Gut und Böse,
Lohn und Strafe teilen sich dann wunderbar und wie auf einen Wink hin auf. Dieses phantastische Verhältnis zur Realität ist auf dem Wege zu den noch etwas gewagteren Aussagen des frühen Christentums, Jesus der Messias habe durch
ein bloßes Wort Tote erwecken können, ja, er selbst sei das
Wort, durch das die Welt geworden ist. Denn nun ist es
nicht mehr eine ganze Gruppe von observanten Gerechten,
an denen alles hängt – es gibt nur noch einen einzigen Gerechten und die vollständige, unfaßbare Versammlung allen
Heils in ihm.

Durch ihn wird alle Zukunft zum Heil.

XI

Jesus kommt wieder

Wenn ein verstorbener Christ bestattet wird, singt der Priester (oder der Chor) nach dem ostsyrisch-chaldäischen Ritus: »Zu dir, Herr, habe ich meine Seele erhoben. O Christus König, unser Erlöser, erwecke uns am Tag deiner Wiederkunft und setze uns zu deiner Rechten an dem Tag, an dem deine Majestät erscheint« (Becker-Ühlein II, 1148). – Für diese Christen hat die Wiederkunft Christi einen »Sitz im Leben«.

Der Pantokrator

Auf der Suche nach einem halbwegs verständlichen Bild für die Aussagen vom wiederkommenden Christus stieß ich auf den Bildtypus des Pantokrators. Christliche Zukunftserwartung läßt sich zu einem guten Teil in diesem Bild darstellen, das sie auch selbst inspiriert hat. Die Grundelemente: Der nach Osten (von dorther kommt der neue König) gewandte Betrachter blickt Jesus direkt ins Gesicht. Jesus hat ein geöffnetes Buch in der Hand (mit Alpha und Omega auf den Seiten oder Johannes 8,12: *Ich bin der Weg, die Wahrheit und das Leben*).

»Pantokrator« heißt »Allherrscher«. Am Eingang zur Offenbarung des Johannes (1,8) heißt es programmatisch in einer Art Überschrift über das ganze Buch: *Ich bin das A und das O, sagt Gott der Herr, der ist und der war und der kommt, der Allherrscher*. Um zu veranschaulichen, woran ich denke, orientiere ich mich an einem bekannten Motiv der christlichen Kunstgeschichte.

Schon auf den Münzen Justinians II (565–578) erscheint diese Christus-Darstellung (mit der Beischrift: König der Könige): ein

Brustbild des bärtigen Christus, bisweilen mit Stirnlocke, die Rechte zum Segensgestus erhoben, in der Linken ein Buch (Evangelium), oft mit dem Text Johannes 8,12 *(Ich bin der Weg, die Wahrheit und das Leben)*. Der byzantinische Typus wird nachgeahmt im Westen, so in der Christus-Darstellung über dem Gurtbogen vor der Apsis in der Neuwerkskirche in Goslar (um 1230).

Der Pantokrator kommt vom Osten her frontal auf den Betrachter zu. Er beansprucht ihn in dieser Konfrontation. Der himmlische Pantokrator Jesus Christus ist unsichtbar, gegenwärtig und mystisch erfahrbar. An ihn richten sich die Lobpreisungen und Anrufungen im Kult. Nichts ist von seinem Anspruch ausgenommen, daher eben der Titel Pantokrator. Weil er in Wahrheit der Sieger ist (das siegreiche geschlachtete Lamm), ist er in Wahrheit mächtig, und sein ist jegliche Zukunft. Alle Zeit, die es gibt, erstreckt sich zwischen ihm und uns. Er ist der, der ist und der kommt. Denn er kommt auf uns zu, ganz gleich, wie weit der Abstand zu ihm noch ist. Die Anerkennung seines Anspruchs im Gottesdienst der Gemeinde ist der Sauerteig für die Zukunft der Welt.

Man kann fragen: Inwiefern kann Gottesdienst das leisten, was ihm hier die apokalyptische Literatur zumutet? – Gewiß ist ein Gottesdienst, der vor allem als Zirkus zum Erfreuen und Unterhalten der Leute aufgefaßt wird, dazu nicht imstande. Statt dessen plädiere ich für die drei »V«: Verkündigung, Verherrlichung, Vorgeschmack.

Angesichts seines Kommens wird jede angemaßte Allmacht zum arroganten Schein. Sie wird gewissermaßen zerrieben zwischen ihm und der jubelnden Gemeinde, die eine Gemeinde der Märtyrer ist. Doch seine Herrschaft gibt es nicht in Fortsetzung der linearen physikalischen Zeit, noch ist sie in einem ewigen »Nu« gegeben. Und andererseits ist der kommende Herr nicht bewegungslos, starr oder tot, sondern er kommt als anspruchsvoller König, als Maßstab und als Gnade zugleich, als hilfreicher Retter und verbindlicher Kyrios auf uns zu. Das Bild nach Offenbarung 1,8 gibt denen, die es hören (nicht visionär sehen) oder in byzantinischer Darstellung sehen, Anteil an seiner Königsherrschaft. Alle falschen Ansprüche erübrigen sich in seinem Licht. Seine Hoheit läßt Scheinmächte zerbrechen. Weil er auf die Welt zukommt, ist diese angesichts seiner in einer Dauerkrise, und zwar im Sinne eines Klärungsprozesses. Ähnlich denkt Johannes 3,18–21 den Christus als das Licht in der Finsternis, an der sich alles scheidet und entscheidet.

Ihm gehört die Zukunft, und seine Macht besteht darin, daß er bleibt und mit sich identisch ist, daß er Ursprung der bestimmenden Verwandlung ist. So wie die Sonne von oben her unsere Finsternis vertreibt und unsere Leere mit Leben und Glanz erfüllt, so ist auch er verwandelnde Energie oder er verbrennt die, die nicht zu ihm gehören. Weil er sowohl kommt als auch bleibt, ist er das Ziel. Alle anderen Dinge verlieren sich in der Vielheit und Wiederholung, das Ziel aber ist nur eines. Öfter entsteht zwar der Eindruck, das bestehende irdische System des Bösen müßte »kippen« und so fadenscheinig werden, daß die Macht des Pantokrators erscheint. Doch bis auf weiteres nimmt eine Weltmacht nach der anderen die Rolle des Gegenspielers auf. Die Pluralität wird ausgespielt.

Die Kirche hat in ihrem Gottesdienst diesen Pantokrator immer vor Augen, und ihr Gottesdienst ist daher der Treibsatz zur Scheidung und endgültigen Offenbarung der vollen Wahrheit (Aufklärung).

Der Logos verbindet Anfang, Mitte und Ende der Welt

Die Aussage des Glaubensbekenntnisses »... und er wird nochmals kommen« bedeutet zunächst: Daß Gott sich mit den Menschen so weitgehend eingelassen hat, war nicht ein kurzer Augenblick. Sondern dies bestimmt wie die Spitzen eines Mandelhörnchens alle Welt-Zeit. So ist es grundlegend für das Verhältnis von Gott und Welt, Gott und Mensch. Wir werden dieses Geheimnis der Zeiten nicht mehr los. Die Spitzen des Mandelhörnchens beziehen sich auf Präexistenz und Wiederkunft des Logos. In der Mitte des halbmondförmigen Bogens ist Jesus für kurze Zeit sichtbar geworden. So gibt es streng genommen drei Punkte des Sich-Offenbarens Gottes: Am Anfang offenbart sich Gott durch das Wort in der Schöpfung, in der Mitte durch das Mensch gewordene Wort für Israel, am Ende durch den wiederkommenden Logos (Offenbarung 19,13) für die ganze Welt. Immer offenbart er sich durch das eine Wort, den einen Logos.

Die Offenbarung ist nicht abgeschlossen. Das Entscheidende steht noch bevor. Denn am Ende kommt Jesus für die ganze Welt, für alle Völker – und doch auch noch einmal für Israel; daher stellen sich die Evangelisten Jesus als Pilger in Jerusalem vor (Matthäus 23,39; Lukas 13,35), daher denkt Paulus an Jesu Kommen auf den Sionsberg (Römer 11,27).

Und zugleich bedeutet das Kommen am Ende: Unsere Zeit ist in Gottes Hand. Dort, wo Zeit abbricht, steht er.

Nicht nach rückwärts schauen

Im Sinne der eschatologischen Blickrichtung der ganzen Bibel bedeutet die Orientierung am kommenden Pantokrator: Orientierung liegt nicht in der Vergangenheit, sondern immer in den Bedingungen, unter denen es Zukunft geben wird. Diese Bedingungen stellt Jesus selbst dar: Er hat gezeigt, wie Gott ist und welches die Kriterien des Überlebens (durch das Offenbarwerden im Gericht hindurch) sind: Barmherzigkeit und Verbindlichkeit. Wer nach vorwärts schaut, sorgt sich um das eigenste Ziel dieses Gottes: Leben sein und Leben schenken.

Der Menschensohn: Jesus als universaler Mensch

In der Mitte des Bogens ist der Logos ebenso als Mensch erschienen, wie er am Ende als Mensch sichtbar werden wird. Und doch anders: Jesus auf Erden war verhüllter Gottessohn, nur an einigen Zeichen und in einigen Situationen wurde die Gottessohnschaft sichtbar. Am Ende kommt Jesus ganz offen als Menschensohn. Das heißt: Nicht zu den Bedingungen der Menschwerdung in Palästina vor zweitausend Jahren, sondern »verklärt«.

Die Rede vom Menschensohn haben auch Jesus und das Neue Testament aus Daniel 7,9–14. Dort handelt es sich bereits um eine Vision. Als Lichtgestalt »verklärt«, ist der Menschensohn auch dort bereits allen irdischen Grenzen enthoben. Denn es geht um Weltgeschichte und Weltreiche. Er ist der Weltherrscher.

Daß der Logos auch am Ende als Mensch wiederkommen wird, sagt Grundsätzliches über das Verhältnis von Gott und Schöpfung, Gott und Mensch. Es ist wie schon in Ezechiel 1,26: In der Mitte des Feuers wird ein Menschenantlitz sichtbar. Dante Alighieri wird dieses aufnehmen, denn auf dem Höhepunkt seines Weges durch das Paradies im 33. Gesang schreibt er: »Vom Kreis, der so mir schien in dir entstanden, / Gleichwie erscheint ein reflektiertes Licht, / Und den da meineAugen kurz umwanden, / Erschien mir da, von Färbung anders nicht, / Des Menschen Ebenbildnis ganz umründet, / Daß von ihm hingerissen mein Gesicht« (Übersetzung: W. G. Hertz).

Für uns Menschen wird Gottes Geheimnis als Mensch sichtbar. Das besagt etwas über Gottes unbedingten Willen, mit Menschen Gemeinschaft zu haben, weit über Jesus hinaus.

Und andererseits ist Jesus nicht einfach wieder da, sondern wie in Daniel 7 in einer Vision, als der Erhöhte, als das Licht der Völker.

Der Menschensohn kommt nicht allein

Schon in Daniel 7 steht der Menschensohn realsymbolisch für die Heiligen des Höchsten, das Gottesvolk (vgl. die Entsprechung von Daniel 7,14 und 7,27). Auch in vielen anderen Texten kommt er mit den »Heiligen«, ganz gleich, ob das Engel oder Menschen sind. Die Heiligen nach Daniel 7, das Gottesvolk, sind dort repräsentiert in der Gestalt des Menschensohnes und umgekehrt. In dieser untrennbar engen Beziehung zwischen Menschensohn und Gottesvolk liegt das Geheimnis der Kirche begründet. Auch im Neuen Testament sind die Menschensohn-Aussagen immer deutlich »kollektiv« ausgerichtet: Wenn der Menschensohn für die »Vielen« sein Leben einsetzt (Markus 10,45) oder wenn er als Vorbild der Jünger-Existenz heimatlos ist oder wenn er die Vollmacht hat, Sünden zu vergeben wie die Gemeinde im ganzen, dann zeigt das je und je, daß der Menschensohn immer für das Gottesvolk steht, auch für das erneuerte Gottesvolk der zwölf Jünger.

Der wiederkommende Menschensohn und Kirche – das hängt auf das engste zusammen. Daß wir geneigt sind, beides nicht recht ernst zu nehmen, weist unverkennbar in dieselbe Richtung. Hier liegt ein Stück apokalyptischer Weisheit, die wir achtlos weggeworfen haben.

Der Menschensohn hat gelitten

Wenn die Jünger den Auferstandenen sehen, erkennen sie ihn auch an seinen Wundmalen; so wird es auch am Ende sein. Der Weg vom Leiden in die Herrlichkeit hat seine Spuren hinterlassen. Das Leiden ist nicht vergessen, sondern verklärt. Es macht am Ende die Identität jedes Weges aus. Das ist eine ganze Theologie des Leidens. Unser Weg ist schmerzlich, aber nichts war umsonst. Das Leiden prägt, und es wird aufgehoben sein in überwältigender Herrlichkeit.

Zu richten die Welt durch Feuer

»Der kommen wird, zu richten die Lebenden und die Toten und die Welt durch Feuer«, heißt es oft am Schluß alter Gebete. Gott selbst ist verzehrendes Feuer (Hebräer 12,29). Das Feuer des Gerichts ist nichts anderes als Gott selbst. Daher ist auch das Jesus-Agraphon zu verstehen: »Wer mir nahe ist, ist dem Feuer nahe.«
Die Menschen sind Gott nicht gewachsen. Und Weltende heißt: Es gibt am Ende nur noch Gott. Es gibt nicht unterschiedliche Dinge, nur noch Gott selbst, der wie Feuer ist, nämlich Herrlichkeit, aber vernichtende, gefährliche Herrlichkeit. Nun sagt die Bibel vom ersten bis zum letzten Buch, daß das wahr ist, aber dennoch nicht das letzte Wort. Denn immer will Gott die Menschen schützen vor dem Feuer, das er selbst ist.

Gebet im Angesicht des Pantokrators
(zu Offenbarung 19,11–12)

Im Pantokrator der byzantinisch-romanischen Kunst sehen wir eine Auslegung der Rede vom wiederkommenden Christus. Denn er ist wiederkommend, aber nicht fern. Die Spannung zwischen Vertrautheit und Distanz können die folgenden Sach-Metaphern wiedergeben:
»Wir beten dich an und preisen dich: Rede der Weisheit und Wort der Klugheit, Schatzkammer der Hilfe und Hort der Freude, Quelle des Segens und Born der Rede der Propheten, großer Strom, gelobt durch die Apostel, Brunnen der Ehre und Schmuck des Königtums, reine Krone des Priestertums, König, durch die Krone geehrt, dem man huldigt; Aufgang der Glorie und Licht der Herrlichkeit; Gewand, das nicht gewebt, und Leibrock, der nicht genäht wurde; Weg zu seinem Vater und Tor zu seinem Ursprung; Schatz, der entdeckt, und Perle, die gefunden wurde; Silberschatz,

der Zinsen trug, und Talent, das sich verdoppelte; Sauerteig, der das Mehl durchdrang, Salz, welches das Schale
würzte; Licht, das die Finsternis vertrieb, und Leuchte, welche die ganze Welt erhellte; Grund, der nicht wankt, und
Gebäude, das nicht zerstört wird; Schiff, das nicht sinkt,
und Wohnung, die nicht ausgeraubt wird; angenehmes Joch
und leichte Bürde« (äthiopische Anaphora des Heiligen
Evangelisten Johannes, nach S. Euringer)

XII

… zu richten die Welt

Schwierigkeiten mit dem Gericht

Die in allen Schriften des Neuen Testaments zu findenden Gerichtsvorstellungen scheinen für viele dem Evangelium von der Liebe Gottes zu widersprechen. Vor allem der Gedanke an ein »ewiges Gericht«, aus dem die Menschen nicht freikommen können, erscheint als unverantwortlich und des christlichen Gottes unwürdig. Sind die Aussagen über das Gericht nicht ein Widerruf der Barmherzigkeit?

Besonders deutlich wird das Problem an der exegetischen Diskussion zu Matthäus 18,23–35. Nach den Versen 34–35 bestraft der Herr den Sklaven, der seinem Mitsklaven die Schuld nicht auch seinerseits erlassen hat, indem er ihn den Peinigern übergibt, *bis er die ganze Schuld bezahlt hat,* was bei der Größe der Schuld menschenunmöglich ist. Viele neuere Exegeten halten die Verse 34–35 für unecht, für nicht von Jesus stammend, darunter auch Ulrich Luz (Das Evangelium nach Matthäus I/3, 1997, z. St.), der meint, das Gleichnis werde durch die Anfügung dieser Verse seitens des Evangelisten moralisiert. Das aber sei Jesus nicht zuzutrauen. Insbesondere die Aussagen über das *Feuer, das nicht erlischt, und den Wurm, der nicht stirbt,* werden Jesus abgesprochen, da er derartige Grausamkeiten nicht habe vertreten können.

Alle diese neueren Theorien haben zunächst einmal gegen sich, daß der Wortlaut der Evangelien aus sehr leicht durchschaubaren Gründen abgelehnt wird. Denn die Gerichtsaussagen werden als störend empfunden. Dabei kann doch kein Zweifel bestehen, daß sie eben gerade in diesem Sinne wirken sollten. – Aber im Hintergrund des Wunsches, auf diese Aussagen zu verzichten, stehen gravierende Störungen im Gottesbild und wesentliche Mißverständnisse der Gerichtsaussagen.

Es gibt Zeit und Stunde, vom Gericht zu reden. Und es gibt Zeit und Stunde, von Gottes Barmherzigkeit zu reden. Wann sind diese Zeiten? – Die Faustregel lautet: Wenn das Thema die Zukunft ist, sollte man von Gottes Liebe reden. Wenn das Thema der notwendige Aufbruch jetzt ist, sollte man vom Gericht reden.

Beides liegt mit dem Gewöhnlichen überkreuz: Wir pflegen von der Liebe für die Gegenwart zu reden und wundern uns, wenn das schal ist. Und wir pflegen vom Gericht beim Thema Zukunft zu reden und wundern uns, wenn das Angst macht. Denn im Blick auf die Zukunft haben Menschen Angst, und da hilft ihnen der Hinweis auf Liebe, und im Blick auf die Gegenwart sind Menschen träge und unentschieden, da ist es nötig, sie wachzurütteln und in eine Krise (*krisis* = Gericht) zu führen, sie zur klaren Entscheidung zu überreden..

Dem entspricht auch die Regel der Alten Kirche: Den Ängstlichen (Klerikern) von der Liebe erzählen, den Hartgesottenen vom Gericht (karschunische Petrus-Apokalypse).

Jesus als Richter

Folgen wir Paulus, so ist Jesus schon dadurch Richter, daß er überhaupt als Sohn Gottes in die Welt gekommen ist. Denn nach Römer 8,3 gilt: *Doch dadurch, daß Gott seinen Sohn als sterblichen Menschen gesandt hat, der uns Sündern ähnlich, aber doch kein Sünder ist, hat er die Sünde auf ihrem eigenen Feld, nämlich im Leib eines sterblichen Menschen, besiegt und verurteilt.* [(11) Jesus ist Sohn Gottes durch den Heiligen Geist und gibt ihn an uns weiter.] Das heißt: Jesus ist im Machtbereich der Sünde erschienen und hat allein schon dadurch ihre Herrschaft durchbrochen. Jetzt kann man Jesus mit der Sünde vergleichen. Und dieser Vergleich ist für die Herrschaft der Sünde eine einzige Katastrophe. Denn er ist der Maßstab, er ist der Gerechte. Der Heilige Geist macht ihn dazu. So ist es übrigens auch mit den Christen nach 1. Korinther 6,2 *(Die Heiligen werden die Welt richten)*: Die Gemeinde kann die Welt richten, weil sie gerecht ist und durch den bloßen Kontrast das Unrecht der Welt sichtbar werden läßt.

Nach unserer Grundthese sind die Endereignisse vor allem Aufscheinen des bisher Verborgenen. So ist es auch mit dem Gericht. Es ist kein zusätzlicher dramatischer Akt, sondern dadurch, daß Jesus da ist, daß er als der Pantokrator erscheint, verurteilt sich die Sünde selbst. Darin liegt die Substanz der forensischen Bilder zur Schilderung des Endes. Wenn Jesus als der Gerechte schlechthin gegenwärtig ist, dann richtet er durch den bloßen Kontrast, der im Nu aufscheint. – Aus diesem Grund wird nach dem Testament des Abraham auch der sprichwörtlich »gerechte« Abel als Richter vorgestellt. Denn für den Märtyrer gilt die Vermutung der Gerechtigkeit.

Die Endereignisse haben nach unserem Ansatz visionären Charakter. So wie Jesus selbst zum Beispiel von Paulus nach der Apostelgeschichte in der Vision als Licht gesehen wird, ist auch für das »Ende der Welt« (visionäres) Licht offenbar die entscheidende Größe.

Denn eine Reihe von Bibeltexten legt es nahe anzunehmen, daß die Verbindung von »Ende der Welt« und »Gericht« deshalb besteht, weil das Kommen Gottes der Tag des Herrn ist. Tag aber bedeutet Licht. Das Licht legt offen, nichts kann sich vor ihm verbergen. Insofern ist auch Jesus, der »Licht der Welt« ist, schon durch sein bloßes Auftreten die »Krise« der Welt.

Johannes 3,19–21: *(19) Als das Licht in die Welt kam, liebten die Menschen, deren Werke böse waren, die Finsternis mehr als das Licht. (20) Denn wer Böses tut, haßt das Licht und meidet es, damit seine Taten nicht ans Licht kommen. (21) Wer aber tut, was Gott gemäß ist, stellt sich ins Licht, damit offenbar wird, daß seine Taten nach Gottes Willen waren.*

Weil Jesus selbst das Licht ist, scheiden sich an seiner Person wie im Gericht die Menschen. Der Unterschied ist nur der, daß die bösen Menschen gar nicht erst kommen, damit sie nicht von der hellen Sonne des Gerichts entlarvt (griech.: »überführt«) werden. Immer wieder betont das Johannes-Evangelium daher, daß mit dem Ja oder Nein zu Jesus schon das entscheidende und eigentliche Gericht vollzogen sei. Entsprechend ist auch nach Johannes 5,22–27 mit dem irdischen Auftreten des Menschensohnes die entscheidende Auferstehung der Toten vollzogen. Die spätere Auferstehung macht nur sichtbar, was jetzt unsichtbar geschehen ist. Der oben genannte Text aus Johannes 3 läßt erkennen, wie Gottes Gericht in jedem Fall (gleich, ob jetzt oder dann) vollzogen wird: als Aufdecken durch helles Licht.

Auch Paulus kennt die Zuordnung von »Tag des Herrn« und Licht. Er mahnt nur dazu, und darin unterscheidet er sich etwas vom Johannes-Evangelium, daß die Christen schon jetzt Licht werden sollen. So werden sie zum Tag des Herrn »passen«:

1. Thessalonicher 5,2–8: *(2) Der Tag des Herrn kommt wie ein Dieb in der Nacht; keiner weiß, wann es sein wird… (4) Brüder und Schwestern! Sitzt nicht im Finstern herum, sonst überrascht euch der Tag des Herrn wie ein Dieb. (5) Denn ihr seid Kinder des Lichts und des Tages. Wir gehören nicht zu den finsteren Gesellen der Nacht. (6) Daher wollen wir uns nicht hinlegen und die Zeit verschlafen wie die übrigen, sondern wachen und nüchtern bleiben. (7) Denn wer nachts schläft und wer nachts betrunken ist, beide gehören der Dunkelheit. (8) Wir aber gehören dem Tag.*

Was Paulus hier im Stil der Mahnrede vorträgt, die Ausrichtung der Christen am Licht des Tages des Herrn, formuliert das zisterziensische Stundengebet am Freitag der ersten Fastenwoche (Vesper) so: »Laß die Verstorbenen dieselbe Gestalt erlangen *(configurare),* die du in der lichtvol-

155

len Herrlichkeit *(claritas)* deines Leibes besitzt.« In allen Fällen geht es darum, daß die Menschen rechtzeitig die lichtvolle Qualität des Tages des Herrn oder des erhöhten Herrn annehmen. Dann können sie ihm »gewachsen« sein. Schließlich ist auf die Licht-Metaphorik in der Schilderung des himmlischen Jerusalem in Offenbarung 21,23–25; 22,5 zu verweisen. In die gleiche Richtung wiesen unsere Überlegungen zur Farbe Weiß.

Wenn der Tag des Herrn vor allem Licht ist, kann der Gerichtsgedanke in einigen Hinsichten plausibel werden:

Das Gericht ist keine zusätzliche Aktion, die über das Sichtbarwerden und den Aufweis von Wirklichkeit hinausginge. Es geht nur darum, daß etwas sichtbar wird, das zuvor unsichtbar war. – Wenn der Maßstab des Gerichts das Licht ist, dann ist damit die Scheidung in Gut und Böse, in Licht und Finsternis, vorprogrammiert. Denn alles, was nicht zum Licht paßt, ist Finsternis. Wer daher nicht zum Licht gehört, ist Finsternis und gehört zu ihr, und zwar schon längere Zeit. Gerade so haben es auch die Juden der Zeit zwischen Altem und Neuem Testament formuliert. Der Tag des Herrn ist nur Enthüllung, Offenlegung, Aufklärung über das, was ist. Wer tot (im Sinne der Nicht-Zugehörigkeit zum lebendigen Gott) ist, wird als tot erkennbar. Bis dahin war das alles wie unter einem Grauschleier verborgen. Angesichts der harten Teilung in weiß und schwarz, in Licht und Finsternis, werden die Zeitunterschiede wesenlos. Man kann daher das *Gericht als Vergleichen* bezeichnen. Denn beim Gericht geht es, wie angedeutet, um Herrlichkeit oder Schande. Daher kann Paulus für das Gericht über unnütze Christen festhalten, daß sie zwar »gerettet«, ihre wertlosen »Werke« aber zu ihrer Schande verbrannt werden. Das Licht ist der Maßstab. Wer kein Licht ist oder keines in sich hat, erscheint im Vergleich zum Licht als dunkel. Die Differenz zum Licht oder die Übereinstimmung mit ihm spricht für sich. So ist das Gericht in diesem Sinne kein neues Handeln Gottes, das die Wirklichkeit verändert, sondern das Aufleuchten einer Evidenz. Wie nach Johannes 3,18–21 (vgl. Epheser 5,12–14) scheiden sich am Licht gewissermaßen automatisch die Wege.

Der Zusammenhang von Sehen und Ergehen

Bisher kennt die Bibelauslegung den Zusammenhang von Tun und Ergehen. Damit ist gemeint: Alles, was ein Mensch tut, kommt irgendwann als sein Ergehen oder Erleiden in seinen Schoß zurück. Daneben ist aber nun der Zusammenhang von *Sehen und Ergehen* neu einzuführen. Zum Verständnis der biblischen Aussagen über das endgültige Heil oder Unheil ist die Abfolge von Sehen und Ergehen grundlegend.

Die Basis formuliert zum Beispiel Paulus in 2. Korinther 3,18: *Wir Christen müssen unser Gesicht nicht mit einer Decke verhüllen. Frei und offen dürfen wir die Herrlichkeit des Herrn sehen, die auf unserem Antlitz widerscheint. Und weil wir auf den Herrn selbst blicken, der uns den Geist schenkt, werden wir immer mehr in die Herrlichkeit des Herrn hineinverwandelt.* Der Unterschied zwischen normalem irdischem Sehen und dem hier von Paulus beschriebenen besteht darin: Das Sehen nach 2. Korinther 3 verwandelt den, der sieht. Das ist auch die Erklärung dafür, daß Paulus nach Galater 1,12.16 durch seine Vision des auferstandenen Jesus Christus zum Apostel berufen wird. Er sieht Jesus als Gottes Sohn – mehr nicht. Gottes Sohn ist Jesus nach allen Aussagen des Urchristentums durch den Heiligen Geist. Durch seine Vision des Auferstandenen erhält Paulus daher *Anteil am Heiligen Geist.* So gilt auch hier: Durch das visionäre Sehen wird Paulus von dem erfüllt, was er sieht. Da der auferstandene Christus, den er sieht, durch Gottes Geist auferstanden ist, wird er von eben diesem Geist erfüllt. Und das wird maßgeblich für seine gesamte Auffassung vom Christsein.

Dieselbe Auffassung liegt dem Ausdruck *visio beatifica* zugrunde. Es ist das Schauen, das auf Gott gerichtet ist und dadurch selig macht, daß Gott, der angeschaute, selbst »selig« ist. Noch in dem mittelalterlichen Hymnus *Adoro te devote* heißt es am Schluß: *visu sim beatus tuae gloriae,* »daß ich dadurch selig bin, daß ich deine Herrlichkeit anschaue«. Denn Anschauen heißt Anteilhaben. Mystisches Sehen bedeutet Verwandeltwerden.

Dieser Grundsatz gilt wohl auch für die »Nachfolge« auf Erden. Wer auf Christus, Paulus, St. Benedikt blickt, läßt sich faszinieren, wird dadurch ein anderer. Es geht um ein Hinsehen, das Ergreifen und Ergriffenwerden bedeutet. Paulus selbst kann die Gemeinden genau in diesem Sinne auffordern: 1. Thessalonicher 1,7: *Ihr seid zum Vorbild* (griech.: *typos*) *geworden für alle Glaubenden.* Wer das Vorbild sieht, macht ihm nach, was er schaut – besonders eindrücklich wird das im Tanzlied der Acta Johannes K. 93ff geschildert: Christus steht als Vortänzer in der Mitte, die Apostel machen seine Bewegungen nach.

Wenn daher die Parusie wesentlich darin besteht, daß das Licht Jesu Christi aufscheint, dann bedeutet die Seligkeit der Erlösten nichts anderes als intensives Hineinverwandeltwerden in dieses Licht. Wenn Paulus also sagt, alle (Christen) würden verwandelt, dann meint er nichts, das zusätzlich zur Wiederkunft Christi einen besonderen dramatischen Akt erforderte. Sondern indem Christus aufleuchtet, werden alle, die zu ihm gehören, hineingenommen in dieses verwandelnde Licht. In Abwandlung des Satzes von Plotin und Goethe »Wär' nicht das Auge sonnenhaft, die Sonne könnt' es nie erblicken« gilt hier: Wer lichthaft ist, den kann das eschatologische Licht ganz und gar verwandeln.

Es könnte daher sein, daß neben der *visio beatifica* die *visio condemnativa* steht. Denn wenn die Differenz zum Licht offenkundig ist, dann muß der, der nicht lichthaft ist, auf sich selbst starren (was er egoistisch vorher auch schon immer getan hat) und im Anblick der Differenz zum Licht verzweifeln. Anders gesagt: Wer sich nicht beizeiten durch das Licht lichthaft machen läßt, sondern auf sich selbst fixiert bleibt, scheitert daran, daß nicht er selbst das Licht ist, sondern ein anderer, Gott. Wenn ihm das deutlich wird, kann er nur unglücklich sein. Auch hier ist die Hölle nur der endgültige Aufweis dessen, was immer schon war. Auch hier folgt auf die »eschatologische« Wahrnehmung das Ergehen.

Mehr als nur Gerechtigkeit

Daß es sich jedenfalls in der Botschaft Jesu nicht nur um Ausgleich und Gerechtigkeit, sondern noch um etwas mehr handelt, macht ein sehr aufschlußreicher Text deutlich: Lukas 12,37: *Selig sind die Sklaven, die der Herr wachend antrifft, wenn er kommt. Amen, ich sage euch, er wird so begeistert von euch sein, daß er euch zu Tisch bittet, sich selbst die Kellnerschürze umbindet und euch bedient.*
Entgegen der sonstigen Ordnung ist Gott nicht nur derjenige, der als Richter den Ausgleich herstellt. Vielmehr wird die Ordnung derart umgedreht, daß Gott vor lauter Begeisterung selbst Sklavendienste leistet. Er vergißt seine Hoheit. Denn er läßt sich von ekstatischer Freude bewegen. Dieser ungewöhnliche Text geht bis an die äußersten Grenzen des Vorstellbaren. Er stellt die Ordnung der Religion selbst auf den Kopf. In seiner extremen Kühnheit ist er ein Hinweis darauf, daß das Gottesbild Jesu nicht nur schematisch auf Ausgleich im Gericht ausgerichtet ist, sondern daß ekstatische Freude auch für Gott selbst kennzeichnend sein kann. Im übrigen ist diese Aussage eine mit letzter Konsequenz durchgeführte Umkehrung.

Gericht und Ordnung

Gericht hat etwas mit Ordnung zu tun, damit, daß am Ende die Welt in Ordnung gebracht wird, daß Opfer nicht für immer geschundene Opfer bleiben und die übermütigen Tyrannen sich nicht für ewig an der Macht werden halten können. Denn die Basis des Gerichtes Gottes ist, wie man es auch dreht und wendet, das Gesetz Gottes. Der Mörder der Märtyrer hat gegen das Gesetz verstoßen. »Gesetz« und »Ordnung« aber sind dem modernen Menschen, zumindest im Bereich des Persönlichen, in der Weltanschauung und der Religion, genauso zuwider wie die Vorstellungen von Gericht und Hölle. Beides steht in engem Zusammenhang miteinander. Denn den als »privat« deklarierten Bereich möchte man nicht nur vor jeder öffentlichen Sichtbarkeit schützen, sondern auch vor öffentlicher und jeglicher Verantwortbarkeit. Weder Norm noch Sanktion werden akzeptiert für den Bereich des Persönlichen, den wir gegen die Macht von Medien und Kommerz ständig zu retten und zu verteidigen suchen.

Diese Sicht unterscheidet uns freilich grundlegend von der der Menschen der Antike und des Mittelalters. Wir fragen: Woher kommt dieser gravierende Unterschied, der das Kernstück der christlichen Zukunftserwartung, das Gericht, außer Kraft setzt?

Antike und Mittelalter halten Ordnung und Gesetz für einen Segen. Niemand, auch Paulus nicht, hebt Gesetze auf. Der Anarchist ist der Verbrecher und umgekehrt: Gesetzlosigkeit steht für Bosheit. – Mit der Renaissance jedoch ändert sich diese Einschätzung vollständig. In der Natur rund um den Menschen entdeckte man Gesetz und Ordnung intensiver als je zuvor. Zugleich aber nahm man den Menschen davon aus. Er wurde zum selbständigen, verselbständigten Schöpfer. Seine Kreativität galt von jetzt an alles. Ein Schöpfer aber ist für sich selbst keinen weiteren Gesetzen unterworfen und daher auch keinem Gericht. Auch die

Reformation ist mit ihrer zumindest teilweise vollzogenen Abwertung des Gesetzes zugunsten von Glaube und persönlichem Vertrauen ein wahres Kind der Renaissance. Die betonte Rechtfertigung des Sünders ließ sich leicht als Vorbild für chaotisches Handeln werten; die Aversion gegen die »Werke des Gesetzes« und die Alternative »Gesetz und Evangelium« konnte man leicht zum Vorwand für die Ablehnung des Gesetzes nehmen. Gegen »Recht« herrschen bis heute bei evangelischen und neuprotestantisch-katholischen Theologen umfassende Vorbehalte. Oft scheint man zu meinen, ein Gemeinwesen könne mit reiner Gesinnung und Moral, ja mit Barmherzigkeit regiert werden. – Wirklich umgesetzt wird das Anliegen der Renaissance indes erst in der Mentalität des Bildungsbürgertums, ein Prozeß, der bis in unsere Tage reicht. Hier gilt ein verschwommenes »Wir haben doch alle denselben Gott«, und in der Feindschaft gegen Institutionen trifft diese Abwertung überindividueller Ordnung heute Staat, Parteien und Kirchen. Immer weitere Kreise werden davon erfaßt. Dieses Autonomiestreben hat eine besondere Kehrseite, was die Fehler des Menschen angeht: In den Händen des schöpferischen Menschen erscheint grundsätzlich alles als reparabel und bis zum äußersten noch versöhnbar. Im Bereich der psychologischen Entschuldung wird dieses vielleicht am deutlichsten sichtbar: Wenn man die Biographie nur »durcharbeite«, bleibe alles Tun entschuldbar, reparabel und wird am Ende folgenlos. – Der Verbrecher früherer Jahrhunderte existiert nur noch als Räuber im Kasperletheater, üblicherweise ist daraus der Patient geworden.

Als höchste Verwirklichung der Freiheit vom Gesetz, vom Zwang zur Wiederholung und von aller Ordnung erscheint im 19. und 20. Jahrhundert der Genius, dann der Star. Die Religion des Bürgertums wurde der Genie- und Starkult, und schon bei Heinrich Heine, spätestens bei Stefan George wurde der Dichter, eben der Genius, zum wahren Priester. Doch dieser Jahrhunderte währende Prozeß der Gewinnung von Autonomie und des Verlustes von Gesetz, Ordnung und Weltgericht ist nun zu einem Ende gekommen. Denn wir bemerken mit einem Male, daß unser Tun sehr wohl Folgen hat, und zwar meist endgültige.

Die Vielfalt der Arten, die Ozonschicht der Erde, die Regenwälder und alle Ressourcen schrumpfen unersetzlich zusammen. Wie leicht ist im unermeßlich scheinenden Sibirien die dünne, äußerst empfindliche vegetationsfähige Schicht der Erde unwiederbringlich zerstört. Plötzlich wird erkennbar, was auch den Achtundsechzigern gänzlich verborgen war, daß wir in Wahrheit auf Gedeih und Verderb in einer sehr strengen Ordnung leben.

Was Stoa und Judentum erkannt hatten, ist wiedergewonnen. Die Menschen sind geradezu geschwisterlich eingeordnet in regelhafte Strukturen der Schöpfung. Intensiver denn je zuvor nehmen wir wahr, daß es nur eine gemeinsame Geschichte von Mensch und Schöpfung gibt. Das alles heißt: Die wahre Revolution im modernen Denken ist die Einsicht in die endgültigen Folgen unseres Tuns. Das aber bedeutet eine ganz neue Aktualität der jüdisch-christlichen Eschatologie: Nichts ist revidierbar, alles ist endgültig.

Denn wir leben in einer gefährdeten Welt. Wir selbst haben sie in Gefahr gebracht, weil wir gegen ihre – wider Erwarten – streng zu bewahrenden Gesetze verstießen. Wir haben das nicht ungestraft getan. Nur ein strenges, im Verhältnis zu unserem Lebensstil heute sehr viel asketischer geprägtes Leben wird auf Dauer verantwortbar sein.

Interessanterweise ging diese Revolution zunächst von linken, sich wie auch immer als »alternativ« verstehenden Gruppen aus. Sie verursachte dort allerdings, da sie den Prinzipien, unter denen man einst angetreten war, gänzlich widersprach, Konflikte bis zum Zerreißen. Erkennbar wurde der Gegensatz zwischen altem und neuem Denken beispielhaft an der kontroversen Diskussion um Abtreibung bei diesen Gruppen. Die Verfechter des alten Autonomieprinzips standen gegen die Anwälte der Schonung alles

Lebendigen. Diese Revolution konnte wohl nur von diesen Gruppen »am Rande« ausgehen, da Parteien und die Kirchen als Institutionen längst erheblich an Glaubwürdigkeit verloren hatten und man ihnen einen Neuaufbruch nicht zutraute. Sie befanden sich noch zu stark in der Defensive gegen die neueren Autonomiebewegungen selbst, als daß sie schon an ein Übermorgen zu denken in der Lage gewesen wären. Eine Revolution in Richtung auf ein strengeres Leben kann nur von denen glaubwürdig vermittelt werden, die selbst neuzeitliche Autonomie in allen ihren Konsequenzen glaubwürdig bis fast zu Ende gelebt haben. Evidenz besitzen ferner die einprägsamen Bilder geschundener Kreatur, die die Medien vermitteln. Und diese Bilder ähneln in der Tat den Katastrophenszenarien apokalyptischer Texte. Dadurch gewinnen diese ihrerseits wieder an Glaubwürdigkeit. Berichte über Menschen, die anderen mit Stiefeln im ungeschützten Gesicht herumtrampeln (Kosovo), zeigen nur, daß die Apokalypsen nichts als die Wahrheit über den Menschen aufdecken.

Kurzum: Die ökologischen Einsichten und das, was an Bestialität im 20. Jahrhundert so im ganzen möglich war, führen uns sinnenfällig vor Augen, wie streng und wie verletzbar die Ordnung der Welt in Wahrheit ist, in der wir leben dürfen. Und die Brüder und Schwestern vom »strengen Leben«, oft nach zisterziensischem Ideal, weisen auf den uralt-neuen Grundsatz, daß Qualität und Intensität des Lebens einen strikten Vorrang haben vor der Quantität der dabei verbrauchten Güter. Sie weisen auch darauf, wie leicht aus dem hochzivilisierten Menschen eine unglaublich brutale Bestie werden kann, weisen darauf, wie heilsam Verbindlichkeit ist, weil die Ordnung des Lebens nicht nur im Gehirn bestehen darf, sondern sichtbar werden muß, wenn am Ende Leben weiterhin möglich sein soll.

Verbindlichkeit ist heilsam. So ist Kreativität als Leitbild ersetzt durch Solidarität mit der Schöpfung. Und diese Revolution ist die wahre Kehrtwende in unserer Generation, nachdem die antigesetzliche Revolution rund fünfhundert Jahre Geltung besaß.

So sind wir auf langem Umweg buchstäblich wieder zum Bild des Gerichtes zurückgekehrt: Das meiste von dem, was wir tun, hat unaufhebbare Folgen. Wider Erwarten hebt sich von dorther, wo wir es nicht erahnten, eine strenge Ordnung heraus. In Konturen wird etwas sichtbar, das einem Blindenstock ähnelt – die Chance, die Gegebenheiten abzutasten, um nicht in den Abgrund zu stürzen. Die biblischen Bilder des Gerichts stehen für diesen Abgrund. Gäbe es ihn nicht, so wären diese Bilder sinnloses Angstmachen. Aber wir wissen seit einiger Zeit, daß es das geben kann: den Tod aller Kreatur. Der Richter mit dem blutverschmierten Gewand in Offenbarung 19 heißt deshalb »Wort Gottes«. So wie »Wort Gottes« im Evangelium des Johannes eben den Mittler der Schöpfung bezeichnet. Der Zusammenhang zwischen beiden besteht über die Verletzung der Ordnung der Welt, die durch ihn geworden ist, für die er als Person steht.

So sagen die Bilder vom Gericht keineswegs etwas über einen tyrannischen Gott, der willkürlich die Ewigkeit der Hölle verordnet. Diese Bilder beschreiben nur die Folgen unseres Tuns, und zwar als die dereinst nach außen gekehrte Innenseite unserer Taten. »Offenbarung« wird die Schrift des Sehers Johannes deshalb genannt, weil sie darin geradezu eine aufklärerische Funktion besitzt, daß sie rechtzeitig warnt. Ist es denn Angstmachen, wenn wir ein Kind warnen, bei Rot die Straße zu überqueren, weil es sonst überfahren wird? Muß man ihm nicht, wenn es wiederholt nicht begreifen will, Bilder der Opfer zeigen? So verfährt die Offenbarung des Johannes. Nicht um uns Angst zu machen, sondern weil hier jemand Angst um uns hat. Und es gibt Leute, die so hart gesotten sind, daß ihnen nur mit Bildern leibhaftiger Angst beizukommen ist. Daß sie diese Bilder nicht »mögen«, weist nur darauf hin, daß sie die Folgen ihres Tuns gerne abdrängen würden. Apokalyptische Gerichtspropheten hatten noch nie einen angenehmen Beruf. Aber wer ihnen widersprach, entlarvte allzu oft sich selbst. Wegsehen ist kein Weg.

Denn jeder Arzt weiß, wie gefährdet Leben ist. Für den Gott der Bibel Alten und Neuen Testaments gilt die Gleichung: Gott ist das Leben, und das Leben ist Gott. Weil das so rückhaltlos gilt, ist der jüdische und christliche Gott so intolerant gegenüber allem Lebensfeindlichen, und so werden auch Gerichtsaussagen begreiflicher. Weil Leben in dieser Welt gefährdet und die seltene Ausnahme ist, eben deshalb ist Leben sorgsam zu behüten und eben ein Tabu. Und weil es zwischen Leben und Tod kein Drittes gibt und der Tod ein riesiges, schier überwältigendes Reich besitzt, stellen Gerichtsaussagen nur den tödlichen Ausgang unseres Handelns vor Augen, damit er nicht eintritt.

So zeichnen die Bilder vom Gericht etwas, damit es nicht kommt. Sie wollen uns abschrecken von Handlungen, die ohne besonderes Zutun Gottes das Inferno zur Folge haben können. Wer wüßte das besser als wir Menschen des 20. Jahrhunderts, das so häufig und so intensiv wie kein Jahrhundert zuvor wahre Vorspiele der Hölle organisiert hat? – Ein Blick auf die von uns selbst verursachten Katastrophen des 20. Jahrhunderts ist wie ein Kommentar, eine buchstäbliche Ergänzung zu den Szenen der Offenbarung des Sehers Johannes. Denn es geht um die gleiche Sache: Ein abschreckender Vorgeschmack der Möglichkeiten, die auch in uns schlummern.

Niemand, der die Offenbarung des Johannes wirklich zu Ende gelesen hat, wird diesem Buch im übrigen vorwerfen können, es handele hauptsächlich von Schrecklichem. Denn die Alternative zum Schrecken wird in dem uralt-mythischen Bild der Hochzeit gleichfalls vor Augen gestellt und als die am Ende siegreiche Chance bezeichnet. So wird in den mythischen Gestalten der Offenbarung des Sehers Johannes das Unsichtbare aus seiner Gestaltlosigkeit befreit.

Indem das Bildungsbürgertum der nachgeholten Aufklärung die Gerichts- und Höllenvorstellungen abwählt und unterstellt, christliche Kirchen wollten damit aus Eigennutz nur Angst machen, wird eine umfassende Lebenslüge erstellt. Man sieht weg von dem, was angesichts unseres Lebensstils immer wahrscheinlicher wird, und beschränkt sich kleinbürgerlich und unpolitisch auf das Private. An das Private, das zugleich universale, wesenlose Menschenfreundlichkeit sein soll (alle sind gleich), darf um Gottes willen niemand rühren (wir sollen tolerant sein). So will man sich die Lebenslüge nicht nehmen lassen.

Daß nach Offenbarung 19,13 der blutige Richter ausgerechnet das Lamm ist, das nach Kapitel 5,6 desselben Buches den blutigen Tod selbst erduldet hat, besitzt zusätzlich große Bedeutung. Beides hängt zusammen, und wenn man es zusammen betrachtet, könnte es einen konsequent mutlos machen: die scheinbar unausweichliche Katastrophe der Schöpfung und die scheinbar offensichtliche Vergeblichkeit alles dessen, was gut und schön war, die Vergeblichkeit auch des Lebens der Märtyrer. Doch wir können dem Autor des letzten Buches der Bibel nur dankbar sein, daß er diese beiden Fragen so mutig aufnimmt. So verstopft er den Ausweg in den Nihilismus. – Der Seher Johannes sagt uns: Die Katastrophe ist vermeidbar. Und er sagt uns: Alles, was scheinbar sinnlos verschenkt und vergeudet wurde (wie Fragment gebliebene Liebe, wie das Leben der Märtyrer), hat und erhält seinen Platz in einer umfassenderen Ordnung. Gott wird es dorthin stellen. Was uns bei der Gerichtsvorstellung als Rache oder irrationale Wut erscheint, als Projektion gar seitens frustrierter Christen, ist in Wahrheit doch nur Ausdruck dessen, daß der Seher Johannes es noch nicht aufgegeben hat, in der Welt nach einem Sinn zu suchen. Denn die »Rache« des Gerichtes, die Gott für sich beansprucht, ist doch nur dies: Der geheimnisvolle Gott selbst ist der Garant dafür, daß der Feind des Lebens nicht immer nur triumphieren wird. Eine kühne Vision ist das, nicht Ausgeburt buchhalterischer Kleingläubigkeit. Und wenn hier zwischen »der Sünde« und »dem Sünder« noch nicht klug differenziert wird, so ist doch auch diese fehlende Differenzierung für sich selbst wieder eine Art von Klugheit; Klugheit im Sinne eines sehr persönlichen Appells.

Denn niemand, auch nicht der Seher Johannes, weiß, was sein wird. Doch Gerichtsschilderungen haben einen anderen Sinn. Sie sind im besten Sinn weisheitliche Aufklärung. Aufklärung sind sie nicht im kleinbürgerlichen Sinne von »Morgenstund hat Gold im Mund«, sondern als mutiger Entwurf über das Ganze.

Die Hölle ist schon da

Aus dem Gesagten nehmen wir auf, daß die Hölle ein Stück Realität ist, nicht eine zusätzlich von Gott oder Menschen ersonnene Rache wegen Ungehorsams. Wer die Wirklichkeit der Hölle vom Rachegedanken her sieht, hat nichts vom biblischen Gottesbild verstanden. Denn der Gott der Bibel ist kein Tyrann, der sich irgend etwas ausdenkt, was er fordern könnte, und danach dann die Menschen wegen Widersetzlichkeit grausam und ewig bestraft, als wäre er beleidigt. Alles liegt am Verständnis der biblischen Gebote. Sie sind Regeln des Lebens, und der Gott der Bibel ist Leben, und das Leben ist Gott. Wer den Regeln des Lebens nicht folgt, gefährdet sein eigenes Leben, und zwar deshalb, weil Leben an bestimmte Regeln gebunden ist. Wer sich und andere außerhalb der Regeln des Lebens stellt, wirkt Tod. Und zwischen Leben und Tod gibt es kein Drittes.

Die Hölle als Gottesferne ist zugleich die denkbar größte Entfernung vom Leben. Wo Menschen Leben zerstören – das eigene und das anderer –, stehen sie schon mitten in der Hölle, die nicht Gott ihnen verordnet, sondern die sie selbst sich und anderen bereitet haben. Die biblische Höllenvorstellung ist nichts weiter als Aufweis dieser Realität der

Gottes- und Lebensferne. Und wenn Jesus die Hölle schildert, so ist das die besorgte Anfrage an die Menschen, ob es mit der Hölle, die sie sich und anderen bereiten, immer so weiter gehen soll. Auch die viel gescholtene Ewigkeit der Hölle ist daher kein persönlicher Rachewunsch Gottes, sondern wenn irgend etwas mit Gott nichts zu tun hat, dann die bleibende Hölle. Das Evangelium ist ein einziger leidenschaftlicher Appell an die Menschen, daß es nicht immer so weiter gehen dürfe mit der Verzweiflung, dem Haß, der sinnlosen Zerstörung und der Verfehlung eines Lebenszieles.

Gott weist den Weg, wie man der vom Menschen selbst inszenierten Hölle entgehen kann. Und er weist nicht in die Hölle ein. Gott ist nicht der grausame Richter, sondern stellt Rufer in die Wüste, die die Menschen abbringen sollen vom Verderben. Gott übt nicht ewige Rache, sondern bietet seine Hand an, dem sinnlosen Tod zu entgehen. Gott verordnet nicht den Tod, sondern will daraus retten.

Es sind – wie öfter – mißverstandene Allmachtsaussagen, als müsse oder könne Gott am Ende über seinen Schatten springen und alle die doch noch retten, die seine Hand anzunehmen sich weigerten.

Es ist typisches Kennzeichen pseudo-theologischer Argumentationen der Gegenwart, wenn (stillschweigend) vorausgesetzt wird, Gottes Allmacht könne und müsse immer gerade das tun, was Menschen als für sich angenehm ausdenken. Aber wer oder was ist Gott, daß sich Menschen zurechtlegen dürften, er tue grundsätzlich nur das, was ihnen paßt und sie möglichst von aller Verantwortung entlastet? Jeder, der an der Bibel meint Sachkritik üben zu dürfen, setzt sich grundsätzlich dem Verdacht aus, er wolle den Text so manipulieren, daß er paßt. Das ist nun bei der Beseitigung oder Bestreitung der Gerichtsaussagen in so hohem Maße der Fall, daß man hier die Wünsche der Ausleger mit Händen greifen kann.

Was Gott letztlich tun wird und will, steht ebenso dahin, wie es ganz offen ist, ob Gott in Zukunft nach der 24. oder

der 27. Ausgabe des griechischen Neuen Testaments nach E. Nestle und K. Aland zu denken ist oder handeln wird. Aber es geht um die Verkündigung Jesu. Und diese ist im Neuen Testament bewahrt und nicht durch angebliche Sachkritik (die man lieber mit etwas mehr Selbstkritik betreiben sollte) zu hintergehen.

Der zweite Tod ist nicht Gottes Wunschtraum

In Offenbarung 20,6 heißt es über die Regenten des tausendjährigen Reiches, die mit Christus regierenden Märtyrer: Der zweite Tod wird keine Gewalt über sie haben. – Diese Redeweise findet sich öfter in den Targumen (aramäische Bibelübersetzung) und auch im Sonnengesang des Franziskus von Assisi. Was bedeutet sie?

Vom zweiten Tod ist die Rede im Unterschied zum biologischen Tod, dem ersten Tod. Der erste Tod ist für die Christen nach der Auferstehung Jesu ohne Schrecken. Denn er bedeutet, daß die Christen mit Christus zusammen sein werden. Der erste Tod ist nur, wie wenn die Sonne ihre Strahlen einsammelt. Der zweite Tod dagegen ist die absolute Gottferne, die Gott nicht will, die der Mensch sich aber selbst schafft, wenn er anderes will als Gott. Und hier, beim zweiten Tod, lebt die gewöhnliche alttestamentliche Auffassung des Todes ganz und gar fort.

Das ist auch gut verständlich. Denn daß der Mensch nicht einfach tot ist, sondern vielleicht eine Hoffnung auf Auferstehung, auf Zugehörigkeit zu Gottes »Familie« haben darf, das ist die große Neuerung des zwischentestamentlichen Judentums (mit Spuren in Daniel 12 und in Jesaja 24–27). Diese Hoffnung kann der Mensch aber nur unter besonderen Bedingungen haben, die am klarsten bei den Pharisäern formuliert sind: Wenn der Mensch besonders heilig, besonders rein und sozusagen engelgleich lebt, dann darf er die Hoffnung auf Auferstehung haben. Aber sie ist und bleibt die große Ausnahme, und der Tod als Gottesferne ist das Normale.

In diese jüdischen Hoffnungen auf Auferstehung tritt das frühe Christentum ein, und mit der Gabe des Heiligen Geistes kann Jesus allen Christen die Bedingung verheißen, die zur Auferstehung »hinreichend« ist. An die Stelle der pharisäischen Gebotsobservanz tritt eher das Leiden (vgl. fünfte und sechste Antithese der Bergpredigt, Matthäus 5,41–48). – Dabei bleibt nun zwar der erste Tod, aber der zweite Tod wird eben durch die Auferstehung vermieden. Im Alten Testament ist es der Normalfall, daß erster und zweiter Tod zusammenfallen. Im wesentlichen erst seit dem nachkanonischen Judentum hofft man auf ein Splitting zwischen dem ersten und dem zweiten Tod. Den ersten Tod müssen wir zwar alle erleiden, doch den zweiten nicht unbedingt – dann nämlich nicht, wenn Menschen engelgleich rein sind. Das können sie nach pharisäischer Auffassung vielleicht durch besonders intensive Beobachtung von Gottes Gebot werden, nach Jesus durch die Nachfolge Jesu und vor allem nach Paulus durch den Heiligen Geist.

Die Aktualität der Gerichtspredigt

Gerichtspredigt ist sinnvoll als schlichte Aufklärung über das, was der Mensch zu seinem eigenen Unheil tun kann. Wichtig ist, daß sich das nicht nur auf ein Jenseits bezieht, sondern daß er jetzt schon gefährdet ist. So wie im Kolosserbrief auch die Auferstehung nicht erst dann, sondern jetzt schon ist, so ist es auch mit Gericht und Hölle.

Gerichtspredigt sollte keine Angst davor haben, für intolerant gehalten zu werden. Wenn mir ein Arzt sagt: »Wenn Sie weiter so rauchen, werden Sie nur noch ein halbes Jahr leben«, dann kann ich ihn natürlich für intolerant halten und mir einen netteren Arzt suchen. Doch vielleicht gibt es ja einsehbare Gefährdungen.

Bei dem oft zitierten Satz 1. Johannes 4,8b.16 *(Gott ist die Liebe)* wird zumeist vom Kontext abgesehen. Nach 4,20 heißt es aber: *Wer seinen Bruder haßt, ist ein Lügner,* nach 3,15 gar: *Wer nicht liebt, bleibt im Tod.*

Häufig wird die Gerichtspredigt als Zumutung empfunden nach dem Motto »Anderen wehtun, selber schreien«.

Eine Gerichtspredigt ist nur zu verantworten, wenn dabei nicht bloße Konfrontation herrscht, sondern wenn ein Spielraum bleibt, Freiheit eröffnet wird, da die Sache noch in Bewegung ist. Die Aufgabe besteht dann eigentlich darin, Handlungsmöglichkeiten zu eröffnen, von der Freiheit als dem Raum zu sprechen, *in dem man noch etwas machen kann.* Dazu gehört auch das Gebet. Gott wird dann weder statisch noch nur als Garantie für Geborgenheit gesehen (dann kann man auch nichts mehr machen). Wer handeln kann, darf dann Gott alles weitere überlassen.

XIII

Wichtige Einzelfragen

Der endzeitliche Widersacher (Antichrist)

Man kann drei Arten von Schrecknissen vor dem Ende unterscheiden: Kosmische Katastrophen (Sterne verlassen ihre Bahn, Erdbeben, Fluten, Mißgeburten) sind eigentlich Zeichen vor dem Kommen Gottes. Eine zweite Gruppe sind Elemente des Verfalls der moralischen Ordnung (Kriege, Verrat, Verfolgung Unschuldiger, Umkehr der sozialen Ordnung). Sie kommen daher, daß die Menschen immer böser werden. Eine dritte Gruppe sind bösartige Führer der Menschen. In ihnen wird nach manchen Texten der Teufel direkt sichtbar. Sie führen die Menschen in die Irre. Ihr besonderes Merkmal ist der verführerische Schein, *Verführung und Propaganda.*

Die Konzeption des Antichrist hat einen doppelten Ursprung, einen prophetischen und einen politischen. In beiden Fällen geht es um eine Einzelgestalt oder eine Gruppe von wenigen, die den Rest in die Irre führen. Es liegt also eine aristokratisch-monarchische Form von Verderbnis vor. Denn der einzelne oder die wenigen stehen der Masse der von ihnen Verführten gegenüber. Damit wird die Form der »wahren Religion« nachgeahmt, und zwar, so ist es die Auffassung der apokalyptischen Texte, täuschend ähnlich. Während beim Verfall der moralischen Ordnung quer durch das Volk Täter und deren Opfer existieren und Geschrei und Blutvergießen offenkundig sind, geht es bei den »Antichrist«-Figuren um Hirten, Führer und Lehrer, die in den Abgrund führen, was erst am Ende richtig sichtbar wird.

Auf der mehr *prophetischen* Linie stehen Pseudopropheten und Pseudochristusse (Markus 13,5.21). Sie betören die

Menschen durch Wunder und behaupten, der wahre endzeitliche Prophet oder Christus zu sein. – Aus der Sicht zum
Beispiel des Markus-Evangeliums sind sie deshalb gefährlich verführerisch, weil sie Jesu Wirken auf Erden nachahmen. Dagegen sind die kommenden *End*ereignisse gar nicht
auf Erden anzusetzen. Denn Jesus, der wahre Menschensohn, kommt vom Himmel her. Wichtig ist das deshalb,
weil die Christen, an die sich Markus wendet, sowohl vor
sich selbst als auch vor Außenstehenden von dem bösen
Verdacht befreit werden, das Christentum sei irgendwie
schuld an dem Chaos in der Welt, an Kriegen und am Untergang Jerusalems. Oder gar Jesus verursache das. Nein,
sagt der Evangelist, Jesus kommt ganz anders. Die irdischen
Schrecknisse sind nicht von ihm, sondern von den Menschen.

In 2. Thessalonicher 2 und in Didache 16 ist der »Weltverführer« jeweils Jesus sehr ähnlich. Nach 2. Thessalonicher
2,4–9 sitzt der Widersacher im Tempel und lehrt wie Jesus
(nach Markus 12): *(4) Er stellt sich über alle Götter und
über alles, was heilig ist, setzt sich in Gottes Tempel in Jerusalem und behauptet, er sei Gott... (9) Er hat seine Kraft
vom Satan und wirkt trügerische Machttaten, Zeichen und
Wunder.*

Ähnlich in Didache 16,4–6: »Dann wird der Weltverführer
erscheinen und sich als Sohn Gottes ausgeben. Er wird Zeichen und Wunder tun, er wird die Erde beherrschen und
Frevel anrichten, wie es sie seit Bestehen der Welt nicht gegeben hat. (5) Dann kommen die Menschen in die Feuer-
probe der Bewährung. Viele werden abfallen und verloren
gehen. Die geduldig in Treue aushalten, werden gerettet
werden und nicht verflucht werden. (6) Dann werden die
Zeichen von Gottes Wirksamkeit erscheinen: Zuerst wird
der Himmel auseinandergerissen, dann das Zeichen des Po-
saunentons, dann das dritte Zeichen: die Auferstehung Toter.«

Hier werden die irdischen Zeichen des »Weltverführers«

unterschieden von den wahren Zeichen, die am Himmel sein werden. Was aber der Weltverführer tut (er sagt, er sei Sohn Gottes, und tut Zeichen und Wunder), das tut Jesus nach den Evangelien genauso.

Man kann darüber streiten, ob hier das Jesusbild der Verfasser aufs Gegenteil übertragen wird oder ob nicht vielmehr in diesem Bild der prophetischen Widersacher Züge der Erwartung eines prophetischen Messias erkennbar werden, die unsere Kenntnis über frühjüdische Messiasvorstellungen bereichern könnten.

Die hier erörterten prophetischen Widersacher werden, wie es diese Texte erwarten, auftreten, weil es schon immer schwierig war, die rechten Propheten von den falschen zu unterscheiden. Das frühe Christentum ist mit seinem Kampf gegen die »Irrlehrer« wesentlich auch ein Kampf um diese Frage. Auf sie gibt schließlich die Didache eine verblüffende Antwort: Wer das Gastrecht überstrapaziert und sich länger als zwei Tage bei euch durchfüttern läßt, der ist ein Falschprophet.

Zum *politischen* Typus des Widersachers gehört das römische Kaisertum. Das erste Tier in Offenbarung 13,2 hat seine Macht direkt vom Teufel. Kein Ausleger zweifelt daran, daß es sich hier um den römischen Kaiser handelt. Doch auch dieses erste Tier hat eine Art »prophetischen« Helfer, jemanden, der offensichtlich vor allem für den Kaiserkult Propaganda macht. Dieser politische Widersacher wird erst in den Zeiten regelmäßiger Christenverfolgungen (3. Jahrhundert) Antichrist genannt. Die Anfänge des Typus des politischen Widersachers liegen im Bild Antiochos IV. Seleukos nach Daniel 7. Und schon von hier her ist klar: Ein Herrscher rückt in die Position des »letzten« Widersachers ein, wenn er die biblische Religion verfolgt und besonders, wenn er Märtyrer schafft. Gerade auch in der Offenbarung des Johannes ist das Martyrium (»Krieg gegen die Heiligen des Höchsten«) Jesu und der verfolgten Christen überhaupt der Grund für die Einordnung der frühchristlichen Geschichte in das definitive Endgeschehen. Daher gilt: Zum Bild des politischen Antichrist gehört immer, daß er Märtyrer schafft.

Besonders durch die *Existenz von Märtyrern* in Ägypten, im Judentum und im frühen Christentum wird apokalyptisches Denken dualistisch. Das heißt: Zwischen dem letzten der vier Reiche und den Trägern des dann folgenden fünften Reiches besteht erbitterte Feindschaft. Der Seher Johannes stellt daher Gott und das Lamm auf der einen Seite dem Teufel und dem von ihm abhängigen römischen Kaisertum auf der anderen Seite gegenüber.

Der politische wie der prophetische Typus des Widersachers ist dem wahren Messias zum *Verwechseln* ähnlich. Außerdem ist beiden Arten von Widersachern die prinzipielle Mehrzahl eigen, während der Messias oder der wahre messianische Prophet prinzipiell nur einer sein kann. Hier wird auf dem Feld innergeschichtlicher Figuren noch einmal der Kampf zwischen heidnischer, ja teuflischer Pluralität und der Singularität Gottes oder seines Repräsentanten geführt.

Die Spiegelverkehrtheit äußert sich in der Offenbarung des Johannes vielfältig: Das Lamm hat sieben Hörner (5,6), und Hörner haben auch die Tiere: das erste Tier zehn (13,1), das zweite Tier zwei (13,11). – Das Lamm teilt mit Gott den Thron (5,13), das Tier erhält seinen Thron vom Drachen (13,2). – Der Christus hat Macht (*dynamis;* 12,10) wie das Tier (*dynamis;* 13,2), doch die Vollmacht kommt jeweils von der übergeordneten Instanz: bei Jesus Christus von Gott (12,10), beim Tier vom Drachen (13,2.5). – Geschlachtet ist das Lamm (5,6), beim Tier eines der Häupter (13,3). Dabei bezeichnet »schlachten« den gewaltsamen, unnatürlichen Tod. – Alle Völker (Begriffe: Stamm, Volk, Nation, Zunge) spielen bei beiden eine wichtige Rolle: Das Lamm hat sein Volk *aus allen Völkern* gekauft (5,9), das Tier hat Vollmacht *über alle Völker* (13,7). – Die Verehrung gilt jeweils dem Unter- und auch dem Übergeordneten: Gott und dem Lamm (4,9–11 und 5,12f), und sowohl der Drache (13,4a) als auch das Tier (13,4b) werden angebetet. Die ganze Schöpfung huldigt, nach 5,13f Gott, nach 13,8 dem Tier. – Beider Anhänger tragen ein Kennzeichen: ein Siegel (7,2; 9,4) oder ein Mal (13,16f; 14,9.11; 16,2; 19,20; 20,4). Entweder trägt man den Namen Gottes auf den Stirnen (22,4) oder den des Tieres (13,17). – Die Propheten Gottes wirken 42 Monate (dreieinhalb Jahre), und genauso lange dauert die Vollmacht des Tieres (13,5). – Das Lamm (5,6) und seine beiden Zeugen erstehen auf (11,11f), und so wird auch beim Tier die Wunde des Todes geheilt (13,3). – Nach 11,5 können die beiden Propheten Gottes Feuer vom Himmel herabrufen, nach 13,13 kann das auch das Zweite Tier. Das Lamm hat zwei Zeugen als Missionare, die zur Anbetung Gottes anhalten (11,3.10.13), und das Zweite Tier bringt die Menschen zur Anbetung des Kaisers. Wer sich widersetzt, wird jeweils getötet – durch die beiden Zeugen nach 11,5.13 oder durch das Zweite Tier nach 13,15. Nach 11,15; 19,4–8 wird Gott angebetet, weil er das Lamm hat siegen lassen. Nach 13,4 wird der Drache angebetet, weil er dem Tier Macht gab.

Diesen wichtigen Elementen gehen wir jetzt nach, zuerst der *Nachäffung des Wahren.*

Apokalyptisches Denken ist dualistisch, das heißt: Es gibt für diese Erwartungen je länger desto mehr nur noch radikal Gutes oder radikal Böses. Wie wir auch heute beobachten können, sind Extreme einander oft ähnlich, und das weiß auch die jüdisch-christliche Apokalyptik. Diese Ähnlichkeit wird erklärt als Nachäffung des radikal Guten durch das radikal Böse. Dabei geht man davon aus, daß es oft sehr schwer ist, Kriterien für eine Beurteilung (»Unterscheidung«) der Geister zu finden.

Durch die gesamte Offenbarung des Johannes zieht sich der Grundsatz, daß der römische Kaiser (Nero) dem jüdischen Messias (Jesus) in jeder Hinsicht täuschend ähnlich ist. So wird zum Beispiel die Nero-Legende (Nero ist trotz [Selbstmord?-]Attentat am Leben und kommt aus dem Osten demnächst zurück) direkt der Auferstehung Jesu und der erwarteten Wiederkunft parallel gesetzt.

Diese Nachäffungstheorie ist nicht ohne religionsgeschichtliche Anhaltspunkte: Der Theorie nach (!) war ja das römische Kaisertum der Glücksfall, daß göttliche Aura, menschliche Vollkommenheit und absolute Macht in einer Person vereint waren, die deswegen Frieden unter den Völkern schaffen konnte. – Auch die Messias-Hoffnungen des Frühjudentums sind nicht denkbar ohne diese sich seit Alexander dem Großen verfestigenden Züge des Idealherrschers über die ganze Welt. Anders gesagt: Im römischen Kaiserkult bekämpft das Christentum seine – religionsgeschichtlich gesehen – nächste Analogie und damit seinen gefährlichsten Konkurrenten, jedenfalls was die Theorie betrifft.

Die Nachäffungstheorie konnte bei den politischen Bildern ansetzen, die man seit eh und je mit der Herrschaft des Gottes Israels und seines Messias verbunden hatte. Wenn der Gott Israels der wahre Gott und König der Könige ist, dann kann alles andere Königtum die Herrschaft Gottes höchstens stümperhaft nachzuahmen versuchen.

Bei aller verführerischen Nachahmung ist wiederum dieses das entscheidende Kriterium des Unterschieds: Der politische Antichrist schafft Märtyrer. Gott dagegen wird die Märtyrer tausend Jahre regieren lassen.

Man darf fragen: *Sollen wir den Antichrist erwarten?* – Die Antwort darauf gibt die von uns so genannte *Kleidertheorie.* Apokalyptik hat immer von der Übertragbarkeit der Rollen gelebt. Das Neue Testament zeigt das auch: Statt von Rom direkt zu sprechen, benutzt der Seher Johannes die Textvorlage über das alttestamentliche Tyrus, und er nennt diese Stadt Babylon. Man könnte das eine Kleidertheorie nennen: Das Kleid des Widersachers Gottes, im Beispiel: der stolzen, gottlosen, ausbeuterischen Stadt, wird von verschiedenen Trägern nacheinander getragen: von Tyrus, Babylon und Rom (in der späteren christlichen Apokalyptik: von Byzanz, vom Rom der Päpste, von Moskau). Diese Träger sind sich immer wieder ähnlich, aber auch unähnlich. Auf diese Weise wird eine Art vergleichender Geschichtswissenschaft getrieben: Nichts ist radikal neu unter der Sonne. Und vor allem kann das negative Geschick des alten Widersachers auch eine sehr geeignete Drohung für den gegenwärtigen Träger des Kleides sein.

Auch Jesus beherrscht diese Technik: Den Städten, die nicht auf seine Botschaft hören wollen, darunter auch Kapernaum, hält er Sodom und Gomorrha als Vorbild vor Augen. Auch hier sind es gottlose Städte.

Die apokalyptische *Verhüllungstechnik* geht sogar noch weiter: Nirgends wird in der Offenbarung des Johannes Rom, die große Gegnerin der Gemeinden, auch nur mit Namen genannt. Man kann es nur aus den sieben Hügeln in Offenbarung 17 und aus dem Namen erschließen, der am wahrscheinlichsten (!) hinter der Zahl 666 steht: Kaiser Nero. Schreibt man dieses Wort mit hebräischen Buchstaben, so ergibt sich als Zahlenwert der Buchstaben 666. Aber das ist auch schon alles.

Durch die Technik der Verhüllung wird folgendes erreicht:

– Das geschichtliche Einzelereignis wird in einen größeren Zusammenhang gestellt. Es ist nicht rein zufällig, sondern gehört zu einem Typus von Ereignissen. Die Vielfalt der Geschichte wird so geordnet. Durch die Zuweisung zu einem Typus steht aber auch der Ausgang fest. Er wird nicht anders sein als beim ersten Fall des Typus der gottlosen reichen Stadt.

– Wenn eine Einzelfigur einem Typus zugeordnet wird, erlaubt das die Unterscheidung des Wesentlichen vom Unwesentlichen. Das Individuelle wird »abgezogen«. Wir stehen damit vor einer archaischen Weise, in der systematische Theologie betrieben wird. Denn so gelingt es wenigstens indirekt, Wesensaussagen zu machen.

– Gott bleibt derselbe, seine Gegner haben verschiedene Larven. Die Offenbarung enthüllt diese Larven als »nichts Neues unter der Sonne« und nimmt ihnen damit auch etwas von ihrem Schrecken.

– Weil die Rollen immer wieder neu besetzt werden, weil immer wieder eine Stadt die Rolle von Babylon einnehmen könnte und vielleicht auch einnehmen wird, ist eine platte Identifikation im Sinne von »Dies ist die Große Hure, das Gegenbild der Braut des Lammes« gerade nicht möglich. –

Diese Einsicht ist für die Umsetzung von apokalyptischen Aussagen von einiger Bedeutung. – Dasselbe gilt auch für Herrscher oder Politiker und den Antichrist (das Erste Tier von Offenbarung 13). Im Sinne der Bibel wäre es gerade nicht möglich, einen bestimmten Herrscher als den definitiven Antichrist, als das endgültige Erste Tier nach Offenbarung 13 zu bestimmen.

Dagegen bestand die »fundamentalistische« Weise der Auslegung immer darin zu sagen: Dieser X ist definitiv der Antichrist. Das heißt: Gegen alle biblischen Warnungen hat man die Naherwartung so wörtlich verstanden, daß kein Spielraum für weitere Figuren zu sein schien. In Wirklichkeit ist keine einzige Aussage über Naherwartung im Judentum und in der gesamten Bibel terminlich genau fixiert.

Vielmehr gilt umgekehrt: Die typologische Methode, die praktizierte »Kleidertheorie« der Bibel ist ein Verfahren, das die biblischen Autoren selbst anwenden und so dem Verbot Rechnung tragen, den genauen Zeitpunkt des Endes zu berechnen. Wer nur sagt: Rom ist nach dem Typos von Babylon zu begreifen, der römische Kaiser nach dem Typos eines Tieres, das vom Drachen seine Vollmacht hat, wehrt damit eine eindeutige Festlegung im Sinne der ultimativen und definitiven Größe ab. *Denn wenn eine Stadt in die Kleider Babylons schlüpft, können es auch noch andere.*

Insofern leistet die typologische Methode des Verfassers der Apokalypse beides: Er sagt, daß Rom seine Rolle auf der Unheilsseite der Geschichte spielt, eine typische und wichtige. Er ordnet diese Rolle dem Ende zu. Aber er sagt nicht, es werde niemals wieder ein Babylon geben. Man kann daher wohl sagen: *Die Rolle des Vorletzten können im Prinzip mehrere Größen nacheinander spielen.*

Gleichzeitig ist damit gegeben: Die Rolle des Allerletzten wird nur einmal gespielt. Denn angesichts der Vielzahl der Rollen ist der Letzte notwendig ein einziger. Angesichts seiner ist alles andere Vielzahl und austauschbar, nur er selbst nicht. Angesichts des Letzten sind alle anderen wechselnde Träger identischer Kleider. Das aber bedeutet:

Die eigene Logik der apokalyptischen Darstellung verbietet jede definitive Identifikation innergeschichtlicher Größen mit heilsgeschichtlichen Posten. Diese Logik läßt immer nur zu, Rollenvergleiche vorzunehmen, aber nicht mehr.

Praktisch heißt das: Wir können sagen, XY sei ähnlich der Rolle Roms (Babylons, Tyrus') in der Offenbarung des Johannes. Aber wir können nicht sagen: XY ist definitiv das in der Offenbarung Gemeinte. So hat K. Wengst in seinem Buch »Pax Romana. Anspruch und Wirklichkeit« (München 1986) die Rolle des antiken Rom in der Zeit des 1. Jahrhunderts n. Chr. nach der Offenbarung des Johannes mit der der USA von 1968 verglichen. Das kann man mit mehr oder weniger Geschmack tun. Es bedeutet eine Art Fortsetzung des Verfassens von Apokalypsen durch neue Typologisierungen. Aber Wengst hat aus den beobachteten Analogien gerade nicht gefolgert, nun also sei das Weltende da, weil Offenbarung 18–21 in »Erfüllung« gegangen sei. Denn es ist klar: Das Weltende kann es nur einmal geben, und dann ist das Rollenspiel zu Ende. Ob aber die jetzt gerade gespielte Fassung die letzte Inszenierung des apokalyptischen Dramas ist, dies zu erkennen ist uns laut eigenen Aussagen der Bibel verwehrt. So ist zwar eine Erkenntnis der Rolle möglich, nicht aber deren endgültige Festlegung. So befinden wir uns zwar im apokalyptischen Drama, aber die Frage ist (und bleibt offen), ob es der letzte Akt ist.

Oder anders gesagt: Wir wissen nicht, wieweit es bis zum Ende ist. Wir wissen noch nicht einmal, ob dieser Abstand eine Größe der physikalischen Zeit ist. Die Bibel hilft uns nur, das, was geschieht, als typisches Endgeschehen zu verstehen. Denn seitdem das Lamm geschlachtet und auferstanden ist, klären sich die Fronten.

Die Aussagen der Offenbarung des Johannes sind nicht nach dem Schema Vorhersage – wörtliche Erfüllung zu verstehen, so wie manche die Reflexionszitate der Propheten und ihre Erfüllung im Leben Jesu verstehen. Sondern sie dienen nur generell der Einordnung der Ereignisse.

Zu den Reflexionszitaten: Manche denken, diese Stellen (zum Beispiel *Du, Bethlehem, bist die geringste...* in Micha 5,1.3; vgl. Matthäus 2,6) seien so aufzufassen, als habe der biblische Verfasser dabei an Jesus gedacht und nur auf ihn hin eine Weissagung gemacht. Das aber steht weder bei Micha noch bei Matthäus: Die Propheten helfen doch nur, die Geschichte Jesu insgesamt als Heilsgeschichte zu begreifen. Einzelnes kann man wiedererkennen, vieles andere, das die Propheten auch gesagt haben, hingegen nicht. Insofern sind manche geläufigen Vorstellungen über Prophetie und Erfüllung schon für das Verhältnis Altes Testament – Neues Testament unangebracht, und noch viel mehr gilt das vom Verhältnis zwischen dem Seher Johannes und der dann folgenden Geschichte.

Schon im Verhältnis Evangelien – Propheten geht es um ein *Wiedererkennen*, auch um die »Einheit der Offenbarung«. Die Offenbarung des Johannes, die das »Ende«, Gottes endgültiges Offenbarwerden, beschreibt, erkennt auch darin Elemente der vergangenen Heilsgeschichte wieder. Und wenn es dann sein wird, wie auch immer es sein wird, gilt dasselbe erneut: Wir werden wiedererkennen.
Das Schema zum Verständnis der apokalyptischen Texte sollte daher nicht sein:
wörtliche Weissagung – wörtliche Erfüllung.
Sondern immer geht es um Wiedererkennen:
in der Geschichte Jesu – prophetische Worte werden wiedererkannt;
in der Offenbarung des Johannes – der Seher erkennt in der Vision Teile der bisherigen Heilsgeschichte wieder;
in der weiteren Geschichte (nach dem Abschluß des Kanons) – gläubige Menschen erkennen in unterschiedlichen Ereignissen immer Elemente des heilsgeschichtlichen Wirkens Gottes.
Wiedererkennen ist kein starres Identifizieren, sondern eine prinzipiell visionär-ästhetische Weise der Erfassung von Geschichte. Dabei ist das hermeneutische Prinzip: Weil es

sich um ein und denselben Gott handelt, ist das gläubige Betrachten von Geschichte ein Erkennen immer derselben Charakterzüge Gottes. Die »Hypothese des Glaubens« ist: Gott handelt in immer ähnlichen Figuren.

Diese Betrachtungsweise ist uns abhanden gekommen, und hier liegt sicher einer der Gründe dafür, daß apokalyptische Texte nicht oder falsch verstanden werden.

Aktualität: Die Wahrheit ist nicht eindeutig

Beim Thema Antichrist geht es um das Problem der Uneindeutigkeit der Wahrheit in der Geschichte. Denn sowohl in der prophetischen Linie wie in der politischen sprechen alle Texte von Nachäffung, bei Lehrern und Propheten von Zeichen und Wundern, die in die Irre führen können. Denn so sagen es die apokalyptischen Texte:

– Lehrer wird es geben, die Jesus sehr ähnlich sind und auch ähnliche Wunder zur Legitimation tun und die dennoch das Gegenteil bewirken.

– Herrscher wird es geben, die wie Messiasse aussehen und doch am Ende nur Tod bewirken, und zwar massenhaft.

Denn alles das sieht der Wahrheit auf fatale Weise ähnlich. Wie also soll man da unterscheiden?

Wenn die Hauptsache des Phänomens Antichrist hier liegt, dann geht es eben nicht um »das Böse in der Welt schlechthin«, dann geht es nicht um Machtstreben, Egoismus oder den »inneren Schweinehund« als den Antichristen in mir. Es geht überhaupt um nichts Moralisches, auch nicht um mangelnd wahrgenommene Verantwortung, um Kapitalismus oder fehlende Liebe. Es geht nicht um Sünde oder Theodizee, um ungerechte Strukturen oder um Versuche der Selbstentlastung durch die Annahme eines Antichrist. Es ist geradezu Markenzeichen unseres Zeitalters, daß wir geneigt sind, das Phänomen Antichrist hier, auf der moralischen Ebene zu suchen. Historisch gesehen ist das falsch.

Theologisch gesehen ist das verheerend. Denn es geht um etwas wesentlich Differenzierteres.

In der Geschichte gibt es Eindeutigkeit nicht. Schein und Wahrheit sind nicht klar unterscheidbar. Diese Situation verdeckter Wahrheit und ebenso verdeckter Unwahrheit meint das Phänomen Antichrist. Mit Eschatologie hat das insofern etwas zu tun, als eben bis zum Ende und in der Endzeit gesteigert keine Klarheit herrscht. Im Matthäus-Evangelium wird das mit dem Bild vom Unkraut unter dem Weizen beschrieben (Matthäus 13,24–30). Eine klare Scheidung ist jetzt nicht möglich, denn die kontingente Geschichte vor dem Ende ist *kein Ort für absolute Wahrheit.*

Die gesteigerte Bedeutung des Scheins besteht darin: Die »eschatologische« Situation der Zweideutigkeit lebt gerade davon, daß der Böse sich nicht als böse zu erkennen gibt. Er offenbart sich nicht, sondern agiert scheinbar gut: In der griechischen Daniel-Diegese (Hg. K. Berger, Kap. 11) ist der Antichrist ein freundlicher Pädagoge, der Anfang seines Regiments ist durch üppigen Wohlstand in Natur und Wirtschaft ausgezeichnet.

In der Jesus-Überlieferung gibt es für diese Bedeutung des schönen Scheins in den Wehereden gegen die Pharisäer gute Anknüpfungspunkte. Denn die Pharisäer sind keine Verbrecher, das Böse ist subtiler. Daher wird nach kirchlicher Überlieferung der Antichrist ein Theologe sein.

Wir fragen weiter: Welches Verhalten folgt für die Christen aus dieser Situation?

Zweideutigkeit und die Folgen

Die Uneindeutigkeit der Wahrheit hat gravierende Folgen. Denn weil Jesus sich nicht legitimieren kann, weil er nicht eindeutig ist, wird er als Gotteslästerer hingerichtet. Und die Märtyrer später werden umstrittene Opfer, weil doch jeder, der – zumal in Kriegssituationen – Defätisten beseitigt, das Recht auf seiner Seite zu haben scheint.

So ist die allererste Konsequenz der Uneindeutigkeit: Die Verfechter der radikalen Botschaft werden als zwielichtige Umstürzler den Weg des Martyriums gehen. Die Geschichte des Christentums ist in diesem Sinn die Geschichte der Märtyrer, von Johannes dem Täufer, Jesus und Stephanus bis zu Savonarola.

Diese Auskunft ist hart, wird aber von der gesamten Antichrist-Überlieferung bestätigt. Der scheinbar gute Bösewicht kann auch viel leichter Opfer schaffen.

Die Überwindung der Zweideutigkeit

Eine erste Antwort auf die apokalyptische Ununterscheidbarkeit war die Verschriftlichung der Botschaft und die Kanonbildung. In Markus 13 ist das deutlich gesagt: Da werden Leute auftreten, die behaupten, *Jesus redivivus* zu sein, da kommen Propheten und Christusse (Markus 13,6.22). Doch wer wissen will, was Wahrheit ist, muß Jesus selbst befragen, und das kann man deshalb, weil seine Worte im Markus-Evangelium erhalten sind, Worte, von denen es ausdrücklich am Ende des zitierten Kapitels heißt: *Himmel und Erde werden vergehen, doch meine Worte werden nicht vergehen* (Markus 13,31). Hier wird bereits »geboren«, was später immer wieder als Kriterium für Wahrheit bemüht werden wird: der Versuch, Jesu eigene Worte zum Maßstab zu machen und damit exklusiv ihn selbst, gegen jede andere menschliche Autorität, selbst wenn sie in seinem Namen auftritt.

Wir fragen: Worin besteht eigentlich das, was der Antichrist sagt?

Die Substanz der Verführung

Der Antichrist inspiriert nicht zum Bösen, er fordert nicht zum Bankraub und zum Mord auf. Seine Verführung ist eine auf den ersten Blick unmodernere Sünde: Er vergeht sich gegen das Erste Gebot. Nach Offenbarung 13,12–15 will das Tier angebetet werden, nach Markus 13,6 wollen die »falschen« Gestalten für Christus gehalten werden, nach 2. Thessalonicher 2,4 will der Sohn des Verderbens, der sich im Tempel niedersetzt, für Gott gehalten werden.

Die Substanz der Verführung ist daher nicht ein einzelnes Vergehen oder eine besondere Irrlehre, sondern das zentrale Vergehen überhaupt: den falschen Gott oder den falschen Sohn Gottes anzubeten.

Nun halten wir heute weder das eine noch das andere für besonders schlimm. Man könnte das auch die Hinduisierung des öffentlichen Bewußtseins nennen: Die Postmoderne toleriert im Grunde die beliebig ausdehnbare Addition von Göttern.

Die Bibel dagegen geht aus von der dualistischen Intoleranz des einen und einzigen Gottes. Die Existenz anderer Götter wird nicht bestritten, aber alles liegt daran, unter diesen Göttern auf den rechten Namen zu setzen. Die Frage nach dem Phänomen des Antichrist heute heißt daher: Was bedeutet die Bewahrung des Ersten Gebotes heute? Meines Erachtens bedeutet das heute:

– Ein Staat, der LER statt Religionsunterricht geben will, ist nicht neutral, sondern bestimmt Neutralismus als Position. Neutral wäre, wenn die Religionsgemeinschaften selbst in Gestalt glaubwürdiger Lehrerpersonen sagen dürften, was sie meinen.

– Man hätte einen Hauch mehr auf Offenbarung 13 als auf Römer 13 setzen müssen. Der Grundverdacht, daß irdische Macht mit dem Teufel zu tun hat, hätte stärker sein müssen.

– Katholiken wurden seit dem 19. Jahrhundert bis in meine Schulzeit hinein als ultramontan verdächtigt. Denn sie hörten »nicht nur auf Berlin, sondern auch auf Rom«. Gegen den offenen Nationalismus beriefen sie sich auf eine Kirche, die keine Ausländer kennt.

Offenbarung gegen Uneindeutigkeit

Je nachdem, ob sich Christen in der Situation der Verfolgung befinden oder nicht, äußert sich das Phänomen Antichrist verschieden.

Vergleichsweise einfach und klar ist die Situation der Verfolgung: Die Gegenseite, die Tyrannei, gibt sich zu erkennen als eine Macht, die Menschen mordet. Sie enthüllt sich, indem sie Märtyrer schafft. Der Märtyrer seinerseits bekennt in der Todesstunde und gibt Zeugnis für die Wahrheit, von der er lebt und die ihn trägt. (Dietrich Bonhoeffer in der Todesstunde: »Dies ist das Ende. Für mich der Beginn des Lebens.«) Beide, die autoritäre Macht und der Märtyrer, verlassen definitiv die Situation der Zweideutigkeit. Nur bis zur Stunde, in der Märtyrer geschaffen werden, ist die Obrigkeit zweideutig.

Schwieriger ist es in Zeiten des »Friedens«: Die Unwahrheit erscheint fortgesetzt als Wahrheit (nehmen wir als Beispiel den Nationalsozialismus im Jahr 1934), und die Wahrheit erscheint als fragwürdig. Das Phänomen des Antichrist in Friedenszeiten bedeutet daher: Auch den Kirchenchristen wird ihr eigenes Bekenntnis, ihre eigene Tradition zweideutig. Sie können nicht mehr klar erkennen, ob sie recht haben. Die Wahrheit hat ihre Evidenz verloren.

Ich gehe wohl nicht fehl, wenn ich das letztere als den gegenwärtigen Zustand der Kirchen bezeichne. Daher bittet der Vaterunser-Zusatz in der katholischen Liturgie: *et ab omni perturbatione securi…,* »(mache uns) frei von aller Verwirrung«. Das genau ist die gegenwärtige Situation, und diese Bitte ist das Gegenmittel.

Das tausendjährige Reich

Kein anderer Baustein der biblischen Apokalyptik hat eine so breite und auch durch Gewalttätigkeit gezeichnete Wirkungsgeschichte gehabt wie die Konzeption vom »tausendjährigen Reich«.

Die Basis für die Anschauung vom tausendjährigen Reich im Neuen Testament ist Offenbarung 20,4–6: *(4) Dann sah ich Throne aufgestellt. Allen, die darauf Platz genommen hatten, wurde Gerichtsgewalt übertragen. Ich sah auch, daß die auferstanden waren, die man enthauptet hatte, weil sie sich standhaft zu Jesus und zum Wort Gottes bekannt und das Tier und sein Kultbild nicht angebetet und sein Abzeichen nicht an Stirn und Hand getragen hatten. Als Auferstandene herrschen sie mit Christus tausend Jahre, (5) während die übrigen Toten bis zum Ende der tausend Jahre nicht wieder lebendig werden. Die tausendjährige Herrschaft der auferstandenen Märtyrer mit Christus ist die erste Auferstehung. (6) Glückselig und heilig, wer daran teilnehmen darf. Da diese Märtyrer für immer leben, hat kein Tod mehr Macht über sie, und daher bleiben sie auch vom zweiten, endgültigen Tod im Feuersee verschont. Im Himmel dienen sie Gott und Jesus, dem Messias, als Priester und herrschen mit ihm tausend Jahre lang.*

Der Vergleich mit ähnlichen jüdischen Texten ergibt: Es handelt sich um eine gesegnete, begrenzte Zeit vor dem Ende der Welt. Sie dient dazu, daß Gott noch in diesem Äon einen innerweltlichen Ausgleich herstellt. So wird er nach jüdischen Analogien die messianischen Verheißungen und die Zusage des Landes an die Väter erfüllen. Die Märtyrer, die in diesem Leben zu kurz gekommen sind, erhalten durch ein langes, glückliches Leben überreichen Ausgleich. Nach jüdischen und frühchristlichen Texten müssen andererseits gegen Ende dieser Zeit diejenigen sterben, die noch nicht gestorben waren (Henoch und Elia), damit am Ende allen Menschen das gleiche Geschick zuteil geworden ist.

Gottes Gerechtigkeit also gleicht sichtbar aus. Sie wirkt nicht erst im Himmel, sondern ist schon Teil der Geschichte der Welt. Die große Menge der Jahre (1000) ist wie die anderen Zahlen in der Offenbarung des Johannes auch gewiß eine »runde« Zahl, die Vollkommenheit bedeutet.

Das Motiv des tausendjährigen Reiches ist ein Testfall für die Auslegung des apokalyptischen Zeitverständnisses. Denn es ist wirklich die Frage, ob man sich diese Zeit im physikalischen Sinn als Zeit irgendwann vor dem Ende vorstellen muß – oder ob man das Ganze für eine symbolische Aussage »ohne Wert« hält, für ein Postulat, das eben zugunsten der Verteidigung von Gottes Gerechtigkeit aufgestellt wird. Oder sollte es einen dritten Weg geben?

Die klassische kirchliche Auslegung bezieht sich auf die unsichtbare Gemeinschaft der Märtyrer mit Christus im Himmel, die ähnlich der des gerechten Schächers zu denken sei (Lukas 23,42).

Auch hier ist die Verlegenheit unübersehbar, daß man die tausend Jahre irgendwo unterbringen möchte. Die Folge dieser Auslegung war, daß man dann im Jahre 1033 n. Chr. mit dem Ende der Welt rechnete.

Die Konzeption des tausendjährigen Reiches ist ein *Musterfall* für biblisches Gerichtsdenken.

Jüdische und frühchristliche Enderwartung ist extrem wertbezogen. Ihr Inhalt ist ganz entscheidend, daß verletzte Normen und Werte geheilt werden. Dabei gilt die Talio: Wem das Wichtigste genommen wird, sein Leben, der erhält das Wichtigste zurück. Wer Barmherzigkeit übt, dem wird Barmherzigkeit zuteil. Wer richtet, wird gerichtet. – Dahinter stehen folgende Grundsätze: Wer etwas Böses tut, wird Entsprechendes erleiden. Wer etwas Böses erleidet, der wird das Weggenommene empfangen. Wer etwas Gutes tut, wird Gutes empfangen. – Immer geht es daher um den Wechsel vom Tun zum Empfangen oder vom Verlust zum Wiederbekommen. Interessant ist, daß vor dieser Gesetzmäßigkeit eine strikte Gleichheit aller Kreaturen gilt.

Die Zeit bis zum Ende ist nur die (kurze) Zeitspanne, innerhalb derer sich der selige oder unselige Wechsel vom einen zum anderen vollzieht. Und weil ein gerechter Gott diesen Wechsel nicht lange hinauszögern darf, gibt es überhaupt »Naherwartung«. Auch die Seligpreisungen der Bergpredigt sind nach dem Muster der Talio oder des entsprechenden Ersatzes formuliert. Auch bei ihnen bleibt der Zeitpunkt offen.

Das Wichtigste ist: Wer in dem positiven Zusammenhang von Tun und Ergehen steht, ist jetzt und immer schon selig zu preisen. Offenbarung 20,6 schlägt mit der Seligpreisung *Glückselig und heilig, wer daran teilnehmen darf* die Brücke zu den entsprechenden Formulierungen der Bergpredigt. Daran wird die Aussageabsicht deutlich: Wer jetzt nach dem Evangelium handelt, tut etwas für den bloßen Augenschein Sinnloses. Er gibt sein Leben, er übt Barmherzigkeit, ohne auf Vergeltung zu schielen. Die Seligpreisungen trösten ihn, ohne ihn zu vertrösten. Denn er ist jetzt schon »selig«, er gehört in einen Lebenszusammenhang, in dem auf das Schenken das Beschenktwerden, auf das Martyrium das Königtum folgt.

Das tausendjährige Reich wird noch in dieser Weltzeit angesetzt, weil es eben nicht um Vertröstung gehen darf. Ähnlich – nur nicht so anspruchsvoll – ist auch die vielfältige Erstattung gedacht, von der Markus 10,29 für die Jünger spricht: In diesem Äon erhalten die Jünger Hundertfaches zurück, im kommenden das ewige Leben. Ähnlich Offenbarung 20: In diesem Äon tausendfache Erstattung, im kommenden die Bewahrung des Auferstehungslebens. Im Hintergrund könnte die frühjüdische Auslegung der Hiobgeschichte stehen: Hiob erhält nach der frühjüdischen Schrift »Testament des Hiob« (4,7–9) nach seinem Leiden alles doppelt zurück, dann aber die Auferstehung. Im Vergleich sieht das so aus:

Markus 10,29:
Aufgabe von Gütern und Familie – hundertfältige Erstattung jetzt (mit Verfolgungen) – ewiges Leben dann

Testament des Hiob 4,7–9:
Verlust von Gütern und Familie – doppelte Erstattung jetzt – Auferstehung dann
Offenbarung des Johannes 20,4–6:
Verlust des leiblichen Lebens – Erste Auferstehung: Erstattung tausend Jahre lang – kein Tod mehr

Die Übersicht ergibt: Nach allen drei Texten geht es jeweils um drei Phasen (Aufgeben/Verlieren – Erstattung in diesem Äon – Verheißung für den kommenden Äon). Die zweite Phase ist die interessanteste. Denn hier soll jeweils in dieser bestehenden Welt das Verlorene oder Aufgegebene ausgeglichen werden. Allen drei Texten ist sichtlich daran gelegen, daß im bestehenden Äon ein gerechter Ausgleich zustande kommt. Darf man sich das vorstellen – oder geht es um ein Postulat? Festzuhalten ist jedenfalls, daß man bis in die byzantinische Reichsapokalyptik des frühen Mittelalters hinein an einer irdischen, im oben dargestellten Sinne ausgleichenden Heilszeit vor dem Ende festgehalten hat, an deren Ende dann der Antichrist auftrat. Für die byzantinische Reichsapokalyptik war dies die Zeit des idealen Endkaisers. In den jüdischen Apokalypsen schon des 1. Jahrhunderts n. Chr. ist dies die begrenzte, aber glückliche Zeit des Messias.

Diese Apokalyptik bewahrt die Erwartung eines irdisch und nicht »transzendent« gedachten messianischen Zeitalters. Die christliche Orthodoxie entfernt sich zusehends von dieser mit kräftigen Farben gezeichneten jüdischen Erwartung. Sie wird »jenseitiger«, klerikaler und unvorstellbarer. In den Apokalypsen des 1. Jahrhunderts n. Chr. gibt es daher oft ein doppeltes Ende der Geschichte: in diesem Äon die Zeit des Messias, in der kommenden Welt die Heilszeit der Auferstehung. An der Stelle dieser messianischen Zeit steht in der Offenbarung des Johannes das tausendjährige Reich.

Die Frage ist, ob man theologisch heutzutage mit dieser Erwartung des innerweltlichen Ausgleichs oder der irdischen

Heilszeit vor dem Ende etwas anfangen kann. Zumindest dient sie als Korrektiv gegenüber einer allzu transzendent gedachten Erwartung des Himmelreiches. Die Texte zeigen: Es kann wirklich beides nebeneinander geben – die Erwartung einer irdischen Heilszeit und die des künftigen Äons. Die jüdische Hoffnung der irdischen Heilszeit war das Einlaßtor für sozialistische Hoffnungen. Gegenüber diesem naiven Chiliasmus ist die Offenbarung des Johannes denn nun doch sehr zurückhaltend.

Auf jeden Fall sagt der Text für eine Märtyrerkirche dieses: Wer sein Zeugnis mit seinem Leben besiegelt hat, also der Märtyrer, steht in einer unübertrefflich engen Beziehung zu Jesus. Für ihn »beginnt« mit seinem Martyrium »das Leben« (D. Bonhoeffer). Denn nicht dem Täter des Guten, sondern dem, der im Leiden seine Integrität bewahrt, gehört die ganze Liebe des Herrn. In einer Zeit, in der das Leiden marginalisiert wird und der Leidende völlig am Rande steht, ist vor allem dieses die Botschaft von Offenbarung 20: Der Märtyrer trägt mit Jesus Christus die Krone des messianischen Martyriums. Jesus ist nicht allein Messias, sondern seine Märtyrer sind es mit ihm. So sagt es das *Te Deum:* »Dich lobt das strahlende Heer der Märtyrer...«

Krieg und Gewalt am Ende

In den Texten von Qumran, besonders in der sogenannten Kriegsrolle, wird ein ausführliches Schlachtengemälde entwickelt. Nach Offenbarung 19 wird der »Logos« (»Gottes Wort«) als blutbespritzter Kriegsherr die Völker zusammenschlagen wie Töpfergeschirr und *wird sie weiden mit eiserner Rute* (19,15).

Christus besiegt zumindest am Ende seine Feinde mit dem Hauch seines Mundes, das heißt: durch sein Wort allein. Ähnlich »magisch« geprägt ist auch der Anteil der Menschen an diesem Krieg: Sie beteiligen sich daran durch Lieder und Hymnen (Offenbarung des Johannes), die den Sieg schon feiern, bevor er errungen ist. Nach den Texten der Kriegsrolle aus Qumran genügt der Gottesname auf den Standarten und Waffen, um die Feinde dahinzumähen. Auch das Blut Christi gehört zu den Waffen dieser Art: Nach Offenbarung 12,10f besiegt es (neben dem Zeugnis der Christen) den bösen Feind. – Welchen Sinn haben diese martialischen Elemente am Ende?

Der Gebrauch von Gewalt am Ende ist die Auflösung des bestehenden Dualismus und aller Feindschaft in der Welt. Aus den Psalmen wird aufgenommen, daß Israel von Feinden umgeben ist. Nach einigen Texten aus der Tradition des Sohnes Davids wird auch der Messias als Feldherr vorgestellt, der Israel von den Feinden befreit (auch Lukas 24,21).

Wir fragen weiter: Soll sich Gottes Herrschaft wirklich durch massenhaftes Töten von Menschen durchsetzen? Paulus greift diese Tradition des Heiligen Krieges auf und deutet die Feinde – wie schon das Frühjudentum nach den Qumran-Psalmen – auf die den Menschen feindlichen Mächte und Gewalten. Gott erlegt für den Auferstandenen einen dieser Feinde nach dem anderen, als letzten den Tod.

Vielleicht kann man diese Aussagen daher so auffassen: Schon das Frühjudentum kann einsehen, daß es sich bei den Feinden des Gerechten nicht notwendig um menschliche, politische Gegner handeln muß. Paulus hat die Gewißheit, daß etwas anderes destruiert wird, alles nämlich, was den Menschen Angst vor dem Tod macht.

Das mythische Bild vom Kampf Gottes gegen Mächte und Gewalten erhält daher seit der Erhöhung Jesu einen konkreten Sinn, wie ihn oft die Mystik (frühe Henoch-Literatur) bezeugt: Ein Mensch wird zu Gott erhöht. Er geht den Weg von unten nach oben. Und umgekehrt werden die Mächte, die traditionell oben sind, aus dem Himmel herabgestürzt. Die Erhöhung Jesu an die Rechte Gottes bedeutet den Sturz derer, die vorher Gott nahestanden.

Tiere und Monster

Offenbarung 9,2–6: *(2) Als der Stern den Tunnel aufschloß, stieg Rauch wie aus einem großen Schornstein heraus, so daß sich Sonne und Luft verfinsterten. (3) Aus dem Rauch krochen Heuschrecken auf die Erde, die waren gewalttätig wie Skorpione. (4) Ihr Auftrag lautete: »Gras, Gesträuch und Wälder laßt unversehrt, stürzt euch auf die Menschen, die nicht durch Gottes Siegel auf ihrer Stirn geschützt sind.« (5) Sie durften sie nicht töten, sondern sollten sie fünf Monate lang so quälen, daß sie Schmerzen litten wie von Skorpionstichen. (6) Wenn die Menschen dann sterben wollten, könnten sie es nicht, wenn sie den Tod herbeisehnten, würde er sie fliehen.*

Apokalyptische Schriften, besonders aber die Offenbarung des Johannes, nennen immer wieder in reichem Maße Tiere. Lamm, Löwe (für Jesus Christus) und Adler (als Gottes Bote) haben dabei positive Bedeutung, und Christus reitet auf einem weißen Pferd. Negative Bedeutung haben Pferde zur Darstellung von Krieg, Hunger, Pest und Tod, ferner Heuschrecken, Drache/Schlange, die Sau, Skorpione, Frösche und gar nicht weiter beschriebene Tiere zur Bezeichnung der römischen Obrigkeit. Seit dem Alten Testament sind noch Leviathan (Tier aus dem Wasser) und Behemot (Tier auf dem Land) beliebt und bekannt. Auch aus den ägyptischen Plagen sind einzelne Tiere bekannt.

Dank ihres sprichwörtlichen gattungstypischen »Charakters« sind die Tiere nicht nur Symbole für »reine Macht« in bestimmter Zuspitzung (Schwein: Unreinheit und Bosheit; Lamm: Unschuld und Wehrlosigkeit; Skorpion: Schmerz; tödliches Gift), sie machen auch die Geschichte übersichtlicher. Denn sie sind eben nicht individuell vorgestellt – ein Individuum hat immer gute und schlechte Seiten –, sondern dualistisch und funktional. Das heißt: Ein Tier ist entweder gut (Lamm, Adler) oder böse (Skorpion, Drache, Schlange, Frosch, Schwein).

Auch heute noch sind Tiere als Symbole staatlicher Macht geläufig: Der deutsche »Bundes«-Adler ist das letzte Überbleibsel des Heiligen Römischen Reiches deutscher Nation, dessen Adler seinerseits wieder auf den Adler als Zeichen für Rom zurückgeht. Die jüdische Apokalypse des 4. Esra-Buches (1. Jahrhundert n. Chr.) ist eines der ältesten Beispiele für den Adler als Zeichen des römischen Reiches (K. 10). Gerade anhand der Geschichte und Wirkung dieses Symbols läßt sich etwas über den Sinn dieser Zeichen ausmachen. Denn es ist schon sehr erheblich, wenn Macht zu einem einzigen Zeichen gerinnt. Überall nämlich, wo dieses Zeichen »gesetzt« ist, meldet die damit bezeichnete Macht ihren Anspruch auf Herrschaft an.

Tiere werden hier symbolisch verwendet, denn sie haben bestimmte eindeutige Eigenschaften (der Fuchs ist gerissen, der Löwe ist wild und stark). Mit diesen Eigenschaften stehen sie für bestimmte Arten von ungebrochener, »reiner« Macht. Auch das unschuldige, geschlachtete Lamm (weiß als Farbe der Gerechtigkeit) ist da keine Ausnahme. Denn die Ohnmacht des Geschlachteten wandelt sich in die Vollmacht des erhöhten Gerechten. Die Macht der Reinheit und Gerechtigkeit kommt gewissermaßen erst im zweiten Akt der Weltgeschichte zu Bedeutung, dann aber um so stärker. Nicht nur in dieser Beziehung bildet das Lamm eine Ausnahme. Es ist auch das einzige apokalyptische Tier, das leidet. Die anderen Tiere fügen in der Regel Leid zu.

Die Tiersymbole haben daher ihre Bedeutung nicht in erster Linie darin, wie hier eine bestimmte Macht illustriert wird, sondern darin, daß Macht, das Ungreifbarste, im Zeichen präsent ist und daß das Zeichen – breit gestreut – überall den Anspruch der Macht anmeldet und kundtut. Insofern besteht ein Zusammenhang zwischen Tiersymbolen und Propaganda.

Das heißt: Nicht das Zeichen als Zeichen ist wichtig, sondern seine Verbreitung. Und so wie Macht und Hoheitszeichen untrennbar sind, ist auch die Anerkennung von Macht untrennbar mit Zeichen der Anerkennung verbunden. Das nennt man im christlichen Bereich »Gottesdienst«.

Die Tiersymbole entschlüsseln daher plausibel und mit gezielter Wirkung in der Öffentlichkeit die geheimnisvolle Welt der unsichtbaren Mächte. Weil sie das Unsichtbare sichtbar machen, sind sie gut vergleichbar mit den Visionen oder kommen in Visionen vor. Komplexe Machtstrukturen werden mit den Tiersymbolen eindeutig und griffig bezeichnet. Zugleich werden sie aufgrund des Charakters, den die Tiere haben, auf den ersten Blick als gut oder böse erkennbar.

Zudem handelt es sich hier um eine internationale Symbolik, denn der Charakter der meisten Tiere wird überall ähnlich wahrgenommen. Das entspricht dem internationalen Charakter der Apokalyptik.

Das Fremdpsychische der Tiere steht in der Apokalyptik für das Fremde und Unalltägliche überhaupt. Denn in den Tieren begegnet der Mensch in sich geschlossener fremdartiger Macht. Gewissermaßen umzingelt durch Tiere und Monster, Engel, Dämonen und Gott, kann er seine Situation bedenken.

Ohne daß der Umweg über abstrakte Sprache gegangen werden müßte, geht das Universum der Tiersymbole direkt in die Emotionen ein, wie Wirkstoffe, die direkt ins Blut übergehen. Das Verstehen dieser Symbolik setzt auch keinen sehr hohen Bildungsgrad voraus. Obwohl die Menschen diesseits der Alpen, ja in Europa kaum je Gelegenheit hatten, einen Löwen in natura zu sehen, ist er dennoch das verbreitetste und verständlichste Symbol. Noch heute wissen selbst kleine Kinder sehr gut, was für Tiere Löwe, Esel oder Elefant sind und welchen Charakter sie haben.

Dies ist noch nicht das Ende

Es gibt in Apokalypsen eine ausgeprägte Tendenz, das Ende hinauszuzögern. So heißt es in Markus 13,7b: ... *das ist noch nicht das Ende.* Nach 2. Thessalonicher 2,5.7 gibt es eine geheimnisvolle Größe, die das Kommen der Enthüllung des Bösen aufhält (nach anderen Texten wird das Kommen der Erlösung aufgehalten).

Die Bedeutung dieses Ansatzes für die Gegenwart: Eine Trennung in schwarz und weiß ist noch nicht möglich. Es wäre gefährlich, sie jetzt zu vollziehen. Eine klare Scheidung verbietet sich noch. Jetzt ist noch die Zeit der Güte Gottes. Ihr Ziel ist nicht die Begnadigung im Gericht, sondern die Umkehr jetzt (Römer 2,1f).

XIV

Was dürfen wir erwarten?

Konkrete Hoffnungen

Die neutestamentliche Apokalyptik ist nicht rein seelsor-
gerlich-psychologisch aufzufassen, sondern auch chronolo-
gisch.

Den Aussagen über die anstehende Verwandlung dürfen
wir zumindest dieses entnehmen: Im Namen Gottes und in
der Kraft Gottes wird Geschichte »anders«. Die Ohnmacht
der Opfer und der Gebote Gottes, die Herrschaft der an-
maßenden Tyrannen wird nicht ewig dauern. – Jesus ist der
Prototyp des Neuen, das gilt für sein Erdenwirken wie für
sein Geschick. An der kommenden Verwandlung der Welt
haben Christen schon Anteil im Sakrament, im Gebet und
im Lied. – Weil das Ziel ist, daß Gott sich aller erbarmen
wird, dürfen wir auch auf die Einheit der Menschheit hoffen, und zwar eine Einheit unter Einschluß Israels. Jeder
Schritt auf diese Einheit hin ist ein Zeichen der sich vollen-
denden Schöpfung. Diese Vollendung geschieht nicht ohne
Mitwirken der Menschen. – Die Würde aller Opfer wird unter Gottes Schutz gewahrt oder wiederhergestellt.

Relevanz für die Heilsgeschichte (jetzt und in Zukunft) hat
daher alles, was mit Israel geschieht, was die Einheit der
Menschheit betrifft und jede kritische oder fürbittende
Funktion Israels/der Kirche für die ganze Welt.

Das Thema der Geschichte ist die Gewinnung und Bewahrung der Identität jedes einzelnen. Die Bibel redet da von
dem, was bleibt. Dieses Bleiben ist zu erreichen, indem sich
der Mensch im Glauben auf Gottes Stabilität gründet.

Durch die strenge Zahlensymbolik kann die Offenbarung
des Sehers Johannes den glaubhaften Eindruck vermitteln,
daß Schrecken, Tod, Schmerz und Untergang zeitlich strikt

begrenzt sind. Und weil Leid und Schmerz so begrenzt sind, liegt der Sinn der Geschichte nicht in ihnen. Er liegt im Gegenteil, in der Freude, und daher endet die Offenbarung des Sehers Johannes mit dem Bild einer Hochzeit.

»Gott ist der Kommende« – wer sich an diesem Satz orientiert, darf die Frage stellen: Wenn es nun schon so weit gekommen ist mit der Welt – wie kann es gut enden? – Die Antwort der Offenbarung des Sehers Johannes: Gott verknüpft die freien Taten der Menschen zu einem Gewebe mit gutem Ende. Wenn Religion überhaupt immer wieder eine Funktion hat für Menschen, dann vielleicht die, einen Zusammenhang zu schaffen zwischen unterschiedlichen Fragmenten der Wirklichkeit oder das mit einem roten Faden zu verknüpfen, was sonst auseinanderfällt – in der Biographie einer Person, im Miteinander einer Gemeinde, in der Geschichte eines Volkes, in der Frage, wie das irdische Leben mit Gottes Zukunft verbunden werden kann, in der Frage der Identität des einzelnen. Immer besteht Religion darin, zusammenzubringen, was sonst auseinanderfällt.

Von sich aus vermag der Mensch es nicht, den Sinn der Geschichte zu garantieren. Sie ist nur sinnvoll als Ordnung. Sie ist nur Ordnung, wenn es ein Gericht gibt.

Die Gegenwart des Zukünftigen

In den apokalyptischen Schriften geht es um die Zukunftsfähigkeit einer Gruppe von Menschen. Diese werden nicht nur die Zukunft erleiden oder erfahren, vielmehr leben sie schon jetzt nach den Bedingungen der kommenden Zeit des neuen Äons. Bei der »Gegenwart des Zukünftigen« geht es daher nicht um etwas Paradoxes, sondern um die besondere Art, in der Menschen während der alten Zeit nach den Regeln der neuen Zeit leben.

Zuerst sind *Gebet und Hymnus* zu nennen. – Nach Römer 8,15 ist das Abba-Rufen das Gebet, welches den unüberbietbaren Status der Kinder verleiht. Denn ihr Kindsein wird in Zukunft offenbar werden und die Frucht der Unvergänglichkeit bieten. Auch der Tod wird sie nicht von Gottes Liebe trennen können. – In der Offenbarung des Johannes sind die zahlreichen Hymnen die Art, in der die Gemeinden Anteil haben am Gottesdienst der Vollendeten.

Dem Gebet benachbart ist die *Wachsamkeit.* – »Wachen« steht mit Beten oft in enger Verbindung. Wer im Morgengrauen in den Tempel kam, um zu beten, verzichtete auf Schlaf und erreichte Gott mit dem wirksamen Gebet in der Frühe. Wachsamkeit bedeutet freilich weit darüber hinaus ein Leben in der Gegenwart Gottes. An den Texten kann man ablesen, daß Wachsamkeit die direkte Konsequenz daraus ist, daß niemand um den Zeitpunkt des Tages des Herrn weiß. Wachsamkeit ist daher genau die Art menschlichen Verhaltens, die daraus folgt, daß es keine Vorstellbarkeit des Endes gibt. Denn Wachsamkeit ist die Konsequenz daraus, daß mit jeder Sekunde der Messias wiederkommen kann. – Es ist keineswegs zufällig, daß die frühchristliche Wachsamkeit vor allem und fast ausschließlich im Bereich mönchischen Lebens überlebt hat und in der Wirkung andauert. Dort hat sie sich mit der Mystik verschwistert. Denn das Stundengebet ist bemüht, die Konzeption des »ständigen Betens« umzusetzen. Die Top-Lastigkeit des Stundengebets am frühen Morgen zeigt Spuren des Verzichts auf Schlaf und dazu die alte Tradition des Betens im Tempel in der Frühe.

Auf die Mystik und ihre Rolle haben wir schon verwiesen.

Konkretion

Früher gab es einen von vielen Legenden umwobenen Luxuszug, den Orientexpreß. Auf der Reise von Paris nach Istanbul, die eine Woche dauerte, war eines der technischen

Probleme immer die unterschiedliche Spurweite der Bahn-
geleise in den Ländern, durch die der Expreß fahren mußte.
Die Waggons mußten dann wohl per Kran auf ein neues
Fahrgestell gesetzt werden. – Wechsel der Spurbreite, ein
anderes Gleissystem – das ist auch das Thema einiger sehr
steiler Aussagen bei Paulus und in den Briefen seiner
Schüler, im Epheser- und im Kolosserbrief.
So sagt der Verfasser des Kolosserbriefes in Übereinstimmung mit seinem Meister Paulus: Wir Christen sind schon
mit Jesus auferstanden. Nicht nur *sozusagen*, sondern wirklich und leibhaftig. Das ist so ein Wechsel der Spurbreite.
Wie wenn wir mit dem Kran in die Höhe gehoben und dann
auf ein anderes Gleis, wirklich auf ein anderes gesetzt worden sind.
Davon können wir freilich nicht besonders viel merken, und
schon Friedrich Nietzsche kannte als Pfarrerssohn das
Neue Testament und forderte geradezu: Erlöster müßten
mir die Christen aussehen. Ist der Spurwechsel wirklich
schon vollzogen?
Doch vielleicht kann es der eine oder die andere sagen, daß
er in seinem Leben schon vielfach Hölle erlebt und den Tod
hinter sich gelassen hat. Den Tod hinter sich gelassen haben, das meint auch unser Brief.
Vielleicht ein Wissenschaftler, der jahrelang nur auf den
Verstand gesetzt hat, kalt lächelnd, und dessen Herz ganz
zugeklebt war, bis er durch die Erfahrung einer holdseligen
Frau auf andere Gedanken gebracht wurde. So, wie es bei
mir war.
Vielleicht ein Menschenschinder oder eine Denunziantin,
die vor lauter Gefühlen der eigenen Minderwertigkeit die
Rolle der Giftzwerge spielten und dann eines Tages das ei-
gene Eis und die eigene Rechthaberei nicht mehr ertragen
konnten, sehr krank wurden und dann beten lernten.
Vielleicht Eltern, die im Sinne des Lebensstils der Toskana-
Fraktion immer nur an sich dachten, aber dann in schwerer
Krankheit ihres Kindes entdeckten, daß es einen Herrgott

und Herrn des Lebens gibt, das wir nicht selbst in der Hand haben. Wie bei unserer Tochter, die mit drei Wochen den Kindstod erlebt hat, aber dann dank beherzter Oma das Herz massiert bekam und wieder lebendig wurde. Nicht zu vergessen, ein Einschnitt zwischen Tod und Leben.

Vielleicht ist es die Hölle oder eine Art Tod, wenn ein Jugendlicher schon fast gewöhnt ist, überhaupt nur noch virtuell zu leben, nur in Bildschirm und Internet. Bis er eines Tages entdeckt, daß die Welt voll teuflischer Gemeinheit ist und daß man mit Herz und Sinn, mit Hand und Gefühl etwas dagegen tun kann.

Oder Menschen, die FDJ und Stasi-System mitgemacht haben, freiwillig, und eines Tages entdeckten, rechtzeitig, lange vor der Wende, daß das vielgeschmähte Christentum nicht irgendeine blöde Religion ist, sondern aus Menschen besteht, die sich um einen gekreuzigten König der Dornen sammeln und mutig, immer wieder mutig aushalten im Namen von Wahrhaftigkeit und Liebe. Mut erforderte es, aber es wurden auch freie Menschen daraus.

Der Spurwechsel ist dann vollzogen. Wir sind auf ein neues Gleis gesetzt, und nichts kann uns mehr abspenstig machen von diesem König. Weil wir den Tod in all seinen Formen, die Hoffnungslosigkeit und die Menschenverachtung hinter uns gelassen haben. Ja, wir sind wie auferstanden, denn das Schlimmste, was es geben kann, haben wir dann hinter uns. Ein paar Stichworte aus der Zeitung mögen das verdeutlichen.

»Leopard« stand da, »auf leisen Sohlen, der elegante, leise Hauptartikel im deutschen Waffenexport.« Ich denke bei dem Auftreten mit leisen Sohlen lieber an Engel. Denn wenn wir mit dem Auferstandenen schon im Himmel wohnen, dürfen, können und sollen wir wie Engel sein. Engel für andere. Engel sind so leicht, so lautlos, weil sie sich selbst leicht nehmen. So sind sie als Boten des Evangeliums geeignet. Leopard ja, aber nicht zum Erschießen, sondern als leichte, kaum hörbare Helfer in der Not. Ich erlebe es oft, da ich als Engelspezialist gelte, daß Menschen ganz froh werden, wenn ich ihnen sage: Das Wichtigste ist, daß ein Mensch für den anderen ein Engel sein kann. Ja, das haben fast alle schon einmal erlebt.

Dann lese ich in der Zeitung das Stichwort »begrabene Illusionen« – jetzt, einige Monate nach der Wahl, seien viele schon wieder so weit, ihre Hoffnungen zu begraben. Das ist im Christentum anders. Begraben, sagt der Kolosserbrief, sind unsere alten Taten, unser Murks von vorgestern, Neid und Egoismus. Nicht aber unsere Hoffnungen, denn Gott enttäuscht uns nicht.

Ist Gott wirklich einer, der nicht enttäuscht? Ja, das kann man sehen, an Gestalten wie Mutter Theresa – einer Frau biblischen Formats, die bis in ihre achtziger Jahre nur eines kannte, die Liebe Jesu Christi mit vollen Händen weiterzugeben. Wie sollte sie enttäuscht sein? Das ist schon merkwürdig: Wer aus vollen Händen gibt, wird nicht enttäuscht. Man kann auch verliebt sein in das Schenken, und das ist ein Verliebtsein ohne Reue. Wie viele haben eine enttäuschte Liebe hinter sich. Liebe zu Gott kann nicht enttäuscht werden, denn wenn wir wirklich unser Herz schenken, werden wir immer reicher. Die fröhlichsten Menschen, die ich getroffen habe, waren Menschen, die auf jeden Besitz verzichtet hatten. Sie konnten nur noch gewinnen.

Wenn wir aber mit Christus schon auferstanden sind, dann bedeutet das etwas für unseren eigenen Tod. Daß er nämlich nicht das größte denkbare Übel, die schrecklichste Katastrophe ist. Für Christen ist er das nicht. Und hier haben wir nach wie vor der gewöhnlichen Hoffnungslosigkeit etwas ganz Mächtiges, Unüberwindliches entgegenzustellen: Wenn wir schon auferstanden sind, dann ist der leibliche Tod nur eine Station auf dem Weg zu Gott. Dann ist der Tod nur so etwas wie der Auszug aus Ägypten, aber ins Gelobte Land. Dann müssen wir nicht fragen: Wie konnte Gott das zulassen, und müssen nicht schreiben: Gott dem Herrn hat es gefallen, XY abzuberufen.

Nein, gefallen hat es ihm nicht, denn Gott liebt uns doch. Wenn wir Gottes geliebte Kinder sind, dann gefällt ihm der Schmerz des Todes nicht. Und Gott will nicht den Tod, auch wenn es in der bestehenden Schöpfung oft nicht anders geht. Doch Paulus sagt mit Recht: Nichts kann uns trennen von Gottes Liebe, auch nicht der bittere Tod.

Aber es gilt: Wenn wir schon auferstanden sind, dann wird uns der Tod nichts anhaben. Franz von Assisi sagt: Gelobt bist du, Herr, wegen unseres Bruders, des leiblichen Todes. Das also ist der leibliche Tod – nicht die denkbar größte Katastrophe, sondern unser Bruder.

Und ich lese in der Zeitung etwas von Fusionsfieber. Irgendwann, so las ich, wird es wohl nur noch einen einzigen Konzern geben, *Mercedes-Bertelsmann*, der alles macht, die meisten müssen dann nur noch all das konsumieren, was der Konzern herstellt, in einem im übrigen menschenleeren Europa, in dem nur noch die Iren genug Kinder bekommen. Offenbar haben wir noch nicht das richtige Fusionsfieber entwickelt. Das Christentum braucht Kinder, solche, die wir dann auch christlich erziehen. Damit nicht alle, die überhaupt geboren werden, nur noch zur Jugendweihe gehen.

Die Angst vor den Moslems, manche sagen: vor dem Türken, rührt doch aus unserem eigenen schlechten Gewissen, weil wir, und damit meine ich Mütter und Väter, einfach nicht genug Kinder in die Welt setzen. Sie werden uns allein schon zahlenmäßig überrunden. Davor haben doch viele Angst. Kinder gern zu haben und sich um sie zu kümmern wäre der Ausweg.

Oder Stichwort Todesstrafe in amerikanischen Gefängnissen.

In der Süddeutschen Zeitung, das ist nun wirklich keine Kirchenzeitung, vom 27. Februar 1999 lese ich ganz nüchterne Sätze: »Studien belegen, daß die Auseinandersetzung mit religiösen Inhalten im Gefängnis fast immer eine Garantie für Gewaltfreiheit nach der Haftentlassung ist.« Sonst ist die Rückfallquote 50 Prozent, hier nur 5 Prozent.

Ich war neulich in so einem Gefängnis für Schwerstkriminelle, auf Besuch natürlich, nicht als Insasse. Zusammen mit dem Gefängnispfarrer halten sie regelmäßig Bibelstunde. Sie hatten mein Buch »Wer war Jesus wirklich?« gekauft und alle gelesen. Eine unvergeßliche Erfahrung, diese Diskussion mit Menschen, für die das wirklich etwas zu bedeuten begann. Wie wäre es, wenn das wahr wäre?

Wenn wir schon auferstanden sind mit Christus, dann dürfen wir erleichtert sein. Das Schlimmste ist hinter uns, dann können wir frei sein, auch auf kleinkarierten Egoismus zu verzichten. Was bringt es denn wirklich, wenn man nur um sich herum frißt und eine Immobilie nach der anderen für die wenigen Enkel aufhäuft? Das Leben wirklich genießen, das kann fast niemand mehr.

In einer Klosterzeitung las ich neulich den Satz: »Steht dir das Wasser bis zum Hals, dann trink den Wein dort aus der Pfalz – tust du mal im Glauben wanken, trinke Wein aus Unterfranken.« Wir denken an Jesus auf der Hochzeit von Kana. Jesus konnte sich des Lebens freuen.

Schließlich als letztes Wort: »impeachment«. Unsere Gesellschaft sehnt sich nach Glaubwürdigkeit, und wo immer auch nur ein Hauch davon da ist, reagieren die Menschen mit Begeisterung. Bei der Kirche heißt das: Wo immer sich etwas bewegt in der scheinbar unbeweglich-toten Institution, und sei es, daß einer gegen den Strom schwimmt, da hören die Menschen atemlos und gespannt zu. Mein alter Freund Joachim von Fiore hat um das Jahr 1200 von einer moralischen und geistlichen Elite geträumt, die Europa führen könnte; engelgleich, hat er gesagt, sollte sie sein. Wenn wir auf die vielen Skandalgeschichten blicken, dann stellen wir fest: Unsere Erwartungen sind in der Tat so hoch. Wir erwarten, daß ein Politiker nicht geldgierig und daß er ehrlich ist. Auch wenn wir das selbst oft nicht bringen können. Unsere Erwartungen sind so hoch wie bei Joachim von Fiore geblieben. Aber nur auf die bloße Forderung hin, aus dem hohlen Bauch heraus, kann das keiner.

Joachim dachte an Menschen, die ganz Christus gehören, die siebenmal am Tag längere oder kürzere Zeit beten. Wir bewundern immer die Moslems um ihre Religiosität, daß sie fünfmal am Tag sich gen Mekka verneigen. Die frühen Christen haben siebenmal gebetet. Und wir beschweren uns eher darüber, wenn um 6, um 12 und um 18 Uhr die Glocken läuten. Das tun sie nicht nur für die sprichwörtlichen frommen alten Tanten – heute sind Tanten weder alt noch fromm. Es ist so wie mit dem Handy: Siebenmal am Tag zu Hause rückfragen, sich kurz melden.

Ist das etwas Besonderes? Nein, nicht für den, der Freund und Hausgenosse Gottes ist. Denn wir sind schon über den Berg. Ich weiß, wovon ich rede, wenn ich das sage, denn ich bin am Fuße eines Gebirges groß geworden. Und wenn man über den Berg ist, dann ist das ein großartiges Erlebnis, Luft und Sicht, die Enge des Tals und die Mühen des Aufstiegs sind vergessen. Wir sind schon über den Berg, weil der Tod schon hinter uns liegt.

Wer das wagt, hat auch die Kraft zu kämpfen, dem fällt es sicher schwerer, rundum korrupt zu sein. Wer schon mit Christus auferstanden ist, darf stolz sein, getauft zu sein, wie mir neulich einer meiner Leser schrieb, der darf so hochmütig sein zu sagen, daß er Besseres hofft und Besseres ersehnt. Wir haben Besseres zu bieten als den hoffnungslos selbstgebastelten Religionsersatz oder die armen Reden zur Jugendweihe. Wer mit Christus auferstanden ist und den Tod schon überwunden hat, darf erfüllt sein von der Freiheit, der Fröhlichkeit und dem unbesiegbaren Hochmut des Glaubens.

Reinhold Schneider beeindruckte bei dem Besuch beim Abt von Heiligenkreuz »die ungewollte, unbetonte Überlegenheit über die Kinder der Welt«. Das wünsche ich allen, die zu Christus gehören: daß die anderen uns um unseren Glauben beneiden.

Man kann das auch anders sagen und die Perspektive wechseln, aber was herauskommt, ist das gleiche: Daß wir schon auferstanden sind, bedeutet auch, daß wir ein Stück Himmel, ein großes Stück von Gott in uns tragen. Alle bösen Mächte möchten uns dieses Stück entreißen. Doch an allen Märtyrern aller Jahrhunderte können wir sehen: Dieses Stück ist uns kostbarer selbst als unser Leben. Ein Hauch davon neulich beim Streit um die Kruzifixe in der Schule: Wenn uns einer das nehmen will, dann sind wir plötzlich hellwach. Wenn uns einer unsere letzte Freiheit rauben will, die Freiheit zu lieben und anzubeten, dann möchten wir um unseres Lebens willen diese Freiheit bewahren, verteidigen sie mit Klauen und Zähnen. Um alles in der Welt möchten wir dieses Stück Himmel in uns bewahren, das Gott uns geschenkt hat.

Viele sagen: Diese Freiheit ist mir sehr lieb, aber der Kirche schenke ich sie nicht, die Kirche ist ihrer nicht würdig, sie ist so arm und ohne Herrlichkeit, ich behalte dieses Stück Himmel lieber für mich. Viele sind daher auf der Suche nach einer Kirche, der sie sich gerne und mit Begeisterung anschließen können, wo sie lieben und anbeten können. Aber wir können auch selbst etwas dafür tun; denn jeder bekommt die Kirche, die er verdient hat.

Hermeneutische Regeln

Für die Auslegung und Umsetzung apokalyptischer Texte werden vor allem folgende Regeln erkennbar:
Neue Apokalypsen schreiben bedeutet die Rollen des apokalyptischen Dramas mit neuen Figuren zu besetzen (Kleidertheorie).
Apokalyptische Bilder werden unter folgenden Fragestellungen und Gesichtspunkten gewonnen:
Was stellt die Größe und Fragwürdigkeit der Macht dar (Schwert, Königtum)? – Wie lassen sich – trotz allen Schreckens – die überragenden Größen von Ordnung (Zahlen!) und Schönheit darstellen? Wichtig wäre es, zwei kon-

kurrierende Ordnungssysteme darzustellen, das irdische und das himmlische. – Welche Rolle können Licht und Glanz spielen? – Das Blut des Lammes und der Märtyrer ist eine unüberbietbar einprägsame, tabubehaftete Wirklichkeit. – Tiere und Monster stellen reine Qualitäten dar oder die schlimmsten Greuel. – Elementare menschliche Gesten (Abwischen der Tränen durch die Mutter) sind genauso wichtig wie elementare menschliche Ereignisse (Geburt, Hochzeit). – Die Wirklichkeit des Leidens (Qualen, Katastrophen) ist nicht zu übergehen.

Bedeutung magischer Elemente, die sich bildhaft gut vermitteln lassen: Anhand von Offenbarung 7 (Versiegeln als Schutz, Name, vollkommene Zahl als apotropäisch wirkende Ganzheit; Blut des Lammes) kann man zeigen: Die Heilsaussagen für Gegenwart und Zukunft beruhen nicht auf personal-worthaften Kategorien, sondern auf dinglich-sakramentalen. Auch die Dimensionen Einheit – Friede – Ganzheit haben heilvolle Bedeutung (daher die Heilsbedeutung vollkommener Zahlen)

Typisch für die Apokalyptik ist der Kontrast zwischen Verborgenem und Offenbarem; daher auch der Kontrast zwischen Ergehen auf Erden und tatsächlicher Würde.

Hat Dualismus das letzte Wort?

In den meisten apokalyptischen Texten scheint eine Schwarzweißmalerei zu dominieren. Die Gerechten und Märtyrer stehen auf der einen Seite, die ungerechten Machthaber auf der anderen. Die einen haben Zukunft, die anderen Vergangenheit. Diese Zeichnung in schwarz und weiß gilt besonders für Gerichtsvorstellungen. Doch sie ist nicht notwendig und keineswegs überall vertreten. Damit fehlt auch ein konsequenter Dualismus etwa in den Briefen an die Epheser und Kolosser, die sich die Zukunft als qualitatives Wachstum des Leibes Christi (der Kirche) vorstellen. Die

Vorstellung fehlt auch bei Paulus, der in 1. Korinther 15 keine Gerichtsvorstellung referiert. Selbst in Markus 13 fehlt ein Gericht und damit jedenfalls hier eine definitive Trennung in Gut und Böse.

Statt dessen bieten etwa der Epheser- und der Kolosserbrief das Bild der Versöhnung an. Die Gegensätze der Welt (für Epheser: Juden und Heiden) sind in Christus versöhnt, nach dem Kolosserbrief (3,11) wie nach Paulus (Galater 3,27f) bleiben die trennenden Gegensätze aufgehoben.

Diese Versöhnung der Gegensätze ist eine Form der Überwindung des Dualismus. Andererseits gibt es keinen einzigen Text über eine Versöhnung von Gut und Böse in einem Dritten. Das ist so wenig möglich, wie es für einen Arzt ein Drittes zwischen Leben und Tod gibt und er sich mit dem Tod aussöhnen könnte; solange er Arzt ist, kämpft er für das lebenswerte Leben. Die neue Welt der Apokalyptik ist nicht die Versöhnung von Gut und Böse, sondern ist der Sieg der Gerechtigkeit, auf den die Opfer so lange warten mußten. So ist die Aufhebung der trennenden Gegensätze ein Stück mystischer Hoffnung (vgl. Nicolaus Cusanus und die *coincidentia oppositorum*), aber diese mystische Erwartung bleibt moralisch, ja sie ist nur möglich und denkbar auf der Basis von Gut und Böse, von Leben im Gegensatz zu Lebensfeindlichem. In diesem Sinne gibt es keine Allversöhnung.

XV

Apokalyptik und Ästhetik

Die Offenbarung des Johannes und die Kunst

Gläsernes Meer und goldene Stadt

Und sieben Feuerfackeln brannten vor dem Thron, und vor dem Thron war etwas wie ein gläsernes Meer gleich Kristall (Offenbarung 4,5f). Und: *Der Unterbau ihrer Mauer ist aus Jaspis, die Stadt aus reinem Gold gleich reinem Glas ... und die Straße der Stadt war reines Gold wie durchsichtiges Glas* (Offenbarung 21,18.21).

Die Offenbarung des Johannes ist – nächst dem Hohenlied des Salomo – das sinnlichste Buch der Bibel. Die Kunstgeschichte Europas ist nicht denkbar ohne dieses Buch und seine kühnen Bilder. Sie bilden ein Stück kollektiver Erinnerung unserer Kultur, von den vier apokalyptischen Reitern bis zu den Paradiesflüssen, vom Alpha und Omega bis zu den zwölftorigen Radleuchtern in der Vierung der romanischen Dome, die das himmlische Jerusalem darstellen, von der Himmelsfrau, zu deren Füßen der Mond, deren Gewand die Sonne und um deren Haupt ein Kranz von zwölf Sternen ist, bis zum thronenden Christus, aus dessen Mund ein Schwert kommt, surrealistisch fürwahr. Vom geschlachteten und siegreichen Lamm bis zur Hure auf der Sau, von den sieben Siegeln bis zum Buch des Lebens, das ist die Bürgerliste, wir würden sagen: das Telefonbuch, der himmlischen Stadt. Monster und Liebreiches, denn am Ende des Buches stehen die zärtlichen Worte einer Braut, der Braut, die nichts sagt als: Komm.

Es geht mir im folgenden nicht um Kunstgeschichte, sondern um deren Voraussetzungen in diesem Buch, um dessen eigene Sinnlichkeit.

Glanz und Sturz der Macht

Der verbannte Seher auf Patmos weiß sehr wohl die Verführung der Macht zu beschreiben, und es ist immer die eine, überwältigende Macht Roms. Er versteht es, raffiniert zu genießen. Wie wäre sonst die Collage der Luxusgüter in Offenbarung 18,12–13 zu verstehen: die Waren der Stadt, ihr Gold und Silber, ihre Edelsteine und Perlen, feine Leinwand, Purpur, Seide und Scharlach, all ihr wohlriechendes Zypressenholz, ihr Gerät aus Elfenbein und Edelholz, Erz, Eisen und Marmor, Zimt, Balsam, Räucherwerk, Salböl, Weihrauch, Wein, Öl, feines Semmelmehl, Weizen und Obst. Auch für Musik ist gesorgt: Zitherspieler, Sänger, Flötenspieler und Posaunenbläser stehen hier eher für eine Kultur à la Richard Wagner als für ein Kurkonzert im Oberharz.

Doch dazu gehören leider auch Menschenleiber und Menschenleben. Und buchstäblich wie ein roter Faden zieht sich durch dieses Buch das Bild des Purpurs, Zeichen der Macht, denn raffinierter als der Genuß von Zimt und Balsam ist es, in Purpur aufzutreten. Die Hure in Purpur, das ist reiner Genuß der Macht.

All dieses, sagt der Seher, wird binnen einer Stunde vergehen, und er bringt das schöne Bild der Schiffsleute, die von ferne her, vom Meer aus den Rauch der verbrannten Stadt sehen und die Stadt beweinen: Wehe, wehe, die große Stadt. – So ist es, sagt uns Johannes: *Da hob ein starker Engel einen Stein auf, schwer wie ein Mühlstein, und warf ihn ins Meer* (Offenbarung 18,21). Das ist es also: Engel, Mühlstein und Meer. Da fragt niemand mehr nach dem Wann und den Einzelheiten. Der Engel: feierlich, drohend, von byzantinischer Schönheit und höfischer Eleganz, Dynamik einer himmlischen Macht. Die ungewohnte Verbindung von Mühlstein und Meer wird kein gutes Ende haben können, kann nur abgrundtiefes Versenktwerden für den schweren Stein bedeuten. Der Mühlstein aber ist in der Hand des Engels ganz leicht geworden, rollt wie ein Stück Baumaterial, wie ein Reifen am Strand. Leicht wird es ihm wie das Spielchen Schiffeversenken.

Die Sinnlichkeit des Himmels

Das hat der Seher Johannes mit Jesus gemeinsam, der in Gleichnissen zu reden pflegte: Es wird keine Theorie verkündet, keine wahre Lehre und reine Idee, sondern die Sinnlichkeit des Himmels wird in wahrhafte und leibhaftige Konkurrenz gesetzt zur bestehenden Sinnlichkeit. Deshalb Bilder, Wunder, Heilungen und Visionen. Der Himmel ist kein blutleeres Gebilde, sondern neue, sinnliche Schöpfung. Und deshalb übrigens Liturgie.

So ist unser Beten nicht wie Hineinsprechen in einen Telefonhörer, ohne daß jemand antwortet. Nach der Offenbarung ist es wie Weihrauch, der vor Gott aufsteigt. Weihrauch also, wenn es »katholisch riecht«, Konkurrenz zu Zimt und Balsam, duftenden Hölzern und Ölen der bürgerlichen Welt, ein Stück keuscher Sinnlichkeit des Himmels. Weil der Mensch nicht nur hört und sieht, sondern auch riecht. Übrigens heißt Jesus deshalb der Christus, weil er der Gesalbte ist, wie Könige mit duftendem Öl gesalbt wurden. Ein Stück orientalischer Kultur der Düfte und des Riechens. Die gewöhnlichen protestantischen Ausleger von Offenbarung 8,3–5 haben da ihre Schwierigkeiten mit dem Altar, auf dem die Gebete der Gemeinde wie Weihrauch verbrannt werden. Denn weil diese Ausleger nie Meßdiener waren, verstehen sie immer nicht, daß Weihrauch nur mit glühender Kohle (vom Brandopferaltar) zusammen funktionieren kann. Jeder Meßdiener weiß, daß man Weihrauch nicht pur anzünden kann. Aus diesem Grunde also müssen nach Offenbarung 8 Kohlen vom Brandopferaltar geholt werden.

Warum dieses Bild? Weil Beten und Gebet nichts nur Privates ist und Religion nicht Privatsache. Wenn man einen Gegner hat wie das römische Reich mit einem Tyrannen namens Nero, dann ist jeder Christ und jede Christin der persönliche Staatsfeind des römischen Kaisers, dann ist jeder Gottesdienst leuchtender, weithin sichtbarer Protest gegen dieses System. Wenn man in Rom und anderswo dem Kaiser Weihrauch streute, bildlich oder in Wirklichkeit, dann ist das Beten der Christen wahrhaftiges Inszenieren einer Gegenwirklichkeit. Liturgie ist politisch, weil Politik liturgisch ist, und umgekehrt.

Nicht Gott braucht den Weihrauch, aber die Vision des Sehers setzt ein Zeichen für alle Christen und alle von Rom Unterdrückten, ein Zeichen, um das sie sich scharen können. Ein Zeichen, das wie ein Bekenntnis zur einzigen wirklichen Macht ist, die es gibt, zur Macht Gottes. – Weihrauch: ein Stück Luxus, wie übrigens auch Wein, Meßwein und Gold. Bibel und Liturgie gebrauchen diese luxuriösen Elemente, feiern auch das Abendmahl nicht mit Wasser, sondern mit Wein. Denn Wein ist ein Stück mehr als die bloße Notdurft, ein Stück Luxus, das besagt: Messianisch ist nicht das bloße Überleben, sondern die Qualität des Lebens. Nicht nackte Existenz, sondern Qualität ist hier alles. Daher auch die goldene Stadt, gegründet auf Edelsteinen.

Denn zur Sinnlichkeit des Himmels gehören nach der Offenbarung des Johannes vor allem auch die Edelsteine und ihr je verschiedener, leuchtender Glanz. In Kapitel 21,19–20 werden sie alle aufgezählt: Saphir, Smaragd, Topas, Beryll, Amethyst, Karneol, im ganzen zwölf Grundsteine der himmlischen Stadt. Luther ließ sich für seine Übersetzung die Edelsteine aus der kurfürstlichen Schatzkammer kommen und erkundigte sich nach ihren Namen. Edelsteine – eine Wissenschaft und eine Kultur, die uns fast abhanden gekommen ist. Denn sie gelten als beseelt und belebt, als heilend wie Medizin, sie können Orakel geben wie Urim und Thummim, sie haben ein tiefes, tröstliches Leuchten bei Nacht und in Not. Sie sind Stücke, Bruchstücke aus dem Paradies, sie allein und das Öl. Manche haben in sich eine Flüssigkeit, etwas wie ein Elixier verborgen, und am Ende der Zeiten wird Gott längst verborgene Edelsteine den Menschen wieder schenken. So ist es nach der Offenbarung beim himmlischen Jerusalem.

Warum wird der Himmel gerade so gezeichnet? Wie die goldenen Radleuchter der romanischen Dome? Wie der Grundriß der römischen Kirche San Stefano in Rotondo, der Kirche der Ungarn in Rom? Immer wieder hat die Bibel Schuld, Verhängnis und Gericht am Tun und Ergehen der großen Städte dargestellt: Sodom und Gomorrha, Babylon. Städte wurden zum Symbol, wie Coventry und Dresden, Stalingrad und Warschau in unserer Zeit. Immer wieder versündigt sich Jerusalem, vor allem an Gottes Boten. Jesus ergänzt die Reihe der Unglücksstädte um Chorazin, Betsaida und Kapernaum, dann wieder Jerusalem, weil er dort gekreuzigt wird. Hier, im letzten Buch der Bibel, ist Rom unter dem Decknamen Babylon der Gegenpol zum neuen Jerusalem geworden, das vom Himmel her kommen wird. – Immer werden es Städte sein, die nach dem Vorbild von Sodom und Gomorrha durch das Feuergericht bestraft werden. Daher geht Johannes der Täufer in die Wüste, in das unbebaute Land außerhalb der verdorbenen und verlorenen Städte.

Am Ende der Bibel steht die Vision einer ganz neuen Stadt, einer neuen urbanen Gemeinschaft Gottes und der Menschen. Im Unterschied zum Elend und falschen Glanz der herrschaftlichen Großstädte aller Zeiten die kritische Alternative. Die Mauern sind nurmehr zum Schmuck da, die Tore sind offen. Bedrohung und Bedrohlichkeit sind verschwunden. Alle werden Könige und Priester sein. Anstelle dunkler Schluchten bietet diese Stadt Helligkeit und Licht. Die Form der Stadt ähnelt hellenistischen und auch neuzeitlich-aufklärerischen Stadtplanungen: Sie ist geometrisch angelegt, der Markt als Kommunikationszentrum bildet die Mitte der Stadt, in der alle Menschen miteinander versöhnt sein werden. Fröhlichkeit, Übersichtlichkeit und Klarheit herrschen hier. Auch Bäume, einen ganzen Wald von Lebensbäumen, gibt es in dieser Stadt, wo der Fluß die ganze Stadt durchquert. Die letzten Kapitel der Bibel entwerfen damit das leuchtende Bild einer neuen zivilisierten Gemeinschaft der Menschen miteinander und mit Gott. So endet die Bibel nicht irgendwie fromm, noch viel weniger in masochistischen Demutsübungen oder säuerlichen Verzichtsforderungen, sondern in der Vision eines Gemeinwesens.

Das biblische Verbot, ein Bild Gottes zu machen, bleibt gewahrt, Gott selbst wird nicht dargestellt, denn so heißt es in extremer Abstraktion über seinen Thron: *Und siehe, ein Thron stand da im Himmel, und auf dem Thron saß einer. Und er war anzusehen wie Jaspis und Karneol, und ein Farbenkranz war rings um den Thron gleich einem Smaragd. Und um den Thron zuckten Blitze mit Krachen und Donner. Und vor dem Thron war etwas wie ein gläsernes Meer gleich Kristall* (Offenbarung 4,2–6). An Stelle einer Gestalt stehen impressionistisch reine Farben in reinstem Licht.

Die neuentdeckten und von meiner Frau und mir zum ersten Mal ins Deutsche übersetzten Hymnen aus der sogenannten Sabbatliturgie von Qumran bieten Vergleichbares: »An ihren wunderbaren Stätten sind Engel, vielfarbig wie das Werk eines Webers, mit herrlichen Mustern. Mitten in einer Erscheinung in herrlichem Rot, der Farbe des heiligsten Lichtes der Engel, stehen sie fest in heiliger Ordnung vor dem König, Engel in reinen Farben mitten in der Erscheinung weißen Lichts. Und die Gestalt des Engels der Herrlichkeit ist wie ein Kunstwerk von strahlendem Feingold. All ihre klaren Muster sind gemischt wie das Werk eines Webers« (K. Berger: Psalmen aus Qumran, 1994, 161).

Und auch hier wieder Musik: In der Offenbarung hört Johannes das Heilig, heilig, heilig, das beim Thron Gottes gesungen wird. Wir erinnern uns, daß in diesem Jahrhundert dieses Lied für den Religionsphilosophen Rudolf Otto zum zentralen Erlebnis wurde. Er beschreibt seine Erfahrung in einer armseligen Synagoge in Marokko: »Plötzlich löst sich die Stimmenverwirrung und – ein feierlicher Schreck fährt durch die Glieder – einheitlich klar und unmißverständlich hebt es an: qadosch, qadosch, qadosch, elohim adonai zebaoth maleu haschamajim wahaarez kebodo (Heilig, heilig, heilig ist Gott, der Herr der Heerscharen. Himmel und Erde sind seiner Herrlichkeit voll.) Ich habe«, schreibt er weiter, »das sanctus, sanctus, sanctus von den Kardinälen in Sankt Peter und das swiat, swiat, swiat in der Kathedrale des Kreml und das hagios, hagios, hagios vom Patriarchen in Jerusalem gehört. In welcher Sprache immer sie erklingen, diese erhabensten Worte, die je von Menschenlippen gekommen sind, immer greifen sie in die tiefsten Gründe der Seele, aufregend und rührend mit mächtigem Schauer das Geheimnis des Überweltlichen, das dort unten schläft.« Heilig, heilig, heilig. Gott selbst aber flüstert – welch ein Gegensatz zum donnernden Zeus der Griechen.

Die Ästhetik des Gottesvolkes

Das Gottesvolk selbst, das in der zukünftigen Stadt wohnen wird, sieht Johannes im Bild der Schönheit einer herrlichen Frau. Die Sonne ist gerade gut genug, sie zu kleiden, der Mond ist eine Sichel zu ihren Füßen, ihr Haupt ist bekränzt von zwölf Sternen.
Erwählung, Erlösung und Befreiung aus aller Finsternis und Drangsal wird dieser Frau als einer Schönheit zuteil, die die des Paradieses bei weitem übertrifft. Ungezählte Madonnendarstellungen aller Jahrhunderte geben etwas von dem wieder, was hier vom Volk Gottes aus Israel und der Kirche gilt. Von dieser Frau, Israel, der Kirche, kann man, ähnlich Gertrud von Le Fort in den »Hymnen an die Kirche«, sagen: »Sie hat noch Blumen aus der Wildnis im Arm, sie hat noch Tau in ihren Haaren aus Tälern der Menschenfrühe. Sie hat noch Gebete, denen die Flur lauscht, sie weiß noch, wie man die Gewitter fromm macht und das Wasser segnet. Sie trägt noch im Schoß die Geheimnisse der Wüste, sie trägt noch auf ihrem Haupt das edle Gespinst

grauer Denker. Sie war heimlich in den Tempeln der Götter der Heiden. Sie war dunkel in den Sprüchen aller ihrer Weisen. Sie war auf den Türmen ihrer Sternsucher. Sie war bei den einsamen Frauen, auf die der Geist fiel. Sie war die Sehnsucht aller Zeiten, das Licht aller Zeiten, die Fülle der Zeiten. Sie war die Straße aller ihrer Straßen, auf ihr ziehen die Jahrtausende zu Gott. Ihr Sieg reicht vom Morgen bis zum Abend, und ihre Flügel wachsen über alle Meere. Ihre Gebete baut sie wie Brücken ins Uferlose, sie läßt sie wie Adler ins Schwindelnde steigen. Sie kommt als eine Geschmückte aus der Wüste wieder und als eine Erleuchtete aus den Flügeln der Nacht. Sie kommt aus der Vernichtung wieder als eine, die Kraft fand, und kommt aus dem Unsichtbaren wieder als Gestalt. Wenn die Städte noch auf ihrem Fieberbett schlafen und die dumpfen Dörfer im Brodem der Felder versinken, wenn die Tiere sich noch nicht regen und die Einsamkeit des Herrn auf der Welt lagert, dann erhebt sie ihre Stimme, dann wäscht sie das Angesicht der Erde mit ihren Liedern.«

Sie ist nicht mehr die klagende und trauernde Frau, sondern aller Glanz der Schöpfung verziert nur sie. Die Botschaft dieses Textes: Das Heil zeigt sich als absolute Schönheit, und alle Schönheit der Erde ist Abglanz und Widerschein der Herrlichkeit des Heils. Nicht der Tod ist das Ziel, das Vergehen, Verwelken und Verblassen, sondern das Ziel ist die absolute Schönheit. Die Schönheit ist nicht das Gut, das Alter und Tod uns entwinden könnten, sondern sie wird siegen. Wir wachsen hinein in das herrliche Geheimnis unvorstellbarer Schönheit. Schönheit ist immer Appell zum Miteinander, ihr Sinn ist, daß Kommunikation leicht wird. So nehme ich die Schönheit meiner Frau wahr als Aufforderung, mich ihr zuzuwenden, nehme ihre Schönheit zum Anlaß, daß wir gemeinsam ein goldenes Haus ersinnen und erbauen. – Daher wird in Offenbarung 12 aller Glanz der Schöpfung nicht für eine Einzelperson behauptet, sondern für eine Gemeinschaft, das messianische Gottesvolk. Und hier schafft sich nicht der Messias eine Gemeinde, sondern er geht aus ihr hervor. Es fällt kein einzelnes Christkind vom Himmel, sondern gesegnet und über alle Maßen schön ist das Volk, in dem der Messias sein kann und aus dem er geboren wird. Eine gute Korrektur unseres gewöhnlichen Individualismus in den Anschauungen von Jesus: Jesus als die Mitte einer gesegneten messianischen Generation.

Zur Ästhetik des Gottesvolkes gehören vor allem seine Lieder. Daher heißt dieses Buch »das hymnische Evangelium«. Aber die Hymnen sind nicht bloß erbaulich oder auch nur irgendwie tröstlich. Sie sind vielmehr absichtlich als Konkurrenz zu Akklamationen im heidnischen Herrscherkult gedacht und formuliert: *Dem, der auf dem Thron sitzt und dem Lamme sei Heil, Lobpreis und Ehre und Macht...* (Offenbarung 5,13). Dieselbe Art der Formulierung von Zurufen kennen wir heute noch, und auch die Akklamation »Heil Hitler« war nach demselben Schema gebaut: »Heil« ist das Gut, das man dem zuspricht und von dem erwartet, dessen Namen man im Dativ nennt. »Heil Hitler« hieß daher: Wir erwarten das Heil von Hitler, bei ihm ist es, ihm steht dieser Ruf zu. Die Rufe der Offenbarung des Johannes bieten die Alternative: Statt »Heil, Kaiser, dir« singen die Christen: »Heil unserem Gott und dem Christus.« Auch hier ist Liturgie politisch verstanden, weil, wie wir wissen, bis heute Politik sich liturgisch geriert. Und diese Liturgie ist »schön«, kunstvoll in Hymnen gefaßt, weil Schönheit Zustimmung heischt, aus der Reserve lockt, Kommunikation erleichtert, Menschen verbindet. Und vielleicht gilt auch umgekehrt: All das, was Menschen verbinden kann, worin sich viele wiedererkennen können, was sie dazu reizt, Kontakt aufzunehmen, all das ist eben deshalb auch schön. Und schön, ein Kunstwerk für sich, ist es daher auch, wenn die Jünger wie eine Stadt auf dem Berge durch ihr Beispiel Menschen werben können.

Die Liturgie der Offenbarung des Johannes ist Inszenierung von Gottes Macht, nicht von Ohnmacht. Aber ist nicht, könnten wir fragen, solches Protzen Gott unangemessen? Ist der Gott Jesu Christi nicht eher ohnmächtig und solidarisch im Leiden als noch mächtiger als die Mächtigen? Betont nicht auch die Kirche zu wenig die Solidarität mit den Ohnmächtigen, gibt sie ihnen nicht zu wenig Chance, sich wiederzuerkennen? Ist nicht Herrlichkeit in der Liturgie die Wiederholung der Unterdrückung? Ist es nicht viel ehrlicher zu sagen, Gott sei ohnmächtig?

Doch gegen diese Einwände gilt: Eine bloße Wiederholung der Ohnmacht der Opfer ist keine Alternative, sondern wiederholt nur bestehende Trostlosigkeit. Und dem irdischen Anspruch von Machthabern ist nur mit dem höheren, aber doch auch ganz andersartigen Machtanspruch Gottes zu begegnen. Macht ist nicht abzuschaffen, sondern, und das betrifft die irdischen Potentaten, realistisch darzustellen, und diese Art von Kunst beherrscht die jüdisch-christliche Religion auf einzigartige Weise. Zum Realismus gehört auch der Tod als die sichere Grenze aller irdischen Macht. Das eigentliche Problem ist immer das von Tod und Leben. Wenn man dagegen die Ohnmacht der Opfer nur abbildet, wird sie allzu leicht statisch festgeschrieben, es fehlt dann der Prozeß, der aus ihr herausführt. Liturgie und sakrale Kunst überhaupt haben die Aufgabe, diesen Prozeß anzudeuten. Insofern kann, wenn es sich um die Darstellung eines Weges handelt, wie auf einem Kreuzweg auch Ohnmacht darin vorkommen.

Die Sinnlichkeit der Vergeltung

In Offenbarung 3,9 heißt es von den Verfolgern: *Ich (Gott) will machen, daß sie kommen und niederfallen vor dir,* und nach Offenbarung 20,4–6 erhalten die Märtyrer Belohnung durch ein tausendjähriges Reich, während zuvor die Potentaten und Regenten, die sie auf Erden gepeinigt haben, zu einem großen Abendmahl den Vögeln des Himmels zum Fraß vorgeworfen werden.

Gegen das eine wie gegen das andere regt sich Widerstand in uns. Weder glauben wir an die Auferstehung von Märtyrern noch an die Bestrafung ihrer Mörder. Noch dazu nicht so, daß sie im Staub kriechen vor uns. Denn Rache gehört zu den Tabus unserer Gesellschaft, sie gilt als unanständig, und deshalb wird die Zukunft dann eben ohne die Opfer stattfinden. Anders dieses Buch der Bibel. Rache wird nicht unterdrückt, aber auf Gott übertragen. Und dieser Gott liebt die Opfer, nicht die Mörder. Christen verzichten von sich aus auf Rache, doch die Schmach des Opfers wird ernstgenommen und nicht verdrängt oder absorbiert. Wer heute Opfer ist, wird nicht ewig auf der Verliererseite stehen. Und wenn hier, wie es heißt, die Verfolger vor den Opfern niederfallen werden, dann nicht deshalb, weil die Opfer die noch schrecklicheren Tyrannen geworden wären, sondern weil Gott sie dazu zwingt, die Würde der Opfer anzuerkennen.

Eben deshalb gibt es auch Auferstehung oder das Reich der Himmel in der Bergpredigt, allein schon wegen des Hungerns und Dürstens nach Gottes Gerechtigkeit. An die Stelle des gesichts- und geschichtslosen Altruismus tritt die wirkliche Zukunft aus Gottes Hand. Denn die Würde des Menschen ist unantastbar und unverlierbar und liegt in Gottes Hand.

Ich weiß, es fällt uns schwer, unglaublich schwer, moralisch wie wir sind, dieses zu akzeptieren. Doch in Wahrheit ist es vielleicht ehrlicher und menschlicher. Denn wer je Opfer war, will sich nicht im Namen des Christentums einreden lassen, die Zukunft müsse und werde nun leider ohne ihn und ohne sein Recht stattfinden. Nein, Gott rehabilitiert, auch wenn es ganz in seiner Hand liegt, wie er es tun wird. Die Aussagen der Bibel über die Zukunft des Menschen sind weder rationalistisch und moralistisch wegzudeuten noch fundamentalistisch auf Gedeih und Verderb wortwörtlich zu glauben. Denn weder geht es nur um Bilder, die gar nichts Wirkliches meinten, oder nur um irgendwelche frommen Gedanken, noch dürfen die Bilder so real verstanden werden, als kämen sie eines Abends als Nachricht in der Tagesschau mit entsprechendem Film.

Was auf jeden Fall zu bewahren ist, sind die Dimensionen der Leiblichkeit und der Geschichte. Denn eine Trennung von Leib und Seele kennt die ganze Bibel nirgends. Wenn es etwas zu hoffen gibt, dann nicht in irgendeinem reduzierten Selbst- und Daseinsverständnis, sondern konkret für uns alle, und auch ich werde darin vorkommen, wir alle, denn Auferstehung hat etwas mit Liebe zu tun. Aus diesem Grund gibt es von mir eine Auferstehungspredigt in Gestalt eines Liebesbriefes. Vielleicht kann man es auch so sagen: Zukunft wird sein wie Aufatmen. Auch das ist ein Vorgang, der den ganzen Menschen betrifft. Auferstehung wird sein wie Aufatmen, wie Befreiung an einem Frühlingsmorgen, wenn man zu zweit sich an den Händen hält und ins Freie rennt.

Die Ästhetik der schlichten Gesten

An zwei Stellen zumindest gebraucht die Offenbarung des Johannes Bilder, die ganz schlicht und alltäglich sind und doch hier unvergeßlich einprägsam werden. Alltägliche Vorgänge, die neu entdeckt und zu Bildern für unsere Existenz vor dem Geheimnis Gottes werden.

Nach Offenbarung 21,4 wird die Auferstehung so beschrieben: *Und Gott wird abwischen alle Tränen von ihren Augen.* Eine Mutter wischt dem Kind die Tränen ab, wenn das Schlimmste überstanden ist. Große, behutsame Zärtlichkeit. Wer die Tränen abwischt, hatte nicht selbst zu leiden, konnte aber auch das Leiden nicht verhindern. Tränen abzuwischen ist so ein ganz bescheidener Dienst. Nichts medizinisch oder sonstwie Erhebliches, und auch die Frage nach dem Warum wird nicht gestellt. Oft schluchzen wir noch, wenn unsere Tränen getrocknet werden. Gott weiß um unsere Leiden und wird nicht fragen. Wie eine Mutter. War das nicht auch schon am Anfang so, als wir klein waren? Ja, so wird sich der Kreis schließen. Wie eine Mutter ihr Kind auf dem Schoß hat, so wird am Ende auch der Anfang dessen sein, was wir zu erwarten haben.

Und in Offenbarung 1,10f heißt es: *Und ich hörte eine Stimme ... und ich blickte mich um und sah den, dessen Stimme mit mir redete.* Gott nimmt man nur wahr, wenn man sich umdreht. Wir kennen das auch aus dem Johannes-Evangelium: Maria Magdalena wird bei ihrem Namen genannt, erst jetzt dreht sie sich um und erblickt den Auferstandenen. Und wir kennen das auch aus der griechischen Kunst: Die Gottheit steht hinter den Personen, jedenfalls zunächst, begegnet ihnen nicht von Angesicht zu Angesicht. Denn wir haben Gott nicht vor uns wie einen Gegenstand unter anderen, wie dies und das. Sondern er ist in unserem Rücken – wie Rückenwind, wie einer, der uns stützt, wie ein Schatz, auf dem wir ruhen. Nicht greifbar ist er, und wir sind uns am Anfang nicht sicher, ob der Geheimnisvolle gegen uns ist oder für uns. Weil er im Rücken ist, kann man ihn nicht beweisen. Nur diese Geste gibt es: Wir drehen uns um zu ihm hin. Gottesbegegnung als Sich-Umdrehen. Auch wenn er weiter hinter uns bleibt. Dieses Sich-Umdrehen heißt griechisch Umdenken. Die Richtung des Weges ändern.

Wir sehen ihn nicht, im Unterschied zum Seher Johannes. Doch schrieb mein Pfarrer in mein Gesangbuch, das er mir zum Abitur schenkte: »Wir haben seine Herrlichkeit gesehen.« Also doch, im Gottesdienst? Großartig sagt es das *Exsultet* der Osternacht über die Osterkerze: In ihre Flammen möge hineinkommen, eintreten der morgendliche Lichtträger, er, die Sonne der Gerechtigkeit. Wie ein Gemälde von Chagall.

Unser Gang durch die Offenbarung des Johannes hat uns gezeigt: Zwischen traditionellen Metaphern und dem, was der Seher in der Vision schaut, zwischen Sprache und Sehen also, besteht ein unlösbarer, ja zirkulärer Zusammenhang. Das Wirklichkeitsverständnis dieses Buches ist mythisch.

Das heißt: Macht und Realität sind nicht gleichartig verteilt, sondern in Orten, Zeiten, Räumen und Personen konzentriert. Und in Wahrheit ist diese Weise wahrzunehmen unserem Herzen viel näher als das Weltbild der Physik des 19. Jahrhunderts von der völligen nivellierten Ebenmäßigkeit aller Wirklichkeit.

Die Ästhetik dieses Buches zielt auf Öffentlichkeit und Leibhaftigkeit. Christentum ist hier keine Privatreligion.

Und schließlich: In diesem Buch werden die Bilder in der Technik der Collage und ähnlich der Kunstauffassung des Surrealismus zusammengesetzt. Beispiel: Den Schluß dieses Buches bildet eine Hochzeit, allerdings eine etwas merkwürdige: Ein Lamm heiratet eine Braut. Die Braut ist eine Stadt, die vom Himmel herabkommt, geschmückt als Braut für ihren Mann. Dieser Stadt, die die Braut ist, steht eine andere Frau gegenüber, die auch eine Stadt ist. Diese sitzt auf einem roten Tier. Das alles sind reale Einzelgegenstände und Figuren, nur der Zusammenhang, das Zueinander »stimmt« nicht. Die Bilder sind wie Fragmente aufeinandergetürmt, sie stehen nebeneinander, der Leser muß schon wissen, was er damit anfängt. Oder er weiß es nicht und läßt nach der Collage der Fragmente Raum für das Schweigen und das Geheimnis Gottes.

Ich möchte schließen mit einem Abschnitt über die Ästhetik der Tiere in diesem Buch. Denn anders als in unserem imperialistisch-therapeutischen Zeitalter sind Tiere hier nicht die vollständig unterworfene und regulierte Wirklichkeit, sondern die fremde, unvereinnahmbare Wirklichkeit.

Die Ästhetik der Tiere

Nirgends in der ganzen Bibel spielen Tiere eine so große Rolle wie in der Offenbarung des Johannes, und gerade in dieser Hinsicht hat diese Schrift umfassend gewirkt. Es geht um reine Tiere, die in unvermischter Qualität für bestimmte Attribute und Erfahrungen stehen.

Der Hinweis auf das Lamm als Zeichen für die Ohnmacht des Opfers, das aber gerade durch das Martyrium hindurch siegt, und den Adler als Zeichen für die Hoheit Gottes mag ausreichen. Johannes erfindet diese Zeichen nicht, er sammelt sie geradezu in einer Zoologie der symbolischen Tiere – schon damals eine international verständliche Sprache. Auch hier geht es um Konkurrenz, denn der Adler ist damals wie dann noch für Jahrhunderte, und auch unser Bundesadler kommt daher, Zeichen für die Macht des römischen Reiches.

Außer Lamm und Adler gibt es im Bestiarium der Offenbarung des Johannes an erster Stelle die vier lebenden geflügelten Wesen vor Gottes Thron, dann Pferde und Heuschrecken, Löwen und Drache, Frösche und Schlangen, und schließlich die beiden großen Tiere, das Tier aus dem Wasser und das Tier auf dem Land, in denen Leviathan und Behemot fortleben, jene Urmonster, auf deren Rücken Meer und Festland ruhen und die nach jüdischer Auffassung in der Endzeit zu Gulasch für die Ernährung der Gerechten verarbeitet werden. Besonders schrecklich sind zusammengesetzte Tiere, weil sie eklig sind in der Kombination dessen, was nicht zusammengehört. Der totale Ordnungsverlust wird an diesen Mißgeburten, Ausgeburten der Zoologie, deutlich. Ich spreche nicht von para-zoologischer Phantasie. Denn Phantasie wäre etwas nur Subjektives, ein Einfall, den man auch lassen kann. Hier geht es um mehr: Die Schöpfung ist aus den Fugen geraten. Und das sieht so aus:

Und die heuschreckengleichen Wesen waren Pferden gleich, zur Schlacht gerüstet. Auf ihren Köpfen hatten sie goldenen Kronen ähnliche Gebilde, ihre Gesichter waren Menschenantlitze, ihr Haar wie Frauenhaar, ihre Zähne wie Löwenzähne, Brustschilde hatten sie wie Eisenpanzer, und das Schwirren ihrer Flügel war wie das Rattern von Wagen und wie Hufgetrappel von Pferden, die in die Schlacht ziehen. Schwänze hatten sie mit Stacheln wie Skorpione (Offenbarung 9,7–10).

Wenn man versucht, das soeben Gelesene aus dem Gedächtnis zu rekonstruieren, wird der Versuch fehlschlagen. Das ist beabsichtigt. Jede Ordnung fehlt. Angesichts solcher Wesen kommen Menschen nur mehr als Opfer vor. Und schrecklich sind die surrealistischen heuschreckengleichen Wesen von Offenbarung 9 deshalb, weil Wirklichkeitsteile, die an sich schön sind, wie Kronen und Frauenhaare, nun mit Wesen vermischt sind, zu denen sie nicht gehören. Das ist der Greuel schlechthin: Mischung von Dingen, die nicht zusammenkommen dürfen. Das ist das Thema dieses Buches, dieser Vision: Ordnung, nicht als erdrückende, tyrannische, sondern als Erleichterung des Lebens. Daher die Gliederung nach sieben Siegeln, sieben Schalen, drei Weherufen, sieben Posaunen, daher dann die Stadt mit zwölf Toren. Ordnung nicht als bürgerliche Grausamkeit, sondern als Friedensordnung – und ihr gegenüber Unordnung als die wahre Bestialität und mörderische Tyrannei.

Die meisten Tiere, die der Apokalyptiker nennt, stehen für Macht und Schrecken; unter ihnen allen ist nur das geschlachtete Lamm die Ausnahme.

Das Fremdpsychische der Tiere wird für den Apokalyptiker Ausdruck der Fremdheit der Transzendenz. Wir sind umstellt von symbolischen Tieren, und das weist darauf, daß wir eingezwängt sind in ein größeres Geschehen. Wenn von der Zahl des Tieres die Rede ist (666 steht nach den Regeln der Gematrie, der Umsetzung von Zahlen in Buchstaben von Eigennamen, für Kaiser Nero), wenn das Lamm die Tiere überwältigt, dann geht es um einen geheimnisvoll-überwältigenden Machtkampf jenseits von Sichtbarkeit und Rationalität.

Die Sequenz Dies irae *neu übersetzt*

Jüngster Tag, du Tag des Zornes,
wenn die Welt verglüht zu Asche.
Davids und Sibylles Wort.

Welcher Schrecken, welches Zittern,
denn zu prüfen kommt der Richter
alles unnachsichtig streng.

Der Posaune helles Tönen
dringt dann durch der Erde Gräber,
ruft die Toten vors Gericht.

Tod und alle Dinge staunen,
wenn die Toten sich erheben,
Red und Antwort stehn dem Herrn.

In dem großen Buch des Lebens
sind die Taten aufgeschrieben,
die das Urteil treffen wird.

Sitzt der Richter auf dem Throne,
kommt ans Licht, was je verborgen,
nichts bleibt ohne Strafe dann.

Was soll dann ich Armer sagen,
wen als Anwalt mir erbitten,
wenn Gerechte kaum entgehn?

Jesus, König, groß und mächtig,
der du rettest, die verloren,
rette mich, du Gnadenquell.

Jesus, bitte, nicht vergessen:
wegen mir bist du gekommen,
halt mich fest an diesem Tag!

Bist mir rastlos nachgelaufen,
für mein Heil am Kreuz gestorben.
Laß die Müh' nicht sinnlos sein!

Strenger und gerechter Richter,
ach, erlaß mir meine Strafe,
wenn der Tag der Rache naht.

Seufzend steh ich vor dir, schuldig,
Scham hat mein Gesicht gerötet,
guter Gott, verschone mich!

Der Maria freigesprochen
und den Schächer selbst erhörte,
du gibst Hoffnung auch für mich.

Ungebührlich ist mein Flehen,
aber du bist gut und gnädig,
wend das Feuer von mir ab!

Gib mir Platz bei deinen Schafen,
von den Böcken halt mich ferne,
stell mich zu der Rechten hin!

Wenn die Hölle die Verdammten
droht mit Feuer zu verzehren,
rufe zu den Guten mich!

Demut läßt mich leise bitten,
und mein Herz ist voller Reue –
laß mein Ende selig sein!

Jüngster Tag, ein Tag der Tränen,
wenn der Mensch aus Glut und Asche
tritt vor seines Richters Thron,

dann sei ihm der Herrgott gnädig.
Treuer Jesus, hab Erbarmen,
gib ihm deine Himmelsruh!
Amen.

(Übersetzung: Christiane Nord)

Leben »danach«?
Die Geschichte von den zwei Knaben

Es geschah, daß in einem Schoß Zwillingsbrüder empfangen wurden. Die Wochen vergingen, und die Knaben wuchsen heran. In dem Maß, in dem ihr Bewußtsein wuchs, stieg die Freude: »Sag, ist es nicht großartig, daß wir empfangen wurden? Ist es nicht wunderbar, daß wir leben?!« Die Zwillinge begannen, ihre Welt zu entdecken. Als sie aber die Schnur fanden, die sie mit ihrer Mutter verband und die ihnen die Nahrung gab, da sangen sie vor Freude: »Wie groß ist die Liebe unserer Mutter, daß sie ihr eigenes Leben mit uns teilt!«

Als aber die Wochen vergingen und schließlich zu Monaten wurden, merkten sie plötzlich, wie sehr sie sich verändert hatten.

»Was soll das heißen?« fragte der eine.

»Das heißt«, antwortete der andere, »daß unser Aufenthalt in dieser Welt bald seinem Ende zugeht.«

»Aber ich will gar nicht gehen«, erwiderte der eine, »ich möchte für immer hier bleiben.«

»Wir haben keine andere Wahl«, entgegnete der andere, »aber vielleicht gibt es ein Leben nach der Geburt!«

»Wie könnte dies sein?« fragte zweifelnd der erste, »wir werden unsere Lebensschnur verlieren, und wie sollten wir ohne sie leben können? Und außerdem haben andere vor uns diesen Schoß hier verlassen, und niemand von ihnen ist zurückgekommen und hat uns gesagt, daß es ein Leben nach der Geburt gibt. Nein, die Geburt ist das Ende!«

So fiel der eine von ihnen in tiefen Kummer und sagte: »Wenn die Empfängnis mit der Geburt endet, welchen Sinn hat dann das Leben im Schoß? Es ist sinnlos. Womöglich gibt es gar keine Mutter hinter allem.«

»Aber sie muß doch existieren«, protestierte der andere, »wie sollten wir sonst hierhergekommen sein? Und wie könnten wir am Leben bleiben?«

»Hast du je unsere Mutter gesehen?« fragte der eine.
»Womöglich lebt sie nur in unserer Vorstellung. Wir haben
sie uns erdacht, weil wir dadurch unser Leben besser verstehen können.«
Und so waren die letzten Tage im Schoß der Mutter gefüllt
mit vielen Fragen und großer Angst. Schließlich kam der
Moment der Geburt. Als die Zwillinge ihre Welt verlassen
hatten, öffneten sie ihre Augen. Sie schrien. Was sie sahen,
übertraf ihre kühnsten Träume.

(Aus Amerika, freundlich mitgeteilt von Pfarrer H. Hoff-
mann, Hannover)

•

Verzeichnis der Bibelstellen